國史探微

GUOSHI
TANWEI

曹旅宁 ◎ 著

暨南大学出版社
JINAN UNIVERSITY PRESS

中国·广州

图书在版编目（CIP）数据

国史探微/曹旅宁著.—广州：暨南大学出版社，2016.12
ISBN 978 - 7 - 5668 - 1993 - 2

Ⅰ.①国…　Ⅱ.①曹…　Ⅲ.①中国历史—文集　Ⅳ.①K207 - 53

中国版本图书馆 CIP 数据核字（2016）第 277060 号

国史探微
GUOSHI TANWEI
著　者：曹旅宁

出 版 人：徐义雄
责任编辑：黄少君
责任校对：黄　球
责任印制：汤慧君　周一丹

出版发行：暨南大学出版社（510630）
电　　话：总编室（8620）85221601
　　　　　营销部（8620）85225284　85228291　85228292（邮购）
传　　真：（8620）85221583（办公室）　85223774（营销部）
网　　址：http：//www. jnupress. com　http：//press. jnu. edu. cn
排　　版：广州市天河星辰文化发展部照排中心
印　　刷：佛山市浩文彩色印刷有限公司
开　　本：787mm ×960mm　1/16
印　　张：14.25
字　　数：234 千
版　　次：2016 年 12 月第 1 版
印　　次：2016 年 12 月第 1 次
定　　价：38.00 元

（暨大版图书如有印装质量问题，请与出版社总编室联系调换）

读那么多杂书，早晚能用到（代序）

——过去做学术是一种贵族的风范

《南方都市报》访谈（颜亮执笔）

曹旅宁，1965 年生，中山大学历史学博士，现为华南师范大学法学院教授，博士研究生导师。研究方向为秦汉魏晋法制史与历史文献学，主要著作有《秦律新探》《张家山汉律研究》《黄永年先生编年事辑》等，记录整理了《黄永年文史五讲》。

曹旅宁是黄永年的学生，对秦汉魏晋法制史钻研颇深。在拜访他的书房之前，翻阅资料，看到他的代表作多是诸如《秦律新探》《张家山汉律研究》与《秦汉魏晋法制探微》之类的大部头著作，难免让人心生畏惧，生怕自己难以理解这高深的学问。

但真正见到曹先生，这种预演的紧张一下子荡然无存。站在面前的分明是一个纯粹的学者，在他身上既感受不到在书斋待久之后的迂腐之气，也没有某些重磅学者不经意间流露出的傲气，曹旅宁平易近人得像你的一个邻居，聊天、喝茶，像老朋友一样聊着读书经历。

阅读中悟出做学问的方法

谈到书房，用曹旅宁自己的话说是几乎没有什么特别可看的版刻书，他对书的态度也完全是实用型的。"我不是世家子弟，收入也不见得有多高，大多都是买来用的。"但曹旅宁毕竟是学古典文献出身的，所以对一些有价值的书，尤其是涉及数个版本时，他也会有意识地多买几本，既为收藏，同时也是研究的一部分。

"不同版本之间的对读，是古典文献研究的基本方法之一。"曹旅宁举例说，陈寅恪有一篇名为"陶渊明之思想与清谈之关系"的文章，台湾发现的原稿中陈先生说到郭璞对于《山海经》的态度，"景纯本是道家方士，故笃好之如此"，现在通行版本印成"景纯不是道家方士，故笃好之如此"，结果意思就完全相反了。

"过去做学术，其实就是一种贵族的风范，你甚至可以说那辈学者很多都是这样玩出来的，他们既没有像现在这样读学位，也不需要去写文章评职称，疲劳应付各种考核。"曹旅宁说，黄永年先生这辈学者写文章，一开始都是从小文章、札记开始，等到要写大文章了，思路都是从这些小纸片中找出来的。

但好在他们还有机会领略到老一辈学人的风范。1985年，曹旅宁考入陕西师范大学，开始跟随黄永年先生学习。

"虽然陕西师大并不是特别有名的学校，但当时学校里的书还是非常全的。"曹旅宁回忆说，当时陕西师大的文科阅读室里，有不少书都是1949年前的，包括胡适、冯友兰的著作都非常齐全，这些书在当时都是比较罕见的。更为珍贵的是20世纪80年代那种读书氛围，曹旅宁现在依然非常留恋。

"当时黄先生直接给我们开课，一开始就布置了《旧唐书》《新唐书》《太平广记》和《资治通鉴》让我们读；另外他还要求我们读《四库全书总目提要》，这本书当时读起来觉得非常枯燥，但到现在我就清楚这本书的厉害了，这就相当于给你立了根基。"曹旅宁说。

除了上面这几部书以外，黄永年并不限制具体的读书范围，所以曹旅宁自己便无意识地看了不少书。"黄先生上课习惯天马行空，但最后总能回到主题上。"这些黄永年信手拈来的典故，隐隐约约都成为曹旅宁阅读的一些线索。"当时在阅读室里，东翻翻西看看，一不小心就看到黄先生讲清末徐桐、李盛铎的一些逸闻，都是在《世载堂杂忆》一书里看来的。"这个过程让曹旅宁慢慢地悟出了做学问的方法，于是知道该如何去收集材料，又该如何去利用这些材料。

"现在回想起来，当时读了那么多杂书，虽然看上去似乎并没有太多用处，但若干年之后，这些内容早晚还是能够用到的。"曹旅宁说，他后来在中山大学读博士撰写学位论文时，那些自己在陕西师范大学读书时看过的"杂书"就发挥了不小的作用。

对人物传记抱有极大的兴趣

"当时黄先生也明确地跟我们说，要我们学他的方法，不能跟着他在这个圈子里打转转。"曹旅宁说，做学问就得靠自己悟，你悟到了就悟到了，没悟到就没悟到，本来做学问就是少数人的事情，并不是每个人都能做的事情。

"对于老先生，我们要尊重，他们也肯定是有真功夫的，但你不能迷信，也不能把他捧成神，更不能够盲从。"曹旅宁的办法就是去了解他们，所以他不仅做了黄永年的编年事辑，还上溯到了清代、民国学术史，他对清代、民国学术人物也是如数家珍。

陈寅恪也是曹旅宁多年来关注较多的一位学者。在他看来，陈寅恪在学术史上的地位跟朱熹是差不多的，"你看搞中古这一段，谁都绕不过陈寅恪。陈寅恪找到研究中古时代的脉络，最终将其发展成为一个完整的体系。所以北大承认他是祖师爷，清华大学、中山大学也这样说，而黄先生也承认陈寅恪对他的重要影响，这都是有原因的"。

曹旅宁也谈到当前的史学界，他认为自己这辈学者要做的是传承和继续发扬前人。但对于自己，曹旅宁在学术上反倒没有太大的野心，他谈自己做学问时，说得更多的是兴趣。除了前面提到的秦汉法律制度、学术史，曹旅宁说，他对人物传记也抱有极大的兴趣。

"传记文学这种形式在中国的发展，也是得益于胡适在北大的倡导。其中最有名的要数邓广铭写的五本传记。"曹旅宁说，现在大家说邓广铭的《岳飞传》写得最好，在他看来并非如此，他反倒更欣赏《中国十一世纪时的改革家王安石》。在《中国十一世纪时的改革家王安石》里，写王安石退休的那段是最好的，其中有一个细节，王安石当时在南京，虽然每天都看似逍遥，天天到庙里读书，实际上对朝廷任何一个变动都有反应。要把这个部分写出来并且写好，是非常需要功夫的。

目 录

问学纪历

片石千秋

拓跋猗卢之碑残石性质的一种推测

罗振玉《石交录》卷二有十六国"代王猗卢墓碑残石"条记载拓跋猗卢墓碑残石,谓柯昌泗得之山西,其碑阴有狩猎图,残石仅存六字,曰"王猗卢之碑也",书体在隶楷之间。罗氏云残石殆碑额之末行,王字前行之末必为代字。周一良先生据以录入《〈魏书〉札记》"桓帝猗㐌穆帝猗卢碑"条,并谓卫操桓帝碑称"刊石纪功,图象存形",似桓碑上有图像,而此猗卢碑刻有狩猎图,颇相类似。周先生认为罗、柯两家皆精于金石鉴别,此残碑当非伪造,是"代王猗卢之碑"。田余庆先生以此探讨代北东部若干拓跋史迹,盛意迭出。笔者拟在前贤研究的基础上就此碑的性质谈一点自己的看法。

笔者所见猗卢之碑的拓片有两纸,一为北京大学图书馆所藏,有柯昌泗题记一段,提及丁丑三月收购此碑事,未言及此碑出土地,文末有"季木四兄我师审定,昌泗时休沐还旧京记";一为殷宪先生所藏,亦有柯昌泗题记一段,上钤"柯燕舲手拓本""胶西柯氏藏石"朱方印,首言"此碑额残石,乙亥秋间,绥远城南三十里达赖营村古城遗址所出,今藏敝斋。……此碑字体精雅,自是华人所书,为时相距,盖亦不远(指与桓帝猗㐌碑刻立时间)。……且其书纯用八分,亦为元魏初年,并忝杂今魏之体。此碑当著录东晋十六国时,不能与道武以后石刻同科矣。历代碑碣,以十六国见著录最少,其属于代国者尚未经见,又长城以外,向无六朝前之石刻,得此洵是宝玩"。文末有"丁亥夏时拓奉志辅兄长□□雅鉴"。前纸所言季木即建德周氏周进,史学家周一良先生的叔父,以藏石著称,印有《居贞草堂汉晋石影》;后纸所言志辅亦建德周氏中人,周一良先生的堂叔,实业家、戏曲史专家。乙亥即 1935 年,丁丑即 1937 年。周一良先生认为罗、柯两家皆精于金石鉴别,此残碑当非伪造,现在当可补上周氏一家精鉴。问题在于碑估谓石出自达赖营,今呼和浩特南,是否可信尚有疑问。如清末安阳殷墟所出甲骨,古董商即谎称出自汤阴;清末洛阳所出东汉刑徒砖,则谎称出自灵宝,故端方、罗振玉皆题为恒农砖。柯昌泗是著名学者、《新元史》撰者柯劭忞之子，曾师从罗振玉，好蓄金石拓本，时任察哈尔省教育厅厅长，驻省会张家口，察哈尔省辖今河北、山西、内蒙古一部。此碑出于山西是有可能的，但不会出自大同，因为出自大同自会提高此碑身价，碑估不会如此不精明。

关于猗卢之碑的性质，有这样几种可能。一种如罗振玉所言，为墓碑。田先生在《关于"猗卢之碑"残石拓片》中已加以辩驳，原来拓跋有"潜埋之俗"，"不起封土"，更无所谓墓碑了。一种为生前所立记受封为代王或立功之碑。顾炎武《日知录》有"生碑"条，谓始于王莽时，魏晋时亦有之。但穆帝猗卢、桓帝猗㐌碑皆不立于平城地区又打破了这一种可能。那么猗卢之碑到底是为何目的而立呢？

田先生注意到：穆帝猗卢与桓帝猗㐌兄弟，居然都有碑石为后人所道，是难得的巧合。更为难得的是，两人的碑石都不是见于平城，而都在代北的南部。据《魏书》之《卫操传》和《序纪》所载，桓帝碑初立和发现之地，都在大邗城。《魏书·地形志》（上）记载，大邗城在肆州秀容郡肆卢县，其地在新平城更南百余公里，今山西原平与忻州之间的偏西处。桓碑明言桓帝于永兴二年（305）六月二十四日"背弃华殿，云中名都"，这就是说其死于平城。笔者所不解的是，死于"云中名都"的桓帝，葬地理应在"云中名都"附近，立碑也当尽可能靠近葬地，何得于其死所以南如此遥远而又非拓跋经常控制的大邗城立碑颂德？田先生还注意到《魏书·地形志》（上）肆州永安郡驴夷县"代王神祠"事。（按：此永安郡即建安、黄初中所置新兴郡，驴夷县即新兴郡虑虒县，在今山西五台县境，其地两汉属太原郡，与代地有大山阻隔。）"代王神祠"所祀代王究竟是谁，有两种可能的推断。田先生认为，一种可能为汉初分封于此的高祖之子代王刘恒，即后来的汉文帝；但更有疑神祠属于猗卢的倾向。这为我们正确理解猗卢之碑的性质提供了前提。

为什么穆帝猗卢与桓帝猗㐌兄弟碑石都立于平城以外的地方呢？笔者认为答案十分简单，因为它们都是神祠碑，属于淫祀一类。这种淫祀在魏晋南北朝时期是十分盛行的，主要有两个特点：一是时间没有局限，其人死去几百年仍可崇祀；二是地点可以随便转移，只要哪里迷信氛围浓，崇祀就可搬到哪里去。如清中叶孙星衍在江苏句容发现立于萧梁时的三国时吴故衡阳郡太守葛府君（葛祚）之碑碑额就是显例。黄永年先生有《吴故衡阳郡太守葛府君碑额考释》一文详论之。再如开始祀于东晋的蒋子文（《晋书·简文三王传》《苻坚载记》），刘宋的苏峻（《南史·崔祖思传》《南史·张冲传》），北魏常山郡有董卓祠（《北史·魏兰根传》）、邺城有石虎祠（《北史·景穆十二王传》）。今陕西蒲城有前秦建武三年邓艾祠碑，冯翊护军建威将军奉车都尉城安县侯华山郑能进立（依马长寿校正本）；《水经注》卷五《河水》记濮阳"城南有魏使持节征西将军太尉方城侯邓艾庙，庙南有艾碑，秦建元十二年广武将军沇州刺史关内侯安定彭超立"；《太平广记》卷三一八"鬼"三"《司马恬条》引《幽明录》"说"邓艾庙在京口"，东晋隆安时曾显灵异。联系拓跋代国曾为前秦所灭的事实，猗卢之碑的刊立情景是否与邓艾碑同例呢？由以上例证不难推断出，田先生疑《魏书·地形志》（上）肆州永安郡驴夷县"代王神祠"事所载神祠属于猗卢倾向的推断是十分正确的。这也反映了猗卢之碑的神祠碑性质，因此立碑地点不在平城地区也就有了较合理的解释。

（原刊《北朝研究》第六辑，科学出版社 2007 年版）

读《道德寺碑》论杨隋皇室的佛教信仰

《大唐京师道德寺故大禅师大法师之碑》（以下简称《道德寺碑》），刻于唐高宗显庆三年（658），① 正书，37 行，每行 65 字，由十善尼姑为其师母善惠和玄懿两尼所立，记述了两尼在隋宫廷里活动的情况。此碑1950 年在西安西郊梁家庄出土，但长期以来无人研究，碑文迄今无现成文字可以迻录。1986 年笔者曾在西安碑林博物馆抄录碑文；1996 年又由碑林博物馆研究室王其祎先生请专人誊抄，并由其亲自对照拓本校对标点一过。笔者拟据此为底本，在前人著述的基础上②对碑文关涉杨隋皇室佛教信仰的内容进行若干释证及推论，以期对隋唐佛教史及中国比丘尼史的研究有所裨益。

一、《道德寺碑》录文

观夫性海难航，六舟于焉整棹；迷衢易惑，三驾所以齐骛。故得叡截情风，澄心源之五浪；开蒙指要，统幽关于八道。自法王启运，照临下土，乘慞度之明略，成济四生；布归/敬之宏图，陶钧七众。遂使住法千载，绍先圣之羽仪；宗匠万龄，继后贤之清轨。顾斯道也，曷不尚哉。若夫沐道依仁，开济之途逾远；酬恩顾德，终忧之及弥新。逮于化静金/河，道流玉捡。时移显晦，师资之道不忘；法被浇淳，弘护之□无绝。殷鉴西宇，则解网于

---

① 此碑未立刻碑年代，但碑文中有"大唐显庆三年，道德寺主十善律师"，故此碑应立于显庆三年。

② 陈寅恪：《武曌与佛教》《敦煌石室写经题记汇编序》，《金明馆丛稿二编》，上海：上海古籍出版社 1982 年版。周一良：《佛家史观中之隋炀帝》，《唐代密宗》，上海：上海远东出版社 1996 年版。胡适：《伦敦大英博物院藏的十一本〈阎罗王授记经〉》（上、下），《胡适手稿》八集，台北：胡适纪念馆 1974 年版。汤用彤：《隋唐佛教史稿》，北京：中华书局 1982 年版。

姨宗；施及东川，则绍隆于师袭。随时间发，斯人在斯。大阿阇梨善惠禅师，俗姓张氏，/齐郡历城人也。其先远祖出自南阳，随官流寓，故又为县人焉。若乃载德英灵，冠诸油素。既捐恒习，略而不叙。显考昔任北齐兖州刺史，襄惟布政，明鉴若神。释滞来苏，时/惟革俗。禅师体悟虚宗，振清规于襁褓；玄识拔俗，摽雅量于髫年。信重玄风，高尚正法。以东魏武定之初，便蒙落采，即住本州清戒寺。驿智问津，解形骸于尘大；驰情徇道，/分色心于生灭。故能疏略观道，条畅禅林。载历炎凉，奄成鸿业。暨齐录失御，周统海滨。陈王宇文纯作牧本州。广询名理。禅师德招高誉，道俗钦崇。频请在第，退讨幽岐。建/德三年，岁惟甲午，周国寺观，咸屏除之。预有僧尼，并归桑梓。禅师当斯百六，才过十夏。慨兹涂炭，何日可忘。衔恤俗流，戒行逾肃，属随文创历，佛日载扬。所在伽蓝，一期还复，追召前法，重处缁流。然以名称普闻，率先赏会，因循旧业，综括尤深。漆木未之畴，筒直何能拟。固得道声攸被，遐迩宅心，弘赞规猷，光临上国。开皇十年，下敕征召。于是/卸驲载驰，蒲轮累辙。既达京阙，启沃帝心。陈上天之五相，明下圣之十善。乾坤乃久，终沦陷于非常；神理虽玄，毕克缮而不朽。天子欣然，无爽弘喻。召入紫宸，扇贞明于四/□；重居黄屋，布云雨于六宫。乃知权道三谋，无缘于稳显；随机九变，不滞于容光。据事以伦，固其宜矣。开皇十二年，混一四海，总溺百王。车驾东巡，登封泰岳。禅师同诸宫/例，俱来齐境，创达乡县，载动俗心，欢庆相高，名望弥穆。又下敕为立新寺，赐号天华。仍以居之，用隆荣显之礼也。至十五年，随驾入京，逾崇钦重。及后乖念，请出宫闱。中使/流问，相望驰道。既而形逼四山，命摧三相。自识化期，累属明允。以大业六年十一月一日终于本房，春秋七十有五，呜呼哀哉。初现疾弥留，晤言无昧，及其/终夕，洞发神光。/道俗云蒸，惊叹烟合。又感音乐，不委何来。繁会满空，远近通委。有玄懿法师，即第二阿阇梨也。俗姓展氏，同住齐州。生缘所天任东魏徐州长史。阇梨幼挺几神，生知辩慧。/年甫八岁，景则四依。寻预解发，钦崇严检。履操清白，厉洁于冰霜；凝度冲深，重仞于墙宇。周听玄理，备酌幽求。言问重隐，探索玄极。至于开权显实之略，鸣谦摄度之功，前/修昧于断常，后锐昏于得离，莫不条绪本干，启窦筌蹄。是以地论法华，镜其林菀。登坐引决，契洽众心。四俗知归，有类华阴之市；七贵请谒，如临稷下之门。是知莲花阐法，/不独舍卫之宫；实乃行高安隐，道振离车之邑。然以德为物宗，神王清远。珪璋内映，琴瑟外和，与惠禅师，生平久要，义光法光，符采而交映；上流逆流，沿沂而俱洽。齐声同/召，远赴纶言。门徒十余，俱来庋止，留连椒掖，高赏德音。供锡骈罗，珍味填积。前后奏度僧尼百余，礼异恒条将及万计。皆营福利，广事庄严。于时岁聿云暮，蒲柳可悲。频请/陈谢，终不蒙许。迄于仁寿，镇处禁中。昭明正范，启喻缘业。会文祖晏驾，炀帝临朝，恭承厚德，弥隆前务。元德太子作贰春坊，搜选贤能，恢张仪则。大业元年，有诏令二阇梨/为太子戒师，遂即延入承明，禀资归护。居诸屡积，祈告莫因，掩以天网，不遑宁处，沉忧变景，视听两宫。乃下敕于京邑弘德里，为立道德道场，所有门人，并听出住。/四事供给，一从天府。于是复殿重敞，畅象设之光华；檐庑高衮，显众侣之荣采。加以制度严洁，仪范肃彰，预有侪流，仰之成则。且夫生也有涯，恒化怀新新之变；心乎不灭，/传火启念念之徵。天不憗遗，相从物故。以大业十一年八月一日终于本寺，春秋七十有四。惟此二师，言为行范，克庄十念，无惑九思。达上古之衣薪，通季代之堋瘗。乃行/林葬于终南山焉。丧事所资，并归官给，赗赠之重，荣哀通备。大唐显庆三年，道德寺主十善律师，即前法师之外甥也。俗姓王氏，族本太原。大父往，任北齐青州史。因官/东夏，遂家于齐。随祖开法，广度僧尼。时年七岁，预沾法伍。还依姨氏，资为师传。三业凭准，六事规猷。后移京辇，又处亲侍。附仰兢励，敬爱逾隆。具戒已后，专业律科，条节宪/章，规诫清众。致使法海绝青田之秽，土林亏白首之澂。屡登寺任，纲维正网，仰惟欢喜重请，减法半千；善见惩扬，□途莫二。慨兹成教，佩结深衷。是以摄检四仪，宗猷八敬，/绳持念慧，步仰英踪。固知金甎开教，宁在罗卫宫中；蒙尘祈度，何止只洹门外。即斯后嗣，不屑前良。原夫至人之布化也，妙以出有，为言先举其大纲，毕用学依为行本。岂/非□定慧品，惟圣之良基；如讼修行，道贤之明约。道不孤运，故使三号冠于三师；人能弘道，是则三业备于三学。可谓一时准的，万叶舟航，不可削也。律师永惟鞠育之重，/功格于穹昊；慈□之□，恩隆于屺岵。诚知德高不赏，非赏可以酬劳；惠深不谢，非谢而能通理。日月逾远，风支之恨莫追；容景销亡，梁摧之恸何及。重□年将八十，四选交临，崦嵫之想既□，松槚之悲弥切。将恐芳猷寂汉，超终古而不闻；高行渐离，咨后叶而谁纪。所以投诚有寄，树此丰碑，将使田海耳迁，绍芳规而靡绝；神理交运，统敬爱而/无遗。乃于碑之正面，图佛灵仪，庶得福履绥之，津梁往识。又于碑之后面，刊像二师，列位资辅，用陈昭穆。初以太宗升遐，天经京立，乃于经德坊寺置崇圣宫，尼众北/移，在休祥里，即今之道德寺是也。事涉前后，恐有迟疑，敢具昭扬，相无昏没，序而不已，颂以乱之。其词曰：/粤□终古，浩然太素。神理茫昧，谁其津度。于惟至党，肇开明悟。授律三章，披图八务。十部周卫。五众来仪。古今化范，贤圣成规。激通在虑，镕裁致危。陶诱重请，深文遂驰。俸/矣大师，教开名色。道疏神解，慧清念力。形琢性灵，昭彰幽极。心期所渐，惟几孔棘。显允宗贰，赞叶务成。经纬剖裂，辩据遐明。乘权□实，控网持衡。蒸仍学校，贻厥后生。有周/道丧，玄纲绝纽。惟随建国，大通休各。重敞释门，载扬仁寿。金表天临，玉堂殷阜。德延物议，声采攸敷。徵归玄圃，言谒黄图。宫闱徙化，见日幽都。高谢宸两，识变旋途。纶言既/被，道场斯立。置枭王城，崇衡天邑。栋宇风翔，清徒鳞集。弘德昔构，休祥今葺。五福未穷，三灵或爽。嗟乎保传，相从化往。白日云昏，青山雾上。声色寂辽，□因赞仰。昔缘膜拜，/僵伛空首。霈尔宅心，恫分善诱。厚德未晰，埋名身后。霜露追感，于焉永久。铭之图之，去矣无期。营魄安往，神道何思。仰景山而取则，寄贞石而陈词。腾茂实于来际，顾风声/之在兹。吏部文林郎到范书

二、善惠、玄懿与隋文帝的关系

　　隋文帝杨坚和比丘尼有很深的关系。陈寅恪先生曾标举《隋书·高祖纪》、道宣《集古今佛道论衡》卷乙、《续高僧传·道密传》加以论述，说明隋文帝杨坚生、养在尼寺里，并且一直到 13 岁方离开尼寺返家；比丘尼智仙同杨家的关系非比寻常，在周武帝灭佛后，她隐居杨家；隋文帝一生对比丘尼抱有好感，"帝登祚后，每顾群臣，追念阿阇黎。……及命史官王劭为尼作传"①，这是《道德寺碑》中所述善惠、玄懿两尼能够入隋宫活动的一个原因。

　　从《道德寺碑》碑文来看，善惠禅师的一生，经历了北魏、东魏、北齐、北周、隋数代，是齐州地区的一代名尼。齐州是北魏皇兴三年（469）改冀州置，治所在历城（今山东济南市）。善惠正是齐郡历城人。她在北周统一北齐后便与北周文帝宇文泰之子陈王宇文纯来往密切。《周书》卷十三《宇文纯传》云：

　　　　陈惑王纯，字堙智突。武定初，封陈国公，邑万户。……大象元年五月，以济南郡邑万户为陈。纯出就国。二年，朝京师。时隋文帝专政，翦落宗枝，遂害纯。

　　宇文泰与隋文帝之父杨忠同为西魏八柱国之一，家有奉佛传统，除周武帝短暂灭佛外，余皆大做功德。②从善惠结交宇文纯也可看出她有凭借政治势力弘法的志向。

　　善惠禅师入隋后深受隋文帝杨坚的器重。文帝家世有信佛的传统。他曾结交灵裕，诏请灵裕、诏问智舜、诏请昙迁、叹赏法论等高僧。据此可知，征召天下名僧大德入京是隋文帝的一贯做法。善惠于开皇十年（590）被下敕征召入京。善惠的好友，另一位齐州名尼玄懿法师也被"齐声同

──────────

　　①　《续高僧传》卷二十八《道密传》；王劭《舍利感应记》谓文帝命天下舍利塔内各作神尼智仙像，《广宏明集》卷十七。
　　②　《辩正论》卷三，《大正藏》卷五十二。

召"。但是，隋文帝作为一个政治人物，如此重视佛教并非出自单纯的信仰，而是有其政治目的。善惠禅师随隋文帝赴泰山封禅便表明此点。《资治通鉴》卷一二八云：

> 文帝开皇十四年，晋王广帅百官抗表，固请封禅，帝命牛弘创定仪注，既成，帝视之曰："兹事体大，朕何德以堪之！但当东巡，因致祭泰山耳。"十二月，乙未，车驾东巡。十五年，春，正月，壬戌，车驾顿齐州，庚午，为坛于泰山，紫燎祀天，以岁旱谢愆咎，祀如南郊，又亲祀青帝坛，赦天下。[①]

北周以关陇促狭之地灭亡了北齐，隋文帝又篡北周帝位自立，巩固统一是当务之急。按战国、秦、汉以来的习惯称呼，华山、崤山、函谷关以东直到沿海的广大地区，甚至连长江流域也包括在内都被称为山东地区。南北朝至隋唐时期，"山东"是指黄河中下游，即今天山西、河南、山东、河北地区。这里是当时全国最富庶的地方，也是北齐故地。所谓泰山封禅实际是巩固统一的举措。善惠禅师、玄懿法师之所以被征召，也是由于她们是山东地区有社会影响力的高僧，特别是善惠禅师随驾车行，对安定自尉迟迥相州之叛以来的山东人心的作用是很大的。[②] 隋文帝为善惠禅师在齐州立新寺天华寺，反映出其利用佛教为政治服务的一贯方针。

三、元德太子受戒事

碑文说："会文祖晏驾，炀帝临朝，恭承厚德，弥隆前务。元德太子作贰春坊，搜选贤能，恢张仪则。大业元年，有诏令二阇梨为太子戒师……"隋炀帝秉受家世传统的佛教信仰，进一步将佛教作为隋王朝的国家意识形态推广开来。元德太子受戒事，史无明文。《隋书》卷五十九《元德太子传》云：

_____

① 参见《隋书》卷二《高帝纪》下。
② 这一时期山东地区的重要性，可参见陈寅恪：《论隋末唐初所谓"山东豪杰"》，《金明馆丛稿初编》，上海：上海古籍出版社1984年版。

　　元德太子昭，炀帝长子也，生而高祖命养宫中……年十二，立为河南王。仁寿初，徙为晋王。……炀帝即位，便幸洛阳宫，昭留守京师。大业元年，帝遣使者立为皇太子。……明年，朝于洛阳。后数月，将还京师，愿得少留，帝不许。拜请无数，体素肥，因致劳疾。……未几而薨。①

　　但其家世传佛教信仰，敦煌佛经中有些经卷写于南朝或南方，考其题记年月地名可知。陈寅恪先生认为这些经卷是隋太祖武元皇帝杨忠（隋文帝杨坚之父）携往西北，逐散在人间，留传至于今日。因为杨忠曾是西魏攻梁诸将中的一员，其人最为信佛，江陵既下，城内所藏佛经尽为其所有，后为泾、豳、灵、云、盐、显六州总管，居西北之地凡五岁之久。②元德太子的祖父隋文帝自幼生长在尼寺中，并曾亲受菩萨戒。隋文帝仿效转轮王而自称为普世之君，有关转轮王，最著名的例子便是传说中的阿育王。为效法转轮王，隋文帝在统一南方后有三次分舍利的行为，并为藏舍利而修建佛塔。而转轮王的实质在于大乘佛教理想的世俗国王必须是全心全意护持佛教，弘扬佛法，同时又能统一天下，治国安民。③

　　元德太子父杨广又从智者大师受戒，法名总持，而称其母萧后曰庄严。萧后出身于昭明太子后梁一系，家世有奉佛传统。④ 隋秦孝王杨俊（杨广弟）"崇敬佛道，请为沙门，上不许"。隋齐王暕（杨广次子）曾拜吉藏为师，"稽首礼拜，永归师傅"。元德太子之子越王侗奉佛之事见诸史籍。隋末越王侗被王世充鸩杀前，"曾请与母相见，不许，遂布席焚香礼拜，咒曰：'从今以后，愿不生帝王尊贵之家'"⑤。由此，元德太子秉受家

---

　　① 可参见《资治通鉴》卷一八四炀帝大业二年有关内容及考异。

　　② 陈寅恪：《敦煌石室写经题记汇编序》，《金明馆丛稿二编》，上海：上海古籍出版社1982年版。

　　③ ［英］崔瑞德、鲁惟一编，杨品泉等译：《剑桥中国秦汉史》，北京：中国社会科学出版社1992年版，第940页戴密微语。

　　④ 唐长孺：《魏晋南北朝隋唐史三论》，武汉：武汉大学出版社1993年版，第371页。

　　⑤ 《隋书》卷五十九《杨侗传》。

庭传统，受戒于善惠、玄懿两尼自然是事实，这也说明了隋王朝以佛教为国家意识形态政策的延续性。

20 世纪初在敦煌发现了多本《阎罗王授记经》。[①] 胡适研究指出，隋开皇十四年（594）沙门法经等的《群经目录》四"众经伪妄"门有《阎罗王东太山经》一卷；武则天天册万岁元年（695）沙门明佺等编成的《大周刊定众经目录》十五《伪经目录》有《阎罗王经》一卷、《阎罗王说免地狱经》二卷。以上三经可能都是《阎罗王授记经》更早、更原始的形式。经文中说："在生之日，煞父害母，破斋破戒，煞猪、牛、羊、鸡、狗、毒蛇一切，重罪应入地狱，十劫五劫，若造此经及诸尊像，记在冥案，身到之日，阎王欢喜，判放其人，当生富贵家，免其罪过。"[②] 胡适认为，这部伪经是中国民间迷信与佛教地狱观念结合后的混合产物，是有意模仿《大般涅槃经》一系的伪经。原来，阿阇世王杀害了其父频婆娑罗王，自知罪孽深重，应入地狱受罪。有人劝他赶在如来涅槃之前瞻仰如来，"所有重罪，必当得灭"。如来为阿阇世王"说正法要"，"杀亦如是，虽复国王，王实无罪。大王，如王宫中常敕屠羊，心初无惧。云何于父独生惧心？虽复人畜尊卑差别，宝命重死，二俱无异。何故于羊心轻无惧，于父先王重忧苦？……"《大般涅槃经》卷十九中，还有许多"杀父害母"而无罪的故事。陈寅恪先生在《武曌与佛教》一文中指出：

> 周武帝废灭佛教。隋文帝代周自立，其开国首政即为恢复佛教。此固别有政治上之作用，而其家世及本身幼时之信仰，要为一重要之原因，则无疑也。至于炀帝，在中国历史上通常以为弒父弒君荒淫暴虐之王，与桀纣幽厉同科，或更不如者。然因其崇奉佛教，尤与天台宗创造者智者大师有深切之关系之故，其在佛教中之地位，适与其在儒家教义中者相反，此乃吾国二种不同文化价值论上之问题……

---

① 胡适：《伦敦大英博物院藏的十一本〈阎罗王授记经〉》，《胡适手稿》八集，台北：胡适纪念馆 1974 年版。杜斗城：《关于敦煌本〈佛说十主经〉的几个问题》，《世界宗教研究》1987 年第 2 期。

② P2870 号录文，此类卷子有 20 多个《敦煌遗书总目索引》，共用了十多种经名，实际上是一种写经，见杜斗城前揭文。

阿阇世王为弑父弑君之恶王，然佛教经典如《大般涅槃经·梵行品》则列举多种理由，以明其无罪。非但无罪，如阿阇世王受决经且载其成佛之预言。……夫中国佛教徒以隋炀帝比于阿阇世王，则隋炀帝在佛教中其地位之尊，远非其他中国历代帝王所能并论。此点与儒家之评价适得其反。①

陈先生认为此论俱出于唐代天台宗相承之微意。但敦煌所出《阎罗王授记经》则反映了更早的社会思想渊源。

四、道德寺三尼的治学旨趣

《道德寺碑》中善惠、玄懿、十善三尼分别被冠以禅师、法师、律师称号，她们之间虽是师友、师徒关系，可研治佛学的旨趣却不同。通过对此的阐释可反映出隋宫廷内奉佛的倾向以及隋唐之际尼僧教团的学风流变。

善惠禅师，碑文说她："驿智问津，解形骸于尘大；驰情徇道，分色心于生灭。故能疏略观道，条畅禅林。"自魏以来，北方即为禅法之源泉。魏末隋初北方又是禅学的流行区域。当时禅学虽有达摩、佛陀二系之分，但佛陀一系的禅学，到僧稠而盛行于北齐，道宣所谓"高齐河北，独盛僧稠"②。《道德寺碑》虽未明言善惠禅师的师承，于此也可大略推知。北周禅师，特尊僧实。北周上下，甚为尊容，隋文帝对禅学有意，恐出于此。碑文说善惠禅师入宫为隋文帝说法："陈上天之五相，明下圣之十善……天子欣然，无爽弘喻。召入紫宸，扇贞明于四□；重居黄屋，布云雨于六宫。"可看出隋文帝及后宫嫔妃对禅法的喜好。此外，汤用彤先生曾表列当时知名禅师事迹，《道德寺碑》所言善惠事迹可以补缺。③

玄懿法师精于义理之学，碑文说她："周听玄理，备酌幽求。言问重隐，探索玄极。至于开权显实之略，鸣谦摄度之功，前修昧于断常，后锐

---

①　陈寅恪：《武曌与佛教》，《金明馆丛稿二编》，上海：上海古籍出版社1982年版。

②　《续高僧传》卷二〇《习禅总论》。

③　汤用彤：《汉魏两晋南北朝佛教史》（下册），北京：中华书局1983年版，第571 – 577页。

昏于得离，莫不条绪本干，启綮筌蹄①。是以地论法华，镜其林菀。"由此可推定玄懿法师是一位精通并弘扬《十地经论》的地论师。这部《十地经论》是北魏宣武帝时由勒那摩提、菩提流支二人合作译成，共十二卷。由于各有传授，又分为相州北派学与相州南派学。北朝的地论师同南朝的摄论师一样，主要活跃于南北朝时期（以及隋代），唐代后，摄论归于唯识，地论归于华严。② 至于玄懿法师究属地论师哪一学派，碑无明文，但也可略作推测。汤用彤先生在论"相州南派学之传布"时指出："中天竺勒那摩提者，以宣武帝正始时至洛邑，译《法华论》等三部，并译《十地经论》。其慧解与流支相亚而不相能。说者谓曾教示三人，房、定二士授其心法，慧光一人偏教法律，故光实传其法相之学也。……释慧光者，地论宗之元匠，亦四分律宗之大师，且亦禅学之名僧也。……其弟子昙隐、洪理、道云等均为四分律宗之名家。"玄懿法师主持道德寺时，"加以制度严洁，仪范肃彰，预有侪流，仰之成则"，其弟子也是其外甥的十善律师："具戒已后，专业律科，条节宪章，规诫清众。"由此，玄懿法师属地论师之相州南派学无疑。当时北朝既盛行地论学，隋宫廷内亦有同好，玄懿法师入宫说法也是自然的。碑文又说玄懿法师入灭后，"乃行林葬于终南山焉"。林葬为佛教四葬仪之一，将尸放置林中施予鸟兽。《高僧传》卷八《智顺传》载南朝高僧智顺遗命露骸空地以施虫鸟，门人不忍行之，乃空于寺侧，弟子等立碑颂德。又《旧唐书·李皋传》载："太原旧俗，有僧徒习禅为业，至死不殓，但以尸送近郊以饲鸟兽。"玄懿法师依律实行林葬，与相州南派学名僧慧光，"地论宗之元匠，亦四分律宗之大师，且亦禅学之名僧"的身份颇为相似。

五、道德尼寺与《道德寺碑》

中国比丘尼史，是一个问津者少而诋诬丛生的领域。③ 比丘尼史料的

---

① "筌蹄"指言辞，见《庄子外物》及《高僧传》卷十七《竺道生传》。
② 汤用彤：《汉魏两晋南北朝佛教史》（下册），北京：中华书局1983年版，第610–618页；田光烈：《地论师》，《玄奘佛学研究》，上海：学林出版社1986年版，第136–141页。
③ 蔡鸿生：《尼姑谭》，广州：中山大学出版社1996年版，第1页。

缺乏是造成这一局面的主要原因。梁代高僧宝唱所撰《比丘尼传》上收 67
人；隋唐以后比丘尼事迹，散见于诸书；至 20 世纪 30 年代，沙门震华才
又编述成《续比丘尼传》六卷。①《道德寺碑》则提供了善惠禅师、玄懿
法师、十善律师的详传以及道德寺尼僧教团的情形。

　　道德寺尼僧教团的形成是与玄懿法师不可分的。碑文表明，早在山东
齐州时玄懿法师就因佛学精湛、操行严洁而"四俗知归，有类华阴之市；
七贵请谒，如临稷下之门"。华阴之市，后汉张楷字公超，隐居弘农山中，
学者相随，所居成市，华阴山南有公超市；稷下之门，指战国时期齐国首
都临淄的稷下学宫，诸子百家云集此处讲学。此处用典反映了社会各阶层
向玄懿法师请益的情况。玄懿法师于开皇十年（590）被征召时，"门徒十
余，俱来戾止，留连椒掖，高赏德音"。开皇五年（585）隋文帝曾有敕
云："佛以正法付嘱国王，朕是人尊，受佛付嘱；自今以后，迄朕一世，
每月常请二七僧，随番上下转经；经师四人，大德三人，于大兴殿，读一
切经。虽目览万机，而耳餐法味，每夜行道。皇后及宫人，亲听读经，若
有疑处，问三大德。"②可见定期请僧人讲经是隋宫廷的传统做法。道德寺
的正式设立是在隋炀帝大业初年。碑文说："（隋炀帝）下敕于京邑弘德
里，为立道德道场，所有门人，并听出住。四事供给，一从天府。"隋炀
帝早在为晋王时，就在扬州设慧日、法云道场，日严、弘善灵刹，由晋王
司供给，并改称佛寺曰道场、道观曰玄观。③又据清徐松《两京城坊考》
卷四云：

　　　　次南崇德坊（本名弘德，神龙初改）……道德尼寺，隋时
　　立。至贞观二十三年，徙道德寺额于嘉祥坊之太原寺。以其所为
　　崇圣宫，以为太宗别庙。④

　　①　《续比丘尼传》卷一《唐长安道德寺尼无量传》叙述了唐高宗永淳三年
（684）出家为道德寺尼无量的事迹。
　　②　《辩正论》卷三，《大正藏》卷五十二。
　　③　《续高僧传》卷十一，《智矩传》，《吉藏传》，《隋书》卷二八《百官志》下。
　　④　唐韦述《两京新记》卷三"崇德坊"未记，碑文所记与《两京城坊考》完全
吻合。

以善惠、玄懿两尼为领袖的道德尼僧教团有多名成员，现据《道德寺碑》碑阴所刻姓名迻录如下：

玄懿　善惠

善迁　法真　　　　　　　　　　　空智　善满

惠朗　法能　十善　迦罗　真应　宝巩　巩智　净藏

智满　智度　大通　净光

此中人恐怕大都是玄懿法师由齐州带入京城的"门徒十余"。此外，道德寺的第三位寺主十善既是玄懿的徒弟，又是玄懿的外甥女。

从历史上看，曹魏后宫便有无间神的信仰，无间神是佛教的地狱神，由此可见佛教信仰在社会上的流传程度。[①] 南北朝时期，宫廷与尼寺、尼僧关系密切。《比丘尼传》卷一《妙音传》说妙音尼在东晋孝武帝时得到司马道子的宠信，"富倾都邑，贵贱宗事"，桓玄甚至通过她示意皇帝以干政。《魏书》卷十三《皇后列传》载：孝文废皇后冯氏曾在宫中被"遣还家为尼"；宣武高皇后在宣武帝猝死后"寻为尼"。《北史》卷十三《文帝文皇后乙佛氏传》记载，大统五年（539）文皇后失宠，在麦积山出家为尼，死后凿窟而葬，号为寂陵。由此看来，善惠、玄懿二尼出入宫掖，道德尼寺亦成为后宫内道场，除隋文帝与尼僧关系密切的原因外，也是南北朝以来的传统。

从碑文来看，道德尼寺是按律寺仪轨组织的律寺，注重律治是道德尼寺的显著特色。我们知道，唐代律宗由于道宣的倡导，在唐初即日益成为一种运动。在唐初，这种运动是针对北朝及隋代的末法思潮而健全僧伽制度的一种守戒运动。[②] 前已论及玄懿法师隶属于地论学之相州南派学，其入灭后按律实行林葬，即以尸放于林中施予鸟兽。而唐初道宣师承自相州南派学的道云、道洪，道德尼寺第三任寺主十善所处时代与道宣同，她精通律学，故称律师。碑文说她主持道德寺，"致使法海绝青田之秽，土林

① 陈寅恪：《魏志司马芝传跋》，《金明馆丛稿二编》，上海：上海古籍出版社1982年版。

② 姜伯勤：《敦煌毗尼藏主考》，1992年油印本。这一时期的敦煌佛寺亦以律寺为主，寺中设有法师、律师、禅师。

亏白首之澂"。这里的"青田"一词尤其值得注意，据《云笈七签》二七《洞天福地》，青田为山名，在浙江青田县西北，有泉石之胜，为道教三十六洞天之一，名青田大鹤天。那么何谓"青田之秽"呢？汤用彤先生曾指出：道教中的三张一派可以在道观中与家属同居。唐玄嶷撰《甄正论》卷下有云："道家无律禁淫逸之事，故隋嵩阳观道士李播上表云，准道法，道士无禁婚聚之条，道士等咸请娶妻妾。"① 由此，亦可窥见道德寺的律寺特色。

从佛教美术史的角度来看，《道德寺碑》也有极高的艺术价值。其碑额篆书一十六字"大唐京师道德寺故大禅师大法师之碑"，碑阴额有"道德阿弥佛陀"六字；中间刻有浮雕莲花龛三尊佛像；下部线刻善惠、玄懿及其16位弟子的位侧图，即所谓"刊像二师，列位资辅，用陈昭穆"，两侧线刻精致的图案花纹。其价值亦有专家评定："唐宋碑刻上亦有画像，多为工细之线条画，如雁塔门楣石上所画佛寺庭院，《道德寺碑》碑阴所画女尼形象，均唐画之精美者也。"② 《道德寺碑》以骈体文写就，字为"吏部文林郎到范书"。碑林博物馆陈列说明谓"到范书法出自欧阳询，笔力雄劲，具有初唐一般书家风格"。"其实在隋代就有不少爱写这种楷体的人，欧阳询不过是其中一员，只因为他年寿长，入唐后又做到四品上级的太子率更令，就成为知名的书法家而已。但这种字体在当时并不为高祖、太宗所喜爱。……今天平心而论，欧体固然有他的优点，但毕竟已是前朝的旧体，而且点画拘谨，很难有进一步的发展。"③ "由此可知，《道德寺碑》在书法上并无特殊的价值。"此外，《道德寺碑》1950年出土自西安西郊梁家庄，从唐代长安城坊分布图可看出，嘉祥坊正与梁家庄在同一方位。《道德寺碑》出土时损害较严重，现在陈列中已安置有保护外罩，故拓本流传极其稀罕。

（原刊《佛学研究》2000年第9期）

---

① 参见姜伯勤：《沙州道门亲表部落释证》，《敦煌研究》1986年第3期。
② 黄永年：《碑刻学》，陕西师范大学油印本，1986年。
③ 黄永年：《唐人楷书述论》，陕西师范大学油印本，1985年。

读唐《弘福寺碑》论隋唐戒律的成立

释智首是隋代、唐初的戒律大师，是相州南派学的代表人物。他在隋唐佛教史的重要地位还由于其弟子道宣是唐代律宗的创立者。智首的事迹见于道宣所撰《续高僧传》卷二十三《唐京师弘福寺释智首传》（以下简称《智首传》），其中有云：“慕义门学共立高碑，勒于弘福寺门，许敬宗为文。”但一直未见著录，具体立碑时间也不详。1982 年，《大唐弘福寺故上座首律师高德颂碑》（以下简称《弘福寺碑》）出土于西安市莲湖区丰禾路（位于唐修德坊西北隅弘福寺原址范围内）。此碑拓片 2004 年 12 月《碑林集刊》（十）已印出。此碑立于唐高宗显庆元年（656），正书，共 33 行，满行 73 字，除空格、损字外共计 2 810 字，比《续高僧传》本传的 1 749 字还多出一千余字，两相比勘，颇多关涉隋唐佛教史实、佛教与政治及佛教社会信仰风习之处，对隋唐佛教史的研究足资考证。

一、弘福寺上座智首

《弘福寺碑》出土于西安市莲湖区丰禾路，位于唐修德坊西北隅弘福寺原址范围内。关于弘福寺，北宋宋敏求在《长安志》卷十“唐京城四”中有言：“在修德坊。本贞安坊，武太后改。本右领军大将军彭国公王君廓宅。贞观八年，太宗为太穆皇后追福，立为弘福寺。寺北有果园，复有万花池二所。太宗时，广召天下名僧居之。沙门玄奘于西域回，居此寺西北禅院翻译。寺内有碑，面文贺兰敏之写《金刚经》。阴文寺僧怀仁集王羲之写太宗圣教序及高宗述圣纪，为时所重。《政要》：元和十二年，诏筑夹城，自云韶门过芸林门西至修德坊，以通兴福佛寺。”① 其实这是本之唐

---

① 中华书局编辑部编：《宋元方志丛刊》（第一册），北京：中华书局 1990 年版，第 126 – 127 页。清毕沅经训堂刊本按语云：“今怀仁圣教序记碑后并无贺兰敏之《金刚经》。”

玄宗时韦述所撰《两京新记》，该书五卷，现残存第三卷："（卷首残阙）
京城之壮观寺内有碑，面文贺兰敏之写《金刚经》。阴文寺僧怀仁集王羲
之写太宗圣教序及高宗述圣纪，为时所重。"① 元骆天骧撰《类编长安志》、
清徐松《两京城坊考》也沿用宋书。② 太穆皇后即唐高祖李渊妻，唐太宗
李世民生母窦氏。窦氏死后，诏即所葬园为寿安陵，谥曰穆。及祔献陵，
尊为太穆皇后。窦氏出身于鲜卑的大贵族，属于鲜卑姓纥豆陵氏。她为李
渊生有四子一女。除三郎李元霸没有长成就死了，玄武门之变的主角李建
成、李元吉、李世民都是她所生的同胞兄弟。李世民之所以立弘福寺，除
了《续高僧传·智首传》所述为"圣善早丧，远感难陈"，以及碑文所述
"太宗大孝通幽，因心永慕。夜梦先后，冥申就养之情；旦隔慈颜，弥切
终忧之痛"外，缘由应该是多方面的。

《续高僧传》本传止言智首为弘福寺上座。但碑文云："于是广征僧
宝，妙选纲维，特屈律师，亲临寺主，寻降纶旨，升为上座。"则是先出
任寺主，不久便升任上座。寺主、上座均为僧官，为寺院的主官。寺主，
梵语为"摩之帝"，即一寺之主。"寺既爱处，人必主之。"上座，原来是
对僧人出家年岁高者或对有德行僧人的尊称，"立此位皆取其年、德、干
局者充之"；但后演变成了寺院的主要僧职。寺主、上座之称，东晋之前
不见记载，当始于南北朝中期。永平二年（509）沙门统惠深曾在奏疏里
提到，要上座、寺主加强对僧众的戒律教育。唐代寺主、上座、都维那成
为寺庙的"三纲"，唐代典籍中，凡说及佛事者无不涉及"三纲"。如
《旧唐书·职官志》："凡天下寺有定数，每寺立三纲，以行业高者充。"
《唐六典》："每寺上座一人，寺主一人，都维那一人，共纲统众事。"甚至
唐律中也对"三纲"作了规定。《唐律疏议》名例："寺有上座、寺主、
都维那，是为三纲。"可见"三纲"的设置已经制度化了。特别是一些官
立大寺的"三纲"选任十分严格，正常程序是由鸿胪寺卿负责选拔，荐报

---

① （唐）韦述：《两京新记》，丛书集成本。岑仲勉：《〈两京新记〉卷三残卷复
原》，《历史语言研究所集刊》（第九本），又载《岑仲勉史学论文集》，北京：中华书
局 1990 年版。周叔迦：《订正〈两京新记〉》，《周叔迦佛学论著集》（下集），北京：
中华书局 1991 年版。

② （元）骆天骧编撰：《类编长安志》（卷五），北京：中华书局 1990 年版。
（清）徐松：《两京城坊考》（卷四），北京：中华书局 1985 年版。

祠部，祠部又呈奏皇帝任命。如唐太宗曾任园定为弘福寺寺主，又曾任慧净为普光寺上座。高宗曾任玄奘为慈恩寺上座。显庆二年（657），西明寺落成，遂任道宣为上座，神泰为寺主，怀素为都维那。中宗曾任命长安僧慧范为圣善、中天、西明三寺寺主。武则天时，僧薛怀义领命修建东都白马寺，"寺成，自为寺主"。"三纲"权力很大，一寺之中，事无巨细，皆由"三纲"裁决，实际是寺院的君长和官员，构成了僧侣集团的统治者阶层。有学者认为，寺主用今天的话来讲，就是一寺的院长，负责一寺的事务；上座负责一寺的宗教事务，类似今天所说的业务院长。似乎寺主的地位与职权高于上座。[①] 但从智首先任弘福寺寺主，后又升任上座的过程来看，上座的地位与职权较寺主高。这一点也可从《唐六典》《唐律疏议》中"三纲"的排序得到证明。弘福寺当为按律寺仪规组织的律寺。当时所建国立大寺大都是律寺，当时的敦煌佛寺亦以律寺为主，寺中设有法师、律师、禅师等。这应是针对北朝及隋代的末法思想而健全僧伽制度的一种守戒运动的产物。[②]

　　唐太宗任用智首为弘福寺寺主及上座的首要原因当是他本属天下名僧，更重要的原因则是看重他在山东地区的影响，山东地区在隋末唐初有着举足轻重的地位。汤用彤先生言"唐太宗实不以信佛见称。及即皇帝位，所修功德，多别有用心"，是有见地的。这与碑文"于是东西禅定，轮奂初成，远招名僧，辐辏都下"所记载的隋时智首被征召入京的情景当出于同一缘由。隋代招徕山东地区名僧，除了杨隋皇室的佛教信仰外，主要是为了安定山东地区的民心，维系统一局面。《续高僧传》本传载智首身后，唐太宗为其行国葬。碑文则言："皇情轸悼，怛二鼠之侵藤；列辟缠哀，惊四蛇之毁箧。王人骆驿，天眷饰终。丧事所须，并宜官给。幢幡弥亘，云布郊原；箫挽悲吟，雷振都邑。百官雨泗，惧景落而行迷；四众穷号，痛梁摧而冈庇。既而受戒弟子及听法门人，亲禀训者三千，结微缘者十万，各举号而永慕，乃聚众而兴言。以为诸法皆空，犹假道于言说；众善不昧，咸寄声于赞扬。"都是出于收揽人心、巩固统治的目的。

---

① 　白文固：《南北朝隋唐僧官制度探究》，《世界宗教研究》1984 年第 1 期。

② 　姜伯勤：《敦煌毗尼藏主考》，《敦煌研究》1993 年第 3 期。

二、智首与隋唐戒律的成立

汤用彤先生指出："佛法演至隋唐，宗派大兴。所谓宗派者，其质有三：一、教理阐明，独辟蹊径；二、门户见深，入主出奴；三、时味说教，自夸承继道统。"① 当时有三论宗、天台宗、法相宗、华严宗、戒律、禅宗、真言宗、三阶教等，而智首律师则是隋唐戒律成立的中坚人物。碑文开头便说：

> 盖闻一时转法，戒品之隩先彰；三藏微言，律行之科尤著。所以縶维心马，羁制情猿，取譬大舟，能超彼岸者矣。若乃智蠲三毒，学宗五师。踵德波离，檀灵文之玉检；嗣徽迦叶，作定水之金堤。苦节翘勤，显扬微妙，唯上人者为第一焉。

碑文又说：

> 所谓我毗尼藏，析金杖而俱珍；尸波罗密，登宝桥而普济。昙摩趜多，导清源于西域；佛陀邪舍，播臣海于东藩。调御之道斯弘，尘劳之党咸度。

这里所强调的是智首戒律大师的身份，为颂扬碑主的高德奠定基调。毗尼藏即佛教经、律、论三藏中的律藏，尸波罗密即戒律之意，这里泛指佛教戒律。毗尼藏的传受与律寺保存、传承毗尼藏有关，又与律宗传法继嗣有关。"佛教自汉时入中华以后，约至东晋戒律乃渐完备。佛图澄、释道安、竺法汰及慧远均注重律藏，僧纯、昙摩侍等译律均得安、汰之助。罗什在长安时，弗若多罗等译《十诵律》，佛陀耶舍译《四分律》。而约同时佛陀跋多罗在建业译《僧祇律》。其后北方所译之《十诵》盛行于南，而南方所译之《僧祇》颇行于北。约至梁时，北方有道覆律师，始创开《四分》。慧光承之，此律遂光大。延至隋唐，《四分》遂为律之正宗。然

---

① 汤用彤：《隋唐佛教史稿》，北京：中华书局1982年版。

实分为三，即南山、相部、东塔，非仅一宗也。加以菩萨戒之流行，暨义净唱有部律，此五项实为本期戒律之大事。"碑文中的昙摩毱多即昙摩侍。值得注意的是唐代律宗三家，在全国各地包括敦煌都有流布，而且各显其长，争论不休。唐代宗大历十三年（778）曾敕三派大德十四人，集于长安安国寺，讨论彼此的是非，集议结果虽采法砺"旧疏"及怀素"新疏"之长，集成《敕金定四分律钞》十卷，但实际上并未得到遵守。唐德宗以后，相部、东塔两家失传而南山一宗独盛，绵延至宋代而不绝。

智首是相州南派学的代表人物，同时又是四分律大师。汤用彤先生在论"相州南派学之传布"时指出："中天竺勒那摩提者，以宣武帝正始时至洛邑，译《法华论》等三部，并译《十地经论》。其慧解与流支相亚而不相能。说者谓曾教示三人，房、定二士授其心法，慧光一人偏教法律，故光实传其法相之学也。……释慧光者，地论宗之元匠，亦四分律宗之大师，且亦禅学之名僧也。……其弟子昙隐、洪理、道云等均为四分律宗之名家。"[1] 从唐大历辛亥岁（大历六年，公元771年）春三月颜真卿撰《抚州宝应寺律藏院戒坛记》可知，当时律宗的传承，"至魏法聪律师始阐四分之宗，聪传道覆，覆传慧光，光传云、晖、愿，愿传理、隐、乐、洪、云，云传遵，遵传智首，首传道宣，宣传洪，洪传法励，励传满意，意传法成，成传大亮、道宾，亮传云一，宾传岸超、慧澄，澄传慧钦，皆口相授受，臻于壶奥"[2]。颜真卿列举了从法聪、慧光直至智首，以及从智首、道宣直至抚州宝应寺慧钦的传承系谱，由此可知，口相授受与传承系谱是律宗的两大特色。

更为重要的是，智首还是律宗开创者道宣的师父。汤用彤先生指出："南山为戒律之大宗，延续甚长。南山者，因道宣居终南山得名。宣之师为智首。智首姓皇甫氏，家于漳滨，生于北周天和二年。初投相州云门寺智旻出家，旻稠禅师弟子也。年二十二受具足戒，后听道洪席。……首年未三十，频开律府，即灵裕法师亦亲预下筵。隋高祖时，随师智旻入关，住禅定寺。于是博览三藏众经，四年考定，其有词旨与律相关者，并对疏

① 汤用彤：《汉魏两晋南北朝佛教史》（下册），北京：中华书局1983年版，第610-618页。
② （唐）颜真卿：《颜鲁公文集》（卷十三），四部丛刊本。

条，会其前失，遂著《五部区分钞》二十一卷（现存）。前此戒律译出四百余卷，至是始括其同异，定其废立。本疏云师所撰，今缵两倍过之。按道云者北齐律师，奉慧光师遗令，专弘律部，造疏九卷，为众所先。先是关中素奉僧祇，洪遵（亦道云弟子）始在关中，创开四分。首乃播此幽求，便即对开两设，沈文伏义，亘通古而未宏，硕难巨疑，抑众师之不解，皆标宗控会，释然大观。是由理思淹融，故能统祥决矣。使夫持律之宾，日填堂宇；遵亦亲于法座，命众师之。长安独步，三十余年。贞观初，参与译场。八年，敕为新建之弘福寺上座。九年四月二十二日卒，年六十九。其弟子有道宣、慧琎（初事洪遵）、惠满、道兴、道世等。"

　　碑文可补智首早年及晚年的事迹。《续高僧传》本传止云："释智首者，姓皇甫氏，其源即安定玄晏先生之后，随官流寓，徙宅漳滨，而幼抱贞亮，夙标雄杰，髫年离俗，驰誉乡邦。"碑文则云："上人讳智首，俗姓皇甫氏，安定朝那人，盖士安之裔也。……洎年十九，奄丧所天，慈氏孀居，捐之入道。上人既婴荼蓼，见母出家，内省六尘，厌无明之所蔽；外观三界，悼即色之咸空。"王芑孙《碑版文广例》卷九："唐代重门阀，碑版所书某地人，或其族望所出，不必皆实隶籍贯。相延习惯，遂有施自亲懿者耳。"可见智首实际是山东相州人，所谓安定则是虚托郡望而已。至于智首丧父后，母亲率先出家，反映出智首如同玄奘一样都有着家世佛教信仰，这在南北朝隋唐时期可能是相当普遍的现象。《续高僧传》本传云："九年四月二十二日卒，年六十九。"碑文则载："粤以贞观九载，朱明首月终于弘福寺，春秋六十九。"《尔雅·释天》："夏为朱明。"朱明首月即农历四月。传文可补碑文的不足。

　　碑文可补智首的师承渊源。碑文曰："至一伽蓝，名曰云门，最为殊妙。智旻上座，德冠缁林。深智大权，位参十地；律仪戒行，功包四果。上人接足顿颡，惬心归向，蒙为善来，因兹剃落。"又曰："初，云门净洪，誉高河朔，阐明十诵，声动八方，上人服义首筵，亟移星律。至于是后，释位相推，有所未通，翻然下问。上人言泉波骇，变桑野而浮天；舌电横飞，控箭流而汇海，岂止连环易剖，曾冰可泮，若斯而已哉。"汤用彤先生疑道洪为净洪。道洪事迹，附见于《续高僧传·洪遵传》："隋初又有道洪、法胜、洪渊等并以律学著名。洪据相州，绍通云胤，容止沉正，宣解有宜，学门七百，亟程弘量，故诸经论之士，将欲导世者，皆停洪讲席，观其风略，采为轨躅。"据此可知，道洪有徒七百。又《续高僧传·智首传》："后听道洪律席，同侣七百，锋颖如林，至于寻文比义，自言迥拔；及玄思厉勇，通冠群宗，刚正严明，风飙遗绪者，莫尚于首矣。"正与碑文所述相同。汤用彤先生又指出，据智首《续萨婆多毗尼毗婆沙序》谓"相州静洪律师毗尼匠主，复是智首生年躬蒙训导"云云，此静洪即道洪之证。又相部宗开山法砺实长道宣二十八岁，道宣曾往见之。砺先道宣二十五年死，《续高僧传》卷二十二《法砺传》："从静洪律师咨考《四分》，指执刑罔，有历年所。"汤先生亦指出：按智首之师亦有名静洪者，并在相州，或即同是一人。现根据碑文更明确为"云门净洪，誉高河朔，阐明十诵"，更为汤先生的推论增加了一强有力的佐证。

三、智首的著述

碑文最为重要之处在于可补充智首的著述。如《续高僧传》本传所云："遂著《五部区分钞》二十一卷（现存）。前此戒律译出四百余卷，至是始括其同异，定其废立。本疏云师所撰，今缵两倍过之。"其中多有不明了之处。汤用彤先生指出："按道云者北齐律师，奉慧光师遗令，专弘律部，造疏九卷，为众所先。"碑文曰："上人慧目详披，灵心独照，剖变通之诡说，甄得失之殊流。商略古今，网罗遗逸，撮彼机要，举以纮纲，撰《四分律疏》为廿一卷（拓片点为'四分律，疏为廿一卷'）、《五部区分钞》廿一卷、《诸师异执甄集钞》四卷、《经部甄定续记》五卷，并流通海内，作范区中。是使负笈应真，同瞽者之蒙正导；学地开士，等破暗之逢智灯。或亲承德音，乃随类而俱解；或服膺著述，并披文而见意。千载颓纲，一朝攸叙，中兴大典，系赖在兹。"据此可知智首撰《四分律疏》廿一卷是在道云所造《四分律疏》的基础上增订而成的。我们有幸在《卍续藏经》卷四十二中找到了编号为"七三四"的《四分律疏》卷九残卷，从雨浴衣戒至辄教尼戒，智首的律学造诣据此可管窥一般。至于《五部区分钞》二十一卷，汤用彤先生及日本学者都指出现存，主旨在于分别批评各部律。① 但我们一时还未能覆按原文，只找到宋代僧人元照对它的评价。元照《四分律行事钞资持记》卷一："至于元魏法聪律师，方悟前非于此，罢讲《僧祇》，首传《四分》，然以人情执旧，多未伏从。及乎隋朝智首律师，作《五部区分钞》，往往未能尽礼，尚有纷纭。"至于僧传中所谓"至是始括其同异，定其废立"，除了文字上的异同外，还应包括理据上的异同。当指《诸师异执甄集钞》四卷、《经部甄定续记》五卷这一类的著作。

虽然智首的著述大都亡佚，但我们可通过道宣的著述来了解智首的学说。

佛教虽从汉朝就传入中国，但东晋十六国时期才有律藏的翻译。十六国姚秦时期，关中行的是《僧祇律》，南朝和北朝行的是《十诵律》。北朝末年，《四分律》兴起。隋唐统一，全国都用《四分律》，其影响是相当深远的。《四分律》是姚秦时佛陀耶舍共竺佛念等译，包括初分：①四波罗夷法，②十三僧残法，③二不定法，④三十舍堕法，⑤九十单提法，⑥四提尼法，⑦式叉迦罗尼法（百众学法）；第二分：①尼戒法八四波罗夷法，②尼戒法十七僧残法，③尼戒法三十舍堕法，④尼戒法一百七十八单提法，⑤受戒捷度，⑥说戒捷度，⑦安居捷度，⑧自恣捷度；第三分：①自恣捷度，②皮革捷度，③衣捷度，④药捷度，⑤迦缔那衣捷度，⑥拘睒弥捷度，⑦瞻波捷度，⑧呵责捷度，⑨人捷度，⑩覆藏捷度，⑪遮捷度，⑫破僧捷度，⑬灭净捷度，⑭比丘尼捷度，⑮法捷度；第四分：①房舍捷度，②杂捷度，③集法比丘五百人捷度，④七百集法毗捷尼度，⑤调部捷度，⑥毗尼增捷度。② 佛教戒律传入中国的意义，有学者指出："向一个从来没有任何法律思想的社会传入一整套规章和制度这也可能就是佛教的新颖之处。它们涉及到了对财产的保护和僧侣们的权力；它们还包括宗教基金的观念，由于因果关系，同样也包括有道德之士的观念；最后，它们还认为存在遁入沙门者的特权地位。因为印度有着抽象思维的特殊本领，也可能是因为它的大规模的海上贸易得以过早地发展。那里的法律观念和方

---

① ［日］镰田茂雄著，郑彭年译：《简明中国佛教史》，上海：上海译文出版社1986年版，第228页。

② 《大正藏》卷二十二。

法要比中国的法律和习惯先进得多。五世纪时所翻译的四部律藏在许多方面是比较容易通融，是最为不严格的。"① 这种论断当然带有对中国历史的偏见，但其所强调的佛教传入中国带来了新的法律观念确实符合历史事实。这里所说的四部律就是《僧祇律》《十诵律》《弥沙塞和醯五分律》《四分律》。而隋唐戒律是以《四分律》为中心展开的。

释道宣，俗姓钱，丹徒（今江苏镇江境）［一说长城（今江苏长兴境）］人，生于隋文帝开皇十六年（596），十六岁落发出家。隋炀帝大业中，从慧光三传弟子智首律师受其足戒，习律，前后听其讲四分律二十遍，唐高宗乾封二年（667）死，活了七十二岁，是唐朝初年佛教史上一个显赫的人物，在著述上又是一个百科全书式的人物，他编纂的有关佛教史的书有《广弘明集》《续高僧传》和《大唐内典录》等。他撰写的关于神人交感及感应灵验的书有《通感决疑录》《集神州三宝感通录》《道宣律师感通录》。他同时也是中国佛教律宗的开山人，撰有不少关于佛教戒律的著作。

值得注意的是，《四分律删繁补阙行事钞》（以下简称《行事钞》）三卷（现存，作十二卷）是武德九年（626）撰成的，恰好在他从智首问学期间。从碑文可知，智首曾撰写《四分律疏》二十一卷，道宣自然是其传人。从古代学术的传承来看，古代写书不易，读书也不易，知识与思想的传授往往局限于同一门派的师父与弟子之间：学生必须亲炙师教才能学到东西，而老师也必须开门授徒才能传播主张。因此古人最重师说和家法。学生只要"学不足以名家"，则言必称师，述而不作，不但要记录和整理老师的言论、疏释和阐发老师的思想，而且往往附以各种参考资料和心得体会，理所当然地把他们的整理和附益统统归于老师的名下，"原不必于一家之中分别其孰为手撰，孰为记述也"②。也就是说，"著作权"可以不明确，但"师说"和"家法"必须毫不含糊。道宣在《行事钞》的序言中也说："自大师在世，偏弘斯典，爰及四依，遗风无替。"③ 由于《四分律》本身十分难以理解，道宣遂加以疏说解释，重新编排，以便后学。

---

① ［法］谢和耐著，耿升译：《中国五—十世纪的寺院经济》，兰州：甘肃人民出版社1987年版，第84-86页。

② 余嘉锡：《四库提要辩证》（第二册），北京：中华书局1980年版，第608页。

③ 《大正藏》卷四十。

《行事钞》十二卷，包括一标宗显德篇、二集僧通局篇、三足数众相篇、四受欲是非篇、五通辨羯磨篇、六结界方法篇、七僧网大纲篇、八受戒缘集篇、九师资相摄篇、十说戒正仪篇、十一安居策修篇、十二自恣宗要篇、十三篇聚名报篇、十四随戒释相篇、十五持犯方轨篇、十六忏六聚法篇、十七二衣总制篇、十八四药受净篇、十九钵器置听篇、二十对施兴治篇、二十一头陀行仪篇、二十二僧像致敬篇、二十三讣请设则篇、二十四导俗化方篇、二十五主客相待篇、二十六瞻病送终篇、二十七诸杂要行篇、二十八沙弥别行篇、二十九尼众别行篇、三十诸部别行篇。

综观道宣的著述，可以窥见以下特点：其一，规定细密具体。如《行事钞》和《量处轻重仪》关于寺院财产的规定：三宝财物——佛物、法物和僧物；盗用三宝财物有罪；三宝财物不得互用，互用有罪；三宝财物的出贷；僧尼饭食的供给；赡待道俗法；施主对所施财物的权力。再如关于僧尼私人财产的规定：僧尼由不许蓄私财到允许蓄私财；僧尼私财中的轻物和重物；亡僧财产的处理：亡僧私财处理权归寺院；同活共财的处理；嘱授权和它的效力；债务的清偿。其二，兼采各律。释道宣讲律，虽以《四分律》为主，但也不限于《四分律》。他在《行事钞》和《量处轻重仪》中就是兼采各律之说。他在《量处轻重仪》序里说："进此神州，通行《四分》。即以此律为本，搜括诸部成文，则何事而不详？何义而非决？遂删补旧章，撰述《事钞》。"又说："今约先旧钞，更引所闻，科约事类，录成别体，名为《量处轻重仪》也。"这就是他兼采众说的最好说明了。①因此吕澂先生也指出："然四分本是上座末宗，西域流行较盛，其与大乘关涉尚不若萨婆多，中土最初用以纳得戒体者，不过传译上偶然之事。唐贤乃即据此大宏四分，摒弃余家，至于南山杂糅诸部，愈博愈繁，故东川僧服、饮食、起居，无一合律，腾笑西方，此义净所以深致愤恨也。"②这显然是说《四分律》本与大乘佛教关涉不多，又由于兼采众说，离印度佛教真相愈来愈远，遂导致义净西行求法，以探讨佛教戒律真相。

---

① 参见何兹全：《佛教经律中关于寺院财产的规定》，《中国史研究》1982 年第 1 期；《佛教经律关于僧尼私有财产的规定》，《北京师范大学学报》1982 年第 6 期。
② 吕澂：《诸家戒本通论》，《吕澂佛学论著选集》（第一册），济南：齐鲁书社 1991 年版，第 129 页。

四、《弘福寺碑》与《道德寺碑》

《弘福寺碑》碑文首列："礼部尚书皇太子宾客高阳公许敬宗文。右屯卫大将军兼太子左卫率上柱国部国公郭广敬书。太子中允裴宣机篆书。"文末则有："大檀越、镇军大将军、上柱国、虢国公张士贵，累功丕显，积善熏修。翊戴□□，□梁觉法。悟道参于十地，解脱通于四禅，喜舍而立胜因，护持以成妙果。爰于显庆元年十二月八日设斋建立。"

此碑立于显庆元年（656），撰文者为许敬宗。据两《唐书》本传，许敬宗虽为李唐开国旧臣，但真正受到重视当在高宗登基以后，特别是在高宗永徽六年（655）废王皇后立武则天的斗争中有功劳，加太子宾客，由高阳县男晋升为高阳郡公，是这一时期炙手可热的官僚人物，好财货，且年寿长，活了八十一岁，这一时期的达官贵人树碑立传都喜找他撰文。在喜找靠山的佛家看来，他自然是最理想的撰写碑文人选。如宋赵明诚《金石录》所载由许敬宗撰文的就有《唐昌州普济寺碑》《唐瑶台寺碑》《唐益州都督程知节碑》《唐尉迟宝琳碑》《唐马周碑》《唐高士廉茔兆碑》《唐李靖碑》《唐尉迟敬德碑》《唐凉国太夫人郁久闾氏碑》九通。值得注意的是，碑林博物馆所藏 1950 年出土的《道德寺碑》是十善尼姑为其师父惠善、玄懿所立，但未刻撰文者，现将两文反复对照，从辞句文气来看，当亦出于许敬宗之手。①

太子中允裴宣机篆书。裴宣机是隋时出使西域，撰写《西域图记》的裴矩之子。关于裴矩，《隋书》、两《唐书》均有传。裴宣机事迹附见两《唐书》裴矩传，他曾受太子承乾谋反案牵连，被贬为庶人，后复叙用。高宗时官至银青光禄大夫、太子左中护。他撰写碑额，除了应是当时善篆书者外，是许敬宗的同僚也是原因之一。

书者郭广敬，是唐代中兴名将郭子仪的高祖伯父。两《唐书》无传，但《旧唐书·突厥传》有唐太宗遣其击突厥，"竟不止，太宗大怒"的记载。《元和姓纂》也有其受封为部国公的零星记载。其书法当是继承自隋代碑志中平整流美的一派，而更加提高成为新书体者，是唐楷的最佳结

---

① 曹旅宁：《读〈道德寺碑〉论杨隋皇室的佛教信仰》，《佛学研究》2000 年第 9 期。

晶，其代表人物当为褚遂良。从书法史上来看，唐初有所谓虞世南、欧阳
询、褚遂良、薛稷四大家，他们之所以得名大都是因为官大，但他们也的
确代表了书法时尚的发展。其中虞世南法二王擅长行书而不擅长楷书，而
欧阳询的前朝旧体楷书笔画拘谨又已过时，初唐时真正有影响的楷书正
统，只有以褚遂良为代表的一派才够资格继承，并且得到皇家的喜爱。由
于当时大家都学褚体，要说谁是褚体最优秀的传人倒反而不容易。比较知
名的当时有个薛稷，薛稷之所以得名倒可能是他官大的缘故。继褚遂良而
起以楷书著称的大书法家，在唐代只有颜真卿。褚体的显著特色在于圆美
但又有挺拔的一面。[①] 郭广敬虽是华州郑县军人武将世家出身，但按照当
时的习尚，需要文武兼备，要先读《孝经》《论语》，再加上所谓《周易》
《尚书》《毛诗》《礼记》《春秋左传》五经，同时还得学会作诗作文章，
这又得学《文选》，另外，练习写字也是要紧的功课，这可能就是郭广敬
虽然在历史上没有初唐四家那样大的名气，但确实能代表当时真正书法家
水准的缘由。

　　至于立碑的施主即碑文中所说的大檀越张士贵，两《唐书》均有传。
他是出生于虢州的群盗之一，属于隋末唐初所谓山东豪杰之列的人物，后
为唐高祖招降，又见赏于唐太宗，"从平东都"，而参与玄武门之役。碑文
记张士贵立碑的时间为"显庆元年十二月八日"，昭陵出土的《张士贵墓
志》记其死于显庆二年六月十三日，终于河南县之显义里第，春秋七十有
二。[②] 时间相距只有半年左右。他立碑的缘由可能是为了皈依佛门、积德
行善，以便放下屠刀、立地成佛，也有可能与智首律师有故交。张士贵奉
佛的证物还有宋赵明诚《金石录》所载立于永徽五年（654）十一月由张
士贵撰文的《唐张令鄠浮屠铭》。至于碑文末句"喜舍而立胜因，护持以
成妙果"则是为佛寺僧尼立碑的套话。此外，如果只据《续高僧传》本传
云："慕义门学共立高碑，勒于弘福寺门，许敬宗为文。"不知立碑者为
谁，是皇家抑或私家。现据碑文，知是私家所立，而且是在智首律师入灭
二十一年以后。而且宋敏求《长安志》、宋赵明诚《金石录》、元骆天骧
《类编长安志》卷十"石刻"中都未见《弘福寺碑》的著录，有可能韦述

---

① 参见黄永年：《唐人楷书论述》，陕西师范大学油印本，1985 年。

② 《唐代墓志汇编》显庆〇五六。

的《两京新记》就未著录，韦述主要生活在唐玄宗时期，可见此碑入土是比较早的。至于《道德寺碑》，宋敏求《长安志》中还提及善惠、玄懿两尼的事迹，当是根据碑刻而来，但元骆天骧《类编长安志》卷十"石刻"中未见著录，说明其很可能在元以前就已入土，且保存较差。

　　《弘福寺碑》与《道德寺碑》在形制上还有许多相似之处，反映了当时立碑以及刻制的时尚。《弘福寺碑》石质为黑青石，材质精良，当是出自渭水北岸富平北山，保存较好。碑身为竖方形，高 235.5 厘米，宽 107厘米，厚 28.5 厘米，其碑额篆书一十一字"大唐故上座首律师高德颂"，碑首高浮雕蟠螭，两侧为浅浮雕双排连珠纹，中间由兽面作上下两端的终点，以平行的直线双带为主要干线，以相对的夔龙连云波纹形成游龙效果，雕工精美，有较高的艺术价值。碑两侧线刻精致的蔓草式样的所谓唐草文图案花纹，这种唐草文在生动中寓变化，确实比较美观生动，而且只有在某些比较讲究的唐碑碑侧才刻有。[①]《道德寺碑》石质亦与前者相同。碑身亦为竖方形，螭首方座，碑首造型亦与前者接近。其高 234 厘米，宽 93 厘米，座高 58 厘米，也与前者接近。碑两侧同样线刻有精致的蔓草式样的唐草文图案花纹，其碑额篆书一十六字"大唐京师道德寺故大禅师大法师之碑"，碑阴额有"道德阿弥佛陀"六字，中间刻有浮雕莲花龛三尊佛像，下部线刻善惠、玄懿及其 16 位弟子的位侧图，即所谓"刊像二师，列位资辅，用陈昭穆"，为唐画之精美者。上述两碑刻立时间相近，款式风格也有相近之处，有可能是同一批工匠，而且又都幸运地保存了下来，无言地诉说着佛教历史的荣辱兴衰，这不能不说是一件值得庆幸的事情。

（原刊《碑林集刊》2006 年第 12 集）

---

　　① 黄永年师《唐代家具探索》在论及唐代家具文饰时谈及此点，参见黄永年：《文史存稿》，西安：三秦出版社 2004 年版，第 356 页。

唐上都荐福寺临坛大戒德律师之碑读记

　　荐福寺是京中名刹，今西安小雁塔即其塔院，塔院与本寺隔街南北相望。《唐会要》卷四十八"寺"条："荐福寺，开化坊，半以东，隋炀帝在藩旧宅。武德中，赐尚书右仆射萧瑀为园。后瑀子锐尚襄城公主，不欲与姑异居，遂于园后地造宅。公主卒后，官市为英王宅。文明元年三月十二日，敕为高宗立为献福寺，至六年十一月，赐额改为荐福寺也。"《宋高僧传》卷首"唐京兆大荐福寺义净传"载义净于中宗、睿宗时在此翻译佛经。南宋人陈思《宝刻丛编》卷三"诸道石刻录"下、卷十"京兆府"下著录有《唐上都荐福寺临坛大戒德律师碑》。元人骆天骧所撰《类编长安志》卷十"石刻"有"唐荐福寺德律师碑"："唐上郡荐福寺临坛大戒德律师碑，韩云卿撰，韩择木八分书，史惟则篆额，大历六年立。今在景风街仁王院。"同书卷五"寺观"："仁王院在景风街北，乃荐福寺下院。中有临坛大戒荐福寺德律师碑，韩择木八分书，史惟则篆额，碑尚存。"由以上文献资料可知，元时此碑尚存，骆天骧书中"上郡"当为"上都"之误，当是传抄讹误所致；荐福寺除本寺、浮屠院（塔院）外尚有下院；唐长安城分为宫城、皇城、外郭城三部分，唐以后的长安城以唐皇城为基础，皇城东面最靠南的城门曰景风门，景风街当因此得名。黄永年师生前曾应中华书局之约于1981年暑假点校《类编长安志》一书，并在附录《述类编长安志》中说："此书还著录了好些块《集古录》《金石录》等未曾收入而后世也失传了的碑刻。如大历六年（771）韩择木八分书《唐荐福寺德律师碑》之类。"①　值得庆幸的是《唐荐福寺德律师碑》尚存于天壤之间，原石现存陕西泾阳大壶寺。碑螭首方形，通高190厘米，宽约80

---

　　① （元）骆天骧撰，黄永年点校：《类编长安志》，北京：中华书局1990年版。2006年三秦出版社本未作改动，标题已改作《〈类编长安志〉点校前言》。又收入《文史存稿》（三秦出版社2004年版，第408页）。1957年商务印书馆版杨殿珣编《石刻题跋索引》第83页著录："唐上都荐福寺临坛大戒德律师碑，大历六年，陈思《宝刻丛编》（七）3下'诸道石刻'。"

厘米，碑右下角损泐，文 16 行，满行 36 字，隶书，有界格。但 2006 年三秦出版社版李健超先生《增订唐两京城坊考》（修订本）也未据之增补。今据碑林博物馆王其祎先生提供的拓片、陕西师范大学吕建福先生提供的原石照片迻录全文如下：

> 额：唐上都荐福寺临坛大戒德律师之碑。
> 碑题：上都荐福寺临坛大戒德律师之碑。
> 撰文：朝议郎守礼部郎中上柱国韩云卿撰。
> 书者：金紫光禄大夫守太子少保致仕上柱国昌黎开国公韩择木书。
> 篆额：朝散大夫守都水使者集贤殿学士待诏史惟则篆额。

> 西域之教，流于中国六百年。有僧智舟，服专经律，不卧衽席，弗乘马牛，年算益高，精□□□，□/教立论。为人之师，蒙者发焉，迷者反焉，知者楸焉，明者晦焉。享年八十有七，僧腊六十有（"有"字原损泐，据上下文补）□。大（"大"字原损泐，据上下文补）/历四年十二月示疾于长安。曰：吾梦浴于大海，水府族类，暾如在目。大海，水所积也。阴□□□/类毕觌，阴类交也。形者，道之赘聚也。浴者，涤浣垢污也。其将息阴以灭形，除垢以归净。吾□□/乎泾阳，吾父母之乡，先是门人为余兆宅土圹，地形高爽，不敢专美，因构塔立像。/天子闻之，锡名曰泾川佛寺。愿归于斯，莞荜单车；不在藻饰，勿择时日；学流法徒，敬奉指约。□/是天宫圣贤，异香名花，迭至牖户。其月二十九日而终，谥曰大戒德律师，赙以缣布，丧仪礼物，/悉以公给。门生弟子，千里赴丧。都人士女，会葬川流。五云翔空，群鹤舞噪。所谓年俎性恒，形蜕/道传也。比丘尼德超，佩荷训义，详具业行，愿刊石铭德。其辞曰：/嶷嶷硕僧，秉淳含辉。正己全德，为人宗师。于惟硕僧，知道之元。变化往还，孰由其门。蒸蒸道众，/随量有获。涉川无梁，其道中息。

> 泰山峨峨，泾川活活。吾师则亡，遗德昭烈。断石纪铭，用贻后学。

> 大历六年岁在辛亥七月乙酉朔十五日乙亥建　刊者强勖。

德律师本京师荐福寺高僧，法名智舟，陕西泾阳人，为戒律大师，与皇室关系密切，充上都荐福寺临坛大戒，并得享高寿。其生平事迹不见道宣《续高僧传》、赞宁《宋高僧传》。碑文说他"享年八十有七，僧腊六十有□，大历四年（769）十二月示疾于长安"。据此推算，他应出生于唐高宗永淳二年（683），何时出家不详，何时受戒亦不详。因出家与受戒是两个概念，而僧腊要从正式受戒之日算起，碑文残缺无法确知。从碑文未提及家世及师承来看，德律师可能出身卑微，其师父大概也不算有地位的大和尚，所以德律师究属律宗三家的哪一派也不详。碑文笔法显属英雄莫问来处一路。立碑者为比丘尼德超，显然是私人立碑性质，其与德律师的关系也无从详考。而碑的形制较小，亦无特别之处，与当时的大寺丰碑不可同日而语，但为文及书者都是当时的显宦名流，刻工强勖当亦长安名手（此后长安刻工又有名强琼者），确也显示德律师生前的不同凡响。韩云卿所撰碑文《全唐文》收录六篇，但未包括此碑。碑文内容并不复杂，主要记载两事：一为德律师晚年将其在故乡泾阳的墓地营建为寺院，天子锡名曰泾川佛寺，根据唐代寺院的赐额制度，这显然属于官寺。按唐时官赐额者为寺，私造者为招提、兰若，又谓之山台、野邑。而且这也是德律师圆寂于长安，却立碑于泾阳的缘由。二为唐代宗在德律师圆寂后对其尊崇及赏谥。碑中值得考释的亦有两事：一为碑文中"上都荐福寺临坛大戒德律师"的身份，二为当时僧徒死后的墓葬形式。这无疑对研究唐代佛教史有一定的参考价值。

碑文中"上都荐福寺临坛大戒德律师"的称号出现于唐代宗大历年间绝非偶然。原来唐律宗大师道宣于唐乾封二年（667）于长安净业寺设立戒坛，又撰《关中创立戒坛图经》。而《颜鲁公集》卷二十五《抚州宝应寺律藏院戒坛记》，说明戒坛设于律藏院，表明戒坛一般设于唐寺之律院。唐代宗时又由官府委任临坛大德。《大宋僧史略》下《临坛法》，记唐代宗永泰中（765—766），敕京师立僧尼临坛大德各十人，永为通式，遇缺即补，临坛大德之设始此也。以临坛律大德主持戒坛，表明国家试图实现对戒的控制，由此实现对受戒人数和国家度牒钱收入的控制。[①] 先是唐天宝

---

① 姜伯勤：《敦煌戒坛与大乘佛教》，《敦煌艺术宗教与礼乐文明》，北京：中国社会科学出版社1996年版，第341－344页。

十五载（756），肃宗在灵武，裴冕请鬻僧道度牒，以充军费。这自然是国家财政极其困难时期的非常举措，安史之乱后趋于正轨，严禁私度。在国家控制度僧的同时，地方军事强人如王智兴亦试图控制地方度僧权，但均被视为非法。日本僧人园仁《入唐求法巡礼行记》开成三年十月十九日条："大唐大和（'元和'之误）二年以来，为诸州多有密与受戒，下符诸州，不许百姓剃发为僧，唯有五台山戒坛一处，洛阳终山琉璃坛一处，自此二处外，皆悉禁断。"其中"洛阳终山琉璃坛"当为嵩山会善寺琉璃坛之误，见《金石萃编》卷一〇三《嵩山会善寺戒坛记》。园仁还详记在扬州开元寺所见戒坛形制。而且《旧唐书》卷一七四《李德裕传》："江淮自元和二年后，不敢私度。"[①] 德律师是不是唐代宗委任的十大德之一，碑文未作交代。值得注意的是，临坛大戒德律师的称号是其圆寂后的谥号，而绝非自言，这在僧传中是比较罕见的。笔者所见尚有碑林博物馆藏《大智禅师碑》载高僧义福开元二十四年（736）圆寂后谥号大智禅师。这显然与唐代宗及执政者杜鸿渐、元载、王缙的佞佛有关。据《旧唐书·王缙传》，当时又有"胡僧不空，官至卿监，封国公，通籍禁中，势移公卿，争权擅威，日相凌夺"。毕沅《关中金石记》卷三有《真化寺尼如愿律师墓志铭》：志作于大历十年（775）七月，文有云："贵妃独孤氏，弟子长乐公主。"独孤氏者，代宗妃也，是年十月薨，追册为皇后。长乐公主，即肃宗女宿国公主。碑林博物馆藏《慧坚禅师碑》也载其大历年间"当圣诞之日，命入禁中，人天相见，龙象毕会"。大戒是具足戒的别称，指佛教僧尼所受的戒律，佛教认为这样的戒条是完全充足的，谓之具足。唐时僧尼依据《四分律》受戒，比丘戒有二百五十条，比丘尼戒有四百八十条。大德本是对佛、菩萨、长老的尊称，后亦以称高僧。唐高祖武德年间开始成为僧官的名称，唐代宗时又有委任十大德之举，可见大德之名也有一个演变过程。《唐东都安国寺临坛大德（澄空）塔下铭》立于唐贞元九年（793）。唐末五代敦煌文书中则有"释门法律临坛供奉大德"的称号可以对照。由于《大宋僧史略》是五代入宋的赞宁的著作，碑文所记可以补充不足。此外，湛如法师在大著《敦煌佛教律仪制度研究》中曾详细讨论

---

① 拙撰《唐代度牒考略》，《陕西师范大学学报》1990 年第 2 期。拙撰《〈入唐求法巡礼行记〉疏证》"唐后期的度僧"条，陕西师范大学硕士学位论文，1988 年。

唐代戒坛的地理分布，① 碑文所记上都荐福寺戒坛可补其缺。

至于碑文中"门人为余兆宅土圹，地形高爽，不敢专美"句的意思是门人为师父选择墓地之意。而"僧尼居士不事棺葬而火葬，焚尸后入骨灰塔故不曰墓志而曰塔铭"②。又《旧唐书·杜鸿渐传》："及卒，遗命其子依胡法塔葬，不为封树，冀类缁流，物议哂之。"明代末期陕西终南山梗梓谷出土的《大唐王居士砖塔铭》有"收骸起灵塔于终南山梗梓谷"之语，这应是一般情况，当有例外。如笔者所见僧尼墓志有碑林博物馆所藏北齐太宁二年（562）相州云门寺法勤禅师墓志铭，王其祎先生藏近年新出高昌王麹文泰孙女甘露寺尼真如墓志铭、唐安顺法师墓志铭拓片。张彦生《善本碑帖录》亦著录有《隋惠云法师墓志铭》："志道光间陕西西安出土，后归诸城刘喜海，后佚。"③ 这说明也有僧徒不免受当时社会风习的影响实施棺葬并置墓志铭。而且德律师虽为戒律大师，但思想颇为多元，碑文所记反映其阴阳与孝义思想相互杂糅，其门徒为其营建墓地也不足为奇。其后来在家乡营建寺院，身后又归葬并树碑立传，并由朝中官员来篆额书碑，这在世俗来讲也算叶落归根、衣锦还乡。立碑时间是大历六年（771），距离他圆寂已一年有半了。至于其本人是否实施棺葬抑或火化，碑文未有表述。

此碑何时出土不详。毕沅《关中金石记》刊刻于清乾隆辛丑年［乾隆四十六年（1781）］，此前他曾出任陕西巡抚一职，但该书未曾著录此碑。清末以搜集碑刻拓片宏富著名的缪荃孙，其《艺风堂金石文字目》十八卷刊行于光绪三十二年（1906），也未著录此碑。但查宣统重修《泾阳县志》卷二"地理"中"金石"类已著录了"唐上都荐福寺临坛大戒德律师碑"："碑连额高七尺二寸，宽二尺七寸，厚宽□尺□寸。四面刊文，左下角微缺。在南原姜刘村，文缺十余字，他皆完整，深秀似未经印拓者。"

① 湛如：《敦煌佛教律仪制度研究》，北京：中华书局2003年版，第96-98页。
② 黄永年：《碑刻学》，厦门：鹭江出版社2003年版，第220-221页。
③ 张彦生：《善本碑帖录》，北京：中华书局1984年版，第89页。马衡《凡将斋金石丛稿》卷二"中国金石学概要下"谓"隋以前之僧，志墓者实不多见，至唐而其风最盛"，北京：中华书局1977年版，第91页。罗新、叶炜《新出魏晋南北朝墓志疏证》有隋仁寿四年（604）《隋尼那提墓志》，存目有北魏孝明帝正光五年（524）《比丘尼统清莲墓志》，北京：中华书局2006年版，第612、632页。

至于为什么有此碑立于长安的记载，原石却出土于泾阳，尚有待考证推测。这里需要考虑一下撰立此碑究竟是为了什么。在古代立碑，一般有三种情况：一是地方官的功德碑或去思碑；二是墓碑或神道碑，必须死后立在墓前；三是寺院或神庙的碑。此碑是德律师身后之碑，黄永年师指出"复有释道身后之碑亦与墓碑同科"。如前推测德律师曾在泾阳故乡兴建泾川佛寺，死后又归葬，此碑立于泾阳自在情理之中。北宋张礼撰并注、金元间缺名续注的《游城南记》"荐福寺"条就未提及此碑。南宋人陈思的《宝刻丛编》卷九将其列入京兆府下醴泉、泾阳也绝非偶然。还有一种推测是此碑当时刻有两块，如同著名的《圣教序记》一样，长安的一块在元代后已毁，泾阳的一块却幸运地保存到今天。黄永年师曾据骆天骧《类编长安志》卷十"石刻"的记载推知元、明之际或入明以后长安石刻破坏之烈。还有一种推测是此碑确是立于长安荐福寺下院，元时尚在原地，后在元末战乱中被泾阳佛教信徒迎回泾阳。至于现在保存原石的泾阳"大壶寺"，《古今图书集成》"方舆汇编·职方典"卷五〇六"西安府祠庙考"条、宣统重修《泾阳县志》卷二"地理"中"寺观"均未见有"大壶寺"之名，该寺是否在泾阳南原姜刘村，尚待实地踏勘，方可明了。

值得大事表彰的是此碑在书法上的特殊价值。黄永年师以为："唐人亦喜作八分书，后人称之为'唐隶'。如玄宗书《云台孝经》、梁升卿书《御史台精舍碑》、史惟则书《大智禅师碑》等，均体态丰腴，结构端庄，较《熹平石经》等东汉八分更进一层。"[1] 现在应据此碑补上韩择木大名。唐隶之所以较东汉八分呈现不同的面貌，应是受当时流行楷体特别是褚遂良书的圆美挺拔影响而来，而唐玄宗喜好隶书，上行下效当然也是唐隶发展的原因之一。韩择木是成名于唐开元、天宝年间的书法家，其创作一直持续到广德、大历年间，自然不能例外。宋赵明诚《金石录》曾著录韩择木八分书碑多通，可见其当时受欢迎的程度。陈思的《宝刻丛编》卷三两次著录此碑，一次是著录在篆额的史惟则名下，一次是著录在书碑的韩择木名下，都是由于此碑书法超群的缘故。韩择木传世著名书迹有隶书《告华岳文》《唐叶慧明碑》；楷书《南川县主墓志》《荥阳王朱氏墓志》，书

---

① 黄永年：《碑刻学》，厦门：鹭江出版社 2003 年版，第 240 页。

体亦圆润。① 此碑的出土面世又为唐隶新增一奇葩，将作为"中国珍稀碑帖丛书"之一种由陕西人民出版社出版，理应受到书法爱好者的喜爱和欢迎。

（原刊《碑林集刊》2007 年第 13 集）

---

① 张彦生《善本碑帖录》则著录有韩择木隶书《唐叶慧明碑》，谓"韩择木书有述圣颂碑阴赏告华岳文，隶书；又有楷书南川县主墓志，天宝十一载十一月，在陕西博物馆。又楷书荥阳王朱氏墓志，书体圆润如欧、虞"；又著录有《唐述圣颂碑》谓韩择木"在唐有书隶名，北宋刻《淳化阁帖》，撰入韩择木隶书"（中华书局 1984 年版，第 121、123 页）。其中谓"书体圆润如欧、虞"可能有误，当如褚遂良书才合乎实际。从韩择木生活的时代来看，当时流行褚体，大家都学褚体，即使是欧、虞、褚、薛之一的薛稷也不例外，时谚有"买褚得薛，不落节"（梁章矩《浪迹丛谈》"买王买褚"条，福建人民出版社 1983 年版，第 131 页）。

新出唐《法振律师墓志》跋

　　唐《法振律师墓志》新出土于西安，墓志盖盝顶高 37 厘米，宽 36 厘米，上镌篆书"大唐故大德律师墓志"九字；墓志高 60 厘米，宽 59 厘米，27 行，660 字。现藏于私人之手，2012 年元旦王其祎学长发来照片，并为笔者购得拓片，嘱撰文考释，其意殷殷，何幸如之！谨奉《法振律师墓志》敬观数过，察其史料足资考证；其书法超群，与开元年间李九皋所书《仙游寺塔铭》并为二美，试为论述如下：

　　大唐大荐福寺主临坛大德法振律师墓志铭并序
　　朝散大夫守中书舍人晋陵县开国男萧昕撰
　　夫体寂灭之理，出名言之外，深入秘藏，出于樊笼，心镜达于圆明，戒珠＼护其清净，崇我法宝，律彼友情，谁其嗣之，则我振律师其人也。律师讳＼智宏，俗姓萧氏，出于吾祖，吾实知之。肇于殷氏六族，系于齐梁二帝，迭＼兴江左，让位关西。高祖岿，梁孝明皇帝。曾祖瑀，皇相国、司空、宋国＼公，于周为客，入唐佐命，必复公侯，大开茅土。祖钺，皇给事中。父懰，＼皇商州司马，入趋中禁，驳正是司，出佐外台，题舆见美。律师则商州府＼君之中子也，生而敦敏，长乃贞确至性萌于自然，严操达乎先觉，居＼丧泣血，毁瘠过人，祥练之辰，遂求入道，母兄既许，帝亦嘉之，遂＼隶大荐福寺，寺则宋公之旧宅也。廷尉高门，岂唯驷马；太尉余庆，宁＼至五公。自削发振衣，洗足敷座，探龙藏之密旨，究马鸣之遗学，研核奥义，＼悬解真宗。初依止大智禅师，得顿悟门。次请益于智舟律师，得戒藏妙。且＼三点俱列，始谓兽王；二翼或亏，未成龙鸟。语泡幻则定慧俱忘，存名数＼则威仪可象。论筏同归于彼岸，传灯自禀于本师，弘益则多，津梁斯在。＼然后穷子归于长者，众疾凑于医门，远近风趋，衣冠景附。众请登坛，有＼诏使为京城大德。大云遍覆，群动息阴，一雨普沾，众植皆润。又丁太夫＼人忧，虽达理遗其盖缠，而因心在乎荄棘。刃兵起难，豺豕当蹊，＼王室因而播荡，法门罹其凶虐。律师久齐生死，大泯色空，游戏而来，暂＼因循于此宅；随缘则适，或应现于他方。以乾元元年十一月十六日乘＼化迁神于寺之方丈室，春秋卅有六，僧腊廿有二。律师兄弟有四而存＼者二，一妹出家，俱承遗教。嗟乎！金山已灭，宝所何依？禅林已空，道场＼奚仰？门人玄宗等，迁神起塔于万年县神禾原。征实录于行状，播遗芳＼于志石。铭曰：

　　粤我至人，弘兹法要。清净外朗，圆明内照，戒珠久护，法印初传。魔军自＼溃，佛日长悬。芭蕉匪坚，优昙难遇。化迹斯来，随方或去。门人丧道，法子亡师。志彼神塔，征其诔词。

志主法振律师法名智宏，法振当为死后谥号。卒于唐肃宗乾元元年（758）十一月十六日，照墓志所云"春秋卅有六，僧腊廿有二"推算，其当出生于唐玄宗先天二年（713）；出家时二十四岁，为唐玄宗开元二十四年（736）。志主事迹，《高僧传》无传。据本志，志主出身名门，出自兰陵萧梁昭明太子一裔。曾祖萧瑀，《旧唐书》有传："字时文。高祖梁武帝，曾祖昭明太子，祖察，后梁宣帝。父岿，明帝。瑀年九岁，封新安郡王，幼以孝行闻。姊为隋晋王妃，从入长安。"有家世奉佛传统，其姊隋晋王妃，即后来的隋炀帝萧后。志主出家后师从名僧大智禅师、智舟律师受法，前者事迹见《大智禅师碑》（现存碑林），大智禅师圆寂于唐玄宗开元二十四年（736），可知志主为大智禅师之关门弟子；后者事迹见《唐上都大荐福寺大戒德律师碑》（现存泾阳），智舟律师唐代宗大历四年（769）示寂于长安，享年八十有七。志主生前曾为大荐福寺寺主，主管一寺事务，曾主持戒坛度僧，故有临坛大德之称。圆寂后"门人玄宗等，迁神起塔于万年县神禾原"，由此可见志主已为仅次于其师父大智禅师、智舟律师一等的大和尚，身经安史之乱，颇有流离之事。此志所载，可补唐代京师名刹大荐福寺之史实。

至于墓志撰者萧昕，《旧唐书》卷一五〇有传：

萧昕，河南人。少补崇文进士。开元十九年，首举博学宏辞，授阳武县主簿。天宝初，复举宏辞，授寿安尉，再迁左拾遗。昕尝与布衣张镐友善，馆而礼之，表荐之曰："如镐者，用之则为王者师，不用则幽谷一叟尔。"玄宗擢镐拾遗，不数年，出入将相。及安禄山反，昕举赞善大夫来瑱堪任将帅；思明之乱，瑱功居多。累迁宪部员外郎，为副元帅哥舒翰掌书记。潼关败，间道入蜀，迁司门郎中。寻兼安陆长史，为河南等道都统判官。迁中书舍人，兼扬府司马，佐军仍旧，入拜本官，累迁秘书监。代宗幸陕，昕出武关诣行在，转国子祭酒。大历初，持节吊回纥。时回纥恃功，廷诘昕曰："禄山、思明之乱，非我无以平定，唐国奈何市马而失信，不时归价？"众皆失色。昕答曰："国家自平寇难，赏功无丝毫之遗，况邻国乎！且仆固怀恩，我之叛臣，乃者尔助为乱，联西戎而犯郊畿；及吐蕃败走，回纥悔惧，启颡乞和。非大唐存念旧功，则当匹马不得出塞矣！是回纥自绝，非我失信。"回纥惭退，加礼以归，为常侍。十二年。朱泚之乱，徒步出城，泚急求之，亡窜山谷间。至奉天，迁太子少傅。贞元初，兼礼部尚书，寻复知贡举。五年，致仕。七年，卒于家，年九十，废朝，谥曰懿。

萧昕当为法振律师同族伯叔兄弟，从《旧唐书·萧瑀传》及本墓志所列家世子孙名字排行偏旁（"王""金""心""日"）可知。萧昕所述志主家世，翔实可信，如记"律师则商州府君之中子也"，"律师兄弟有四而存者二，一妹出家，俱承遗教"云云；且《萧瑀传》载子孙事迹缺略，《萧昕传》亦仅云其为河南人，现据墓志可补其不足。

此墓志书法超群，尤其值得称道，具体书者为何人尚待考证，但以徐浩为代表的"华腴、精整"一派书法之佳构则无疑义，代表着彼时最为优秀的书法风尚与面貌。据《旧唐书》卷一四一《徐浩传》："肃宗即位，召拜中书舍人，时天下事殷，诏令多出于浩。浩属词赡给，又工楷隶，肃宗悦其能，加兼尚书左丞。玄宗传位诰册，皆浩为之，参两宫文翰，宠遇罕与为比。"当然，萧昕出身世家，除了家世佛教信仰的世袭外，文化书法亦应是一个方面。墓志亦有可能就其所撰墨迹直接上石。萧昕曾任哥舒翰掌书记，中书舍人亦为掌书翰之职务。其书迹缘家世、时代、年寿与徐浩风格接近亦有可能。此志出土，书法佳好，亦缘刻工再现的手艺高超不凡，一可为书法史添新史料，亦可为书家提供一新范本。

（原刊《书法丛刊》2013 年第 3 期）

唐开元十二年《阿史那毗伽特勤墓志》题记

　　近读台湾中台山博物馆 2010 年精印《石墨真宝——西安碑林博物馆碑拓精品选》，乃王其祎兄于长沙岳麓书院国际书法史学术会上所惠赠者。其所收《阿史那毗伽特勤墓志》乃秘书省楷书骁骑都尉赵郡李九皋墨影，字迹骨力开张，虚和流美，诚褚派之嫡传也！敬观再三，深深为之吸引。

　　数年前在王其祎兄寓宅得观新出陕西周至仙游寺开元十三年塔铭拓片，字迹精美绝伦，未书书者名。其后又承惠赠列入"中国珍稀碑帖丛书"之一种《仙游寺隋唐塔铭两种》一书，摩挲观瞻，爱不释手。今观仙游寺开元十三年塔铭字迹，与《阿史那毗伽特勤墓志》书者为同一人——秘书省楷书骁骑都尉赵郡李九皋是也。

　　王其祎兄尝谓："此志（仙游寺唐塔铭）与开元十一年毗伽公主阿史那氏墓志盖出一人手。"公主墓志清光绪间出土，曾藏陈宝琛澂秋馆，然亦未有书者名。张彦生《善本碑帖录》："唐毗伽公主阿史那氏墓志铭正书，廿二行，行廿二字。唐开元十一年十月十日。志陕西西安清末出土，后归杨氏，又归陈宝琛家。曾见此石，已断裂。"毗伽公主为唐玄宗时复兴东突厥之默啜可汗女，亲兄为右贤王阿史那的墨特勤，阿史那毗伽特勤当为同族兄妹排行。阿史那毗伽特勤、毗伽公主阿史那的葬地，俱为长安龙首原，可证其为家族墓地。王其祎兄闻讯后教示："阿史那毗伽特勤墓志与阿史那毗伽公主墓志书者当是一人。"目验公主墓志、毗伽特勤墓志墨影，丝毫不爽。

　　李九皋者，两《唐书》无传，自署为秘书省楷书。据《旧唐书》卷四三《职官志》，秘书省领著作、太史二局。著作局有著作郎二人，与佐郎分判局事，掌撰碑志、祝文、祭文，管理官员传记材料，有楷书五人、书令史一人、书史二人、掌故四人。唐时科举名目有"书科"一种。又自署为赵郡李氏，赵郡李氏固为高门，然检《元和姓纂》无记载。李九皋所书正楷兼行，颇臻工妙。正书约略流露行书笔意，结字几乎所有的横画都是左低右高，但神气相连，分行布白，有意想不到之艺术效果！王其祎兄评为"仿佛褚遂良《雁塔圣教序》风韵之遗响，在盛唐早期还是颇为稀见和精彩的"。而且上述三石书写时间接近。另据《碑林集刊》（十）报道，唐秘书省李九皋所书碑石，尚有新出土的开元十二年《张美人墓志铭》，墨影已印出，不过字体略拘谨。又碑林所藏开元十一年《阿史那哲墓志铭》，葬地亦为龙首原，亦未有书者名，取墨影比对字迹，当亦出自李九皋之手笔。今由《阿史那毗伽特勤墓志》可定前人未知晓三石刻之书者，快慰何如！

黄永年先生二十六年前发表《唐人楷书述论》一文，论及褚遂良书派的影响及地位时说："从高宗、武则天、中宗、睿宗直到玄宗前期，将近一个世纪之久，几乎所有的碑志都作褚体。说这种褚体是唐楷的最佳结晶，应该不算过分。"黄先生所举1949年后昭陵所出《驸马都尉王大礼墓志》，咸亨元年（670）右威卫仓曹敬客师书，与《王居士砖塔铭》书者敬客实为同一人，客师其名，而客则其字；唐麟德元年（664）作褚体者所书《李文墓志》诸事例外，唐开元前期秘书省楷书骁骑都尉赵郡李九皋所书数通碑志反映出的书风正好为黄先生之说增一佳证。

2000年立夏，黄先生为赵君平所收藏唐《徐浚墓志铭》墨书题记：

> 君平先生以所得徐浚字孟江墓志见示。检《元和姓纂》有洛州刺史徐峤之居会稽，生浩、浚、漪之文。今此志曰季弟浩撰，曰浚是洛州刺史讳峤之府君之元子。恂是证《姓纂》以峤之刺洛州并长浩次浚之误。又此志谓此徐之先东海郯人，因官家会稽，今居河洛。故此志出于偃师而其处复有徐浩墓碑，则《姓纂》仍居会稽亦欠允当。《姓纂》谓浩有子璹、现、玫。浩碑现所书，笔迹悉同浩书不空和尚碑，知彼时书风已贵腴美而薄瘦硬，不特徐氏家学如斯耳！
>
> 庚辰立夏江阴黄永年记（钤白文"江阴黄永年"、阳文"永年词翰"印）。

其实，从仙游寺唐塔铭及《阿史那毗伽特勤墓志》所体现的书法水准来看，说胜过褚遂良及后来的徐浩亦不为过。

《阿史那毗伽特勤墓志》唐开元十二年（724）刻，1956年西安市西郊枣园村出土，正方形，边长 73 厘米×73.5 厘米。志盖篆书"大唐故左贤王墓志文"九字，周边刻饰缠枝蔓草纹。志文楷书，31 行，行 31 字，志文撰者为徐浚，书者为李九皋。文记其为"颉利突利可汗之曾孙也"，东突厥复兴，曾为默啜麾下，后反正臣服唐朝，授以高官。现藏西安碑林博物馆。检《唐代墓志汇编续集》所收"阿史那毗伽特勤墓志"录文，依据《隋唐五代墓志汇编》（陕西卷）拓片，漶漫不清，取墨影与之比勘，脱字三十有二，误字数个，恐不可信据。

（未刊稿，2010 年）

中古书法由隶变楷问题试探

——以简牍纸文书为中心

1965 年郭沫若先生在《文物》第 6 期发表了《由王谢墓志的出土论到兰亭序的真伪》一文，进一步否定了王羲之《兰亭序》的可能性，从而引起了一场讨论。文物出版社 1973 年结集的《兰亭论辩》一书将这场争论上升到唯物史观与唯心史观斗争的高度，该书共收入有关王羲之兰亭序真伪讨论的文章十八篇，其中否定的有十五篇，肯定的仅三篇，显示了当时一边倒的实况。其中一个关键所在，在于中古书法由隶变楷的问题。① 近年来，地不爱宝，一些重大的考古发现出土的实物资料，使得我们有可能在前人的基础上进一步讨论这个问题。需要说明的是，这是笔者近年研读甘肃玉门花海所出《晋律注》纸文书的副产品。因为要从书体考察纸文书的写作年代，笔者搜集了不少相关资料，加上近年来秦汉简牍实物寓目不少，对其字体流变有了一些粗浅的感性认识。

一、从秦隶看字体的演变

1975 年云梦睡虎地秦简出土以前，一有人提到秦始皇"书同文字"，就以为只是推行秦篆。如果只从秦代石刻判断秦代字体的实况，显然过于偏颇。舒之梅在《珍贵的云梦秦简》一文中指出："这批竹简字迹清晰，全为墨书隶体，打破了过去一有人提到秦始皇'书同文字'，就以为只有推行秦篆的说法，确如秦始皇改革文字的更大功绩，是在采用了隶书。"②

---

① 《兰亭论辩》收入的只是部分参加讨论的论文。先师黄永年先生就曾撰写《书法源流杂论》，认为郭说结论虽对，考证尚欠精审。并在《唐人楷书论述》注中指出："《兰亭序》墨迹之出梁陈人伪托而非王羲之真迹，我别有考论，并非盲从某个权威。"

② 中华书局编辑部编：《云梦秦简研究》，北京：中华书局 1981 年版，第 1—2 页。

在初读云梦睡虎地竹简十二年以后，李学勤先生在 1988 年法律出版社出版的日本学者堀毅《秦汉法制史论考》的序言中还激动地回忆起当时的感受，不妨引用来打开点思路。"记得在我们第一次看到刚出土的云梦睡虎地竹简照片时，大家都不相信自己的眼睛，竹简保存完好，字迹明晰如新，特别是内容的新奇丰富，无不令人惊异。有些学者还打赌，以为从字体看应该属于较晚的汉代。我在 1976 年初到达云梦现场，仔细检视出土器物和全部竹简，才放心确定摆在我们面前的是意想不到的秦代简册，其内涵主要是秦律。"可见长期以来，人们恪守传统字体变迁说所造成的误区之大。实际上，字体的进化远快于后人的想象。这是因为字体发展的动力来源之一在于方便实用。吴白匋在《从出土秦简帛书看秦汉早期的隶书》一文中说："隶变的规律，总的说来，是不断简化，使书写的速度加快。书同文的真正进步之处就在于承认隶书为常用的字体。"① 据以上规律我们不难推断出：既然人们在判断秦隶的时代时会犯晚推的错误；那么，在判断早期楷书的时代时会不会也犯同样的错误呢？根据新发现的材料，这种错误同样也是存在的。

湖南郴州苏仙桥一处建筑工地自 2006 年 2 月 10 日出土第一枚简牍开始，至今已经出土了 600 多枚埋藏 1 700 多年的西晋王朝简牍，超过我国历年出土西晋简牍数量的总和。由于西晋王朝历史短暂，史料记载不多，这批简牍对研究西晋历史具有十分重要的作用。据笔者 2007 年 3 月间在湖南省文物考古研究所观察实物所见，这批简牍已经达到楷体臻备的阶段。其中有西晋惠帝永康元年（300）的纪年简，字体与后世的楷体完全一致。东晋穆帝永和九年（353）即有《兰亭序》出现。如果不看年号并抱有成见，初读苏仙桥晋简一定会犯与初见秦简的人同样的错误，认为它属于较晚的南北朝时期。如此一来，郭沫若坚持认为的"《三国志》的晋写本既是隶书体，则其他一切晋写本都必然是隶书体。新疆出土的晋写本既是隶书体，则天下的晋代书都必然是隶书体"就不攻自破了。

---

① 吴白匋：《从出土秦简帛书看秦汉早期的隶书》，《文物》1978 年第 2 期。

二、东晋碑刻与传世书迹的差异

由于新中国成立后南京出土的《王兴志》等墓志，以及刘宋时的《爨龙颜碑》《刘怀民墓志》的字体，好像用木头架子钉起来似的，人们便推测当时的楷书呈现此种面貌。但也有学者提出质疑，认为东晋南朝书法碑刻呈现隶书方笔的效果，与当时的刻石技艺有相当的关系。殷墟甲骨、侯马盟书、早期石刻都是以朱砂直接书写上石的，而材质的不同、刻工技艺的高低，都使得早期碑刻呈现出今日篆刻印章的效果，与写在简牍、纸质上的文字有较大的差异。又如西晋陆机《平复帖》，清安岐认为字体在篆籀之间，显然是不确的。启功先生则认为其与出土的一部分汉晋简牍非常相近。湖南苏仙桥晋简的出土更为此提供了实物证据，即出土碑刻不能作为推断当时社会一般书迹全貌的唯一参照物。

楷体的出现时间是《兰亭论辩》的关键话题。其中徐森玉先生认为："作为书体的楷书在三国和西晋初已接近于成熟了。"商承祚先生认为这基本上是符合实际的，并列举了以下十例。

（一）东汉玉门关燧次行简，简文大小六十余字，字体平正浑朴，波挑几乎完全消失，走向楷化。

（二）东汉熹平元年（172）十二月四日朱书解殃瓶，楷书而略兼行。

（三）晋铠曹简。

（四）晋帐下将薛明简。

（五）魏景元四年（263）幕下史索卢简。

（六）焉耆玄尺牍。

（七）晋郭瓷笺残片，上海博物馆藏。

（八）《吴葛府君额》。

（九）朝鲜黄海北道安岳晋永和十三年（357）[①] 冬寿壁画墓，墓壁有七行墨书铭记是楷书。

（十）云南昭通后海子东晋太元十□年（386—394）霍君壁画墓，其北壁有八行墨书铭记是楷书。

[①]　当地消息闭塞，不知皇帝死讯，仍沿用旧年号。

以上十证，除《吴葛府君额》系后人伪托，不能定为三国吴时旧物外，均有相当的说服力。地不爱宝，随着出土材料的增加，我们又寻得以下数证。

（十一）吴朱然墓木牍（十四枚木刺）。

（十二）长沙走马楼吴简吴孙权嘉禾元年（232）。

（十三）瑞典国立民族学博物馆所藏未发表斯文赫定发现3—4世纪楼兰纸文书尺牍。

（十四）玉门花海《晋律注》纸文书。

（十五）玉门花海五凉墓衣物疏（升平十四年）。

（十六）湖南郴州苏仙桥晋简。

郭沫若坚持认为："自东汉以后，字体又在逐渐转变，变到了唐代，便完全转变到楷书阶段。"饶宗颐则据吴朱然墓木牍说："朱然仕吴至左大司马，卒于魏嘉平元年（249）三月，与葛碑年代（吴时衡阳建郡在孙亮太平二年，即257年）相近，以此例彼，说吴时尚无真书，似非笃论。"但又说"我们不能轻易便断言三国是楷书形成的年代"①。其中，《吴葛府君额》为后人伪托，缪荃孙及黄永年师已有定论。但朱然墓木牍字体与其接近，说明楷体的定型化远早于常人推测。孙吴时代能出现今天所谓的楷书（即正书）吗？难道真的没有这种可能吗？我们推测，东汉后期（曹操一直奉汉正朔）及三国，如同秦时小篆、隶书一并行用一样，社会上实际存在两种字体，一是传统的隶书，二是楷书。这一时期出土于西域的四种晋人手抄本《三国志》（《吴书·虞翻传》《吴书·孙权传》《魏书·臧洪传》《吴志·步骘传》残卷）及敦煌所出晋人手抄本《孙子兵法》残卷均是隶书，但同一时期的出土材料如2002年玉门花海毕家滩出土《晋律注》、湖南郴州苏仙桥晋简有相当多的楷书实物，为我们的认识提供了佐证，打破了所谓"篆书时代的人不能写隶书，隶书时代的人不能写楷书"的陈说。楷书形成的时代当在三国魏晋是符合实际的。

---

① 饶宗颐：《泛论三国碑刻书法》，《饶宗颐二十世纪学术文集》（第十八册 十三卷），台北：台湾新文丰出版股份有限公司2003年版，第24页。

三、王羲之书迹问题

黄永年师曾指出，字迹的流传，与书者的政治地位（即通常所说书者官大与否）以及文化地位有密切的关联。汉简数量虽多，但都没有名家或大家的东西。我们从出土唐代碑志可看出，唐代能书者多不名。但人们说起唐代书法家，除欧、虞、褚、薛外，所余不过颜、柳而已。即使是这些大家，传世的书迹也相当有限，除了个别刻意造伪者如《竹山堂连句》外，倒也确能代表书风的时代及流变。以此推论，王羲之时代及其本人的情况，当也大致如此。《颜氏家训》卷十一"杂艺"第十九："江南谚云：'尺牍书疏，千里面目也。'王逸少风流才士，萧散名人，举世惟知其书，翻以能自蔽也。梁氏秘阁散逸以来，吾见二王真草多矣，家中尝得十卷方知陶隐居、阮交州、萧祭酒诸书，莫不得羲之之体，故是书之渊源。萧晚节所变，乃右军年少时法也。晋宋以来，多能书者。故其时俗，递相染尚，所有部帙，楷正可观，不无俗字，非为大损。至梁天监之间，斯风未变；大同之末，讹替滋生。陶弘景、阮研、萧子云三人。"这是相当能说明问题的材料。

王羲之书法真迹的传布，还与其家族天师道的信仰有关。换言之，行草书的发展与天师道的传播密切相关。陈寅恪先生在《天师道与滨海地域之关系》一文"天师道与书法之关系"节中指出，王羲之为天师道世家，其书法艺术特别是草书与其宗教信仰密切相关："《法书要录》三褚遂良撰《晋右军王羲之书目》载：'正书都五卷，共四十帖。第二《黄庭经》六十行。与山阴道士。'据此，知道家学经与画符必以能书者任之。故学道者必访求真迹，以供摹写。适与学书者之访寻碑帖无异。"① 陈先生又引《真诰》一九叙录述写经画符事为证："杨君书中有草，行多儵黵者，皆是受旨时书。即忽遽贵略，后耕者是更追忆前语，随复增损之也。有谨正好书者，复重起以示长史耳。三君（杨君羲、许长史谧、许掾翙）之手迹，杨君书最工，不今不古，能大能细。大较虽祖效郤法，笔力规矩，并于二

---

① 陈寅恪：《天师道与滨海地域之关系》，《金明馆丛稿初编》，上海：上海古籍出版社1980年版，第34－39页。

王，而名不显者，当以地微，兼为二王所抑故也。掾书乃是学杨，而字体劲力，偏善写经画符，与杨相似。郁勃锋势，殆非人功所逮，长史章草乃能，而正书古拙，符又不巧，故不写经也。"原来道教徒讲究画符，故尤重书法，特别是草书。

郭沫若在《〈驳议〉的商讨》一文中说："唐玄宗时传入日本的《丧乱帖》与《孔侍中帖》，我们也看见过。那是双钩填墨本，字体颇为流媚，相传是隋以前书。仔细推敲起来，用笔与《保子》《杨阳》及王谢墓志等尚有一脉相通之处。特别是《丧乱帖》，还有梁代徐僧权和姚怀珍压缝书的痕迹，足以证明所据拓摹的原迹之古。其中有一两则特别好，但原迹是否王羲之亲笔或其晚年代笔者所作，无法判定。"可见郭说无法解释王羲之行书的出现与《王兴之墓志》等木架子之间的矛盾，故作模棱之语。

周一良《魏晋南北朝史札记》"王羲之书札"条较多平实之论，其略云："王羲之书札信手写来，不加雕饰，最足以窥见作者之思想风貌。其中亦颇有助于知人论世，可与本传相参证。亦可证王羲之传世书札并非皆不可信据。《法书要录》一○收羲之书札，其中多吊丧问疾寒暄琐事。盖即沈括所云，'晋宋人墨迹多是吊丧问疾书简，唐贞观中购求前世墨迹甚严，非吊丧问疾书迹，皆入内府，士大夫家所存，皆当日朝廷所不取者，所以流传至今'（《梦溪笔谈》十七'书画'）。兰亭是否出于羲之，不敢妄论，然从东晋时书法而言，尺牍与碑刻之风格，即使同出一人之手，亦确可有所不同。刘宋时人羊欣《采古来能书人名》言钟繇书有三体：'一曰铭石之书，最妙者也。二曰章程书、传秘书，教小学者也。三曰行狎书，相闻者也。'又言卫瓘采张芝法，'更为草藁，草藁是相闻书也'。王僧虔《论书》亦言钟繇三体，'三曰行狎书，相闻者也'。相闻为通讯息之意。所谓行狎书与草藁当即一事，即用于函札之书体也。庾元威《论书》中论尺牍书法之弊有云：'浓头纤尾，断腰顿足，一八相似，十小难分，屈笔如匀，变前为草。'屈笔二语未详，一八相似二语，所描写之现象，在凝重方整、隶意颇浓之书体中，不可能发生，必是解散隶体，行楷而带隶书风格者，始可存在。在西晋写本《三国志》及东晋时后凉写经中以及王兴之墓志中，不可能发生，而在李柏书、王羲之十二月三日帖等相闻书中，则完全可能也。魏晋以来碑志及经生抄写儒家、佛教经典为一种风格之书体，隋唐以后经生犹沿袭之。由尺牍、蒿草、相闻书发展而有行楷，为另一风格之书体，陈隋时期为界限，智永为代表人物。欧阳修《六一题跋》四陈张慧湛条云：'陈隋之间字书之法极于精妙，而文章颓坏，至于鄙俚。'论者以为兰亭序帖之书法为陈隋或陈隋以后作品，或不无理由也。"① 肯定了郭说，但也指出了郭说论证上的不周之处。黄永年师也认为："南北朝后期梁陈时乃出现较为虚和空灵之新体，继而影响北齐，又影响北周。今所传《兰亭序》，即这种新书体之尤佳妙者，若曰诚出东晋时人王羲之手，总有碍事理。此问题尝别撰文深论，兹故不赘。"此外，欧阳询"贞观十五年卒，年八十五"，虞世南"贞观十二年卒，年八十一"，实际上都是隋人而晚年入唐的。而且虞世南是江南世家且师承智永，褚遂良亦籍贯越州，受到王羲之开创书风的影响，在地域影响上也是说得通的。② 近年来，研究唐代书法的一些学者，在论证北朝石刻文字对颜真卿书法的影响时，举出北齐《水牛山文殊般若经碑》和山东泰山经石峪的《金刚经》。就风格来说，颜真卿晚期书法（如《勤礼碑》《颜氏家庙碑》）和《水牛山文殊般若经碑》确实非常接近，它们皆结体宽绰，用笔藏锋，线条圆融厚重，气势恢宏磅礴。③ 有学者还指出：家学渊源对颜真卿书法有影响。我们前引注重王羲之书之《颜氏家训》的作者颜之推，系颜真卿的五世祖，其由后梁入周后曾被推荐给镇守弘农郡的阳平公李远代写书信，可见其书法亦是沿袭王羲之一路。一般认为，颜体脱胎于褚体，所谓褚是正，颜是变，现在看来应有更早的渊源。这为我们探讨《兰亭序》在南朝的书法渊源提供了参照。特别是我们是否可从探寻褚遂良的书法源流中得到突破。一般说来，褚遂良书被认为源自隋《龙藏寺碑》《龙华寺碑》诸碑之虚和空灵进而整齐者。我们注意到《龙藏寺碑》原石在河北正定，

---

① 周一良：《魏晋南北朝史札记》，北京：中华书局1985年版，第89－96页，"王羲之书札"条。

② 启功口述，赵仁珪、章景怀整理：《启功口述历史》，北京：北京师范大学出版社2004年版，第211－216页。启功还认为："每一时代中，字体至少有三大部分，即当时通行的正体字，以前各时代的各种古体字，新兴的新体字或说俗体字。"启功：《古代字体论稿》，北京：文物出版社1999年版，第35页。

③ 白谦慎：《傅山的世界》，北京：生活·读书·新知三联书店2006年版，第138－139页。

书者为"齐开府长兼行参军九门张公礼□"。《龙华寺碑》原石在山东博兴，皆北齐故地，追其书法源流，当与虞世南、褚遂良有着共同的渊源。20世纪80年代初公布的一批北齐如博兴造像与唐初楷书非常接近，这说明楷书成熟未必一定到唐初。尤其值得注意的是唐太宗以王羲之为宗，收藏王羲之书迹既多，又特别欣赏褚遂良的楷书，那么，王、褚之间存在联系是肯定的。

上述这种字分两体，经生体与行草体并行的说法也得到玉门毕家滩五凉墓出土随葬衣物疏的证明。根据已发掘的墓葬来看，在官职较高的贵族墓中未见随葬衣物疏，在随葬物很少、形制很小的贫民墓中也未见随葬衣物疏，故有人认为这种文书是一般中等阶层的家庭行葬礼时所习用之物。这一说法也得到了毕家滩十六国墓葬的证实。木牍上的随葬衣物疏也表明在十六国时期，此地民间还普遍使用简牍而不使用纸张。53座墓葬所出9块衣物疏中，纪年起讫为前凉建兴十九年（331），最迟不晚于西凉李暠庚子四年（403），其中除楷体外，更不乏书法潇洒的行草书，可证王羲之时代出现楷书、行草书都是有可能的。

唐长孺先生《跋吐鲁番所出〈千字文〉》一文注意到王羲之书法通过《千字文》在北方及西域传播的途径，这亦可为我们的论述提供参证："新疆博物馆藏吐鲁番所出《千字文》及杂有《千字文》之残卷5件，分别录入《吐鲁番出土文书》各册。……《千字文》残片之多见，可证唐代自贞观以至天宝或更后时期，《千字文》为西州学童普遍习诵及习字之范本。《千字文》是梁代的作品……周兴嗣次韵王羲之字的《千字文》是最早的本子……萧子范撰文、蔡薳作注的别一《千字文》是否仍以王羲之字集成或别有人书写不详。……如果作为习字范本，唐代流传摹拓临写的应是周兴嗣次韵王羲之字的《千字文》。唐人李绰《尚书故实》说：'《千字文》，梁周兴嗣编次，而有王右军书者，人皆不晓。其始乃梁武教诸王书，令殷铁石于大王书中，拓一千字不重复者，每字片纸，杂碎无序。武帝召兴嗣，谓曰："卿有才思，为我韵之。"兴嗣一夕编缀进上，鬓发皆白，而赏赐甚厚。右军孙智永禅师自临八百本，散与人间，江南诸寺各留一本。'……《千字文》创自梁代，南朝末可能已代替了汉代以来作为识字习字的课本和范本的《急就章》。其书何时传入北方，我们不能确指。我想至迟在侯景乱后，江南士人分别北迁邺都、长安时必已流传北土。"① 如果王羲之书法确系子虚乌有，又如何解释以王羲之楷体写就的《千字文》在全国包括僻远的高昌地区的流布呢？

（原刊《纪念西安碑林九百二十周年华诞国际学术研讨会论文集》，文物出版社 2008 年版）

---

① 唐长孺：《跋吐鲁番所出〈千字文〉》，《唐长孺社会文化史论丛》，武汉：武汉大学出版社 2001 年版，第 233－242 页。

困学书城

读黄永年先生《说陶渊明的爱酒》书后

台湾学者郭长城《陈寅恪抗战时期文物编年事辑》载 1948 年运往台湾的陈先生手稿《陶渊明之思想与清谈之关系》（1943 年）条略云：

> 全文共用纸 30 张，使用有格线的活页纸书写。依蒋天枢《陈寅恪编年事辑》（增订本）第 134 页考定，此文 1943 年写作于桂林，1945 年于成都出版单行本。后重新整理，刊行于《金明馆丛稿初编》第 180 - 205 页。先生写作习惯性增删涂改，其情形于底稿最容易见到，从而可以体会其写作下笔时的细腻心思。此手稿与《金明馆丛稿初编》对校，有多处增删异改，而大抵以手稿为佳。如：《金明馆丛稿初编》第 204 页第 11 行"景纯不是道家方士，故笃信之如此。""不"字，手稿作"本"，一字之差，谬以千里，自当以手稿为是。①

按：郭璞字景纯。郭长城文中所云《金明馆丛稿初编》为上海古籍出版社 1982 年版；检三联书店 2001 年版《金明馆丛稿初编》也未能校正（第 288 页，第 9 行）。黄永年先生曾在《中国典籍与文化》1997 年第 2 期发表的《说陶渊明的爱酒》一文中引萧统《靖节先生传》："'自以曾祖（陶侃）晋世宰辅，耻复屈身后代，自宋高祖（刘裕）王业渐隆，不肯复仕。'沈约《宋书》卷九三《隐逸·陶潜传》多本萧传，也同此说法。陈寅恪先生在其名作《陶渊明之思想与清谈之关系》中对此说法也予了肯定，并从政治上推论到前此魏晋之交士大夫'清谈'的主题'自然'与'名教'之争，指出彼时司马氏及其支持者讲周孔之名教以为其建立新政权服务。嵇康、阮籍、山涛、向秀、刘伶等所谓'竹林七贤'主张老庄之自然，采

---

① 郭长城：《陈寅恪研究：新史料与新问题》，北京：九州出版社 2014 年版，第 28 - 32 页。

取不与司马氏合作的'避世'态度，结果除山涛、向秀辈变节者外，嵇康因态度激烈而见杀，阮籍、刘伶以佯狂任诞而幸免。至陶渊明则既否定周孔之名教，也不尽同于老庄之自然，而如他在《形影神》诗中假口'神释'所说的'甚念伤吾生，正宜委运去，纵浪大化中，不喜亦不惧，应尽便须尽，无复独多虑'，主张一种'委运任化'的新自然说。寅恪先生的这些看法，从哲学角度来说，我认为都是正确的。陶渊明所处的晋宋之际则是另一种情况。一方面，刘裕在创建新朝之前，已是东晋主要军事集团——北府兵的领袖，先后破桓玄、灭南燕、平定卢循、攻取后秦，可以说威望久著，功业久立，除需要把同时并起有危险性的刘毅、诸葛长民等逐一收拾外，对士大夫不必再多事杀戮。另一方面，陶渊明本人在当时只能说略负清誉，其地位影响决不能与前朝的嵇康、阮籍等人相比拟。加上他又不是绝对拒绝官职，为了'亲老家贫'，诸如州祭酒、镇军建威参军、彭泽令等小官都短期干过，直到入宋以后，仍和显宦抚军将军江州刺史王弘、始安太守颜延之往来并接受馈赠。这些都说明他不用像阮籍、刘伶那样借纵酒来佯狂自晦。何况纵酒易于伤身的道理陶渊明不是不知道。"由此看来，黄先生与陈先生的立论异同的原委是很清楚的。检中华书局 1979年版逯钦立先生《陶渊明集》附录一《关于陶渊明》皆未道及。至于中华书局 2015 年版袁行霈先生《陶渊明集笺注》（线装本）尚未寓目检索，想必亦无新说。

《陶渊明之思想与清谈之关系》乃成都哈佛燕京学社印单行本，黄先生书房插架上有之，自是黄先生诵读烂熟心中之书，此自不待言。偶读钱大昕《潜研堂文集》卷三十"跋《义门读书记》"有云：

> 五臣注《文选》，以陶渊明诗晋所作者皆题年号。入宋但题甲子，意谓耻事二姓，故以异之。后世因仍其说，虽少游、鲁直亦以为然也。治平中，虎丘僧思悦编陶之诗，辨其不然，谓"渊明之诗，有题甲子者，始庚子，终丙辰，凡十七年，诗一十二首，皆安帝时作也。至恭帝元熙二年庚申，始禅宋。夫自庚子至庚申，计二十年，岂有晋未禅宋之前二十年内，辄有耻事二姓而所作即题甲子以自异哉！矧诗中又无标晋年号者，所题甲子，偶记一时事也"。

余谓五臣读《宋书》，妄欲以诗证史，思悦辨之当矣。后人
乃援以攻休文，不知本传只言文章，未尝及诗，休文初无误也。

钱大昕本来指摘《义门读书记》之失误，后又覆按何说出自《七修类
稿》，而理解有误导致耳！黄先生说正好与钱说互相发明。

陈寅恪《陶渊明之思想与清谈之关系》1945 年发表后二十年，陈先生
弟子徐高阮在台湾《史语所集刊》发表著名的《山涛论》（此文周一良在
《毕竟是书生》中有云："徐文对资料驱使之熟练与运用之巧妙使我叹服。
但并不同意其观点。"按：徐文系身后发表，文中有注释以"?"代替便是
明证）。其中论及嵇康被司马氏杀害的罪名为"不孝"，"司马昭害嵇康，
只借了一种非政治的理由"，显然继承自陈先生说。陈先生认为"夫主张
自然最激烈之领袖嵇康，司马氏以不孝不仕违反名教罪名杀之"，徐先生
并在注释十八中指出："《魏志》二一《王粲传》附《嵇康传》注引《魏
晋春秋》，《文选》十六向子期《思旧赋》注引干宝《晋书》，《世说雅量
篇》注引《晋阳秋》，均叙康友吕安被兄诬不孝下狱，康为保安受诬。"
按：2002 年公布的张家山 247 号汉墓《二年律令》之《贼律》有"不孝
弃市；止罪其身""谋叛腰斩，亲属连坐"的罚则。晋律继承自汉律。嵇
康子绍西晋初年由山涛举荐入仕，后死于荡阴之役。可见嵇康以莫须有的
"不孝"罪名弃市，而非"谋叛"明矣。至于临刑前弹奏《广陵散》，曲
终从容就死，自是事实。

（未刊稿，2015 年纪念黄永年先生九十诞辰暨第六届中国古文献与传
统文化国际学术研讨会论文）

读史札记三则

一、《洛阳伽蓝记》误引一例

简修炜、夏毅辉《南北朝时期的寺院地主经济初探》一文中有云：

> 许多僧尼，名为沙门，实系商贾。《洛阳伽蓝记》中记载，当时不少寺院的所在地就是热闹的市场。如洛阳孝义里的一个小寺，因寺中所卖多水产，故时人称以"鱼鳖寺"的绰号。①

按：覆按《洛阳伽蓝记》卷二"景宁寺"条：

> 孝义里东即是洛阳小市。北有车骑将军张景仁宅。景仁，会稽山阴人也。正光年初，从萧宝夤归化，拜羽林监，赐宅城南归正里，民间号为吴人坊，南来投化者多居其内。近伊洛二水，任其习御。里三千余家，自立巷市。所卖口味，多是水族，时人谓为鱼鳖市也。景仁住此以为耻，遂徙居孝义里焉。

周祖谟《洛阳伽蓝记校释》于"巷市"后云："市，原作寺市，别本作市，《元河南志》及《大典》一三八二三引同，今据改。"于"鱼鳖市"后云："市，原作寺，此从《大典》引及《逸史》本改。"②

---

① 转引自何兹全主编：《五十年来汉唐佛教寺院经济研究》，北京：北京师范大学出版社 1986 年版，第 291 页。

② （魏）杨衒之撰，周祖谟校释：《洛阳伽蓝记校释》，上海：上海书店出版社 2000 年版，第 103、104 页。

前引简修炜、夏毅辉一文作者未对版本留意，故有此误。其实，佛教戒律，本有不杀生之戒。

二、敦煌藏经洞与《颜氏家训》"敬惜字纸"观念

当代敦煌学者自选集《方广锠敦煌遗书散论》（上海古籍出版社 2012 年版）中所收《敦煌藏经洞封闭原因之我见》《敦煌藏经洞封闭年代之我见》，极有见地。其中方先生认为，藏经洞所藏为"敬惜字纸"观念下的被弃置的废纸。除可从《敦煌遗书总目索引》标示遗书内容无一完具得到证实外，《颜氏家训》卷一"治家"中有云：

> 借人典籍，皆须爱护，先有缺坏，就为补治，此亦士大夫百行之一也。济阳江禄，读书未竟，虽有急速，必待卷束整齐，然后得起，故无损败，人不厌其求假焉。或有狼藉几案，分散部帙，多为童幼婢妾之所点污，风雨虫鼠之所毁伤，实为累德。吾每读圣人之书，未尝不肃敬对之；其故纸有《五经》词义，及贤达姓名，不敢秽用也。

其中"吾每读圣人之书，未尝不肃敬对之；其故纸有《五经》词义，及贤达姓名，不敢秽用也"尤为令人瞩目，这大概算是所见较早的"敬惜字纸"观念，方文未引，可为佐证。

三、敦煌《役部》文书中"贴"究竟为何意

姜伯勤先生所著《唐五代敦煌寺户制度》是笔者诵读多遍的一部史学名著。其中有云："从《役部》（S·0542 背面〈八〉）中见到，寺户役目中有'贴驼群五日'（26、28 行）'贴马群五日'（36、37 行）'贴羊'（61、101、118、184 行）。承王永兴教授教示：'贴'有'裨''副佐''依附'之意，可引申为'兼管'。"（中华书局 1987 年版，第 88－89 页）其实，姜先生认同王先生说释"贴"为"兼管"似可商榷。

唐五代西北方音在今天的甘肃方言中多有保留。甘肃方言中至今仍把

上山放牧牛羊说成是上山或"贴牛"或"贴羊","贴"实际上就是"放牧"的意思。又如《役部》中有"索再晟。打钟。守普光囚五日。贴驼群五日"（26行）。姜先生认为"此寺户索再晟上役的本职是打钟，但临时兼充看驼群五日"。可是"守普光囚五日"中的"守"字又作何解释呢？其实，这里的"贴"与"打""守"是同一类词，明显是"放牧"的意思。（按如今甘肃方言中的意思理解就行，这样一来整个句子则文通句顺了）此外，姜先生为了论证王先生及自己的见解引《唐会要》卷八"两税使"（元和四年六月敕）条为证。其实"贴职"与"贴羊"之"贴"，意思并不相通。

论李德裕与会昌灭佛之关系

——读汤用彤《隋唐佛教史稿》札记

中国历史上有著名的"三武一宗"灭佛运动，唐代的会昌灭佛便是其中的一次。会昌灭佛，与武宗朝执政的宰相李德裕有很大的关系。史学界前辈汤用彤先生认为，李德裕之所以积极主张灭佛，根源于他不喜释氏，进而推论出李德裕因与道教有关联而力斥佛教。① 我们认为汤先生的这一见解是存在谬误的。这是因为，会昌灭佛的发生具有深刻的社会政治、经济等根源，它的发生是具有其历史必然性的。李德裕的所作所为不过是一个封建社会政治家顺应时代，挽救封建国家危机的自觉行为。本篇拟从李德裕与会昌灭佛之关系入手，对汤先生的谬误进行辨析，从而正确理解李德裕在会昌灭佛中的行为，以揭示出这次灭佛运动的真实性质。

我们知道，李德裕是唐中后期著名的政治人物，是牛、李两党中李党的党魁。会昌一朝是李党全面得势的时期，李德裕对会昌朝的施政有极大的影响，会昌灭佛与他有密切关联是毋庸置疑的。会昌五年（845）八月，灭佛进入高潮，"凡天下所毁寺四千六百余区，归俗僧尼二十六万五百人"②。由于当时法难尚未波及河北三镇，五台僧多亡奔幽州，李德裕严令幽州节度使张仲武封刀于居庸关制止，主客郎中韦博以为事不宜太过，李德裕恶之，出以为灵武节度副使。李德裕还上书武宗，称此次灭佛为"破逃亡之薮，皆列齐人，收高壤之田，尽归王税"③。我们说李德裕自始至终都是灭佛的积极参与者，他的直接动机是什么呢？

李德裕与道教密切相关是事实。汤用彤先生引五代何光远《鉴戒录》谓李德裕信道教。常冠褐，修房中术，求茅君点化，淘汰僧尼，超升术

---

① 《隋唐佛教史稿》第一章第六节。
② 《资治通鉴》卷二四八"会昌五年八月壬午"条。
③ 《李文饶文集》卷十《贺废诸寺德音表》。

士。汤先生还以《李文饶文集》中有《遥伤茅山县孙尊师诗》及《三圣记》为佐证。《三圣记》有这样的文字：

> 有唐宝历二年，岁次丙午，八月丙申，玉清玄都大洞三道弟子、正议大夫、充浙西道都观察处置等使、上柱国、赞皇县开国男、食邑三百户、赐紫金鱼袋李德裕，上为九庙圣主，次为七代先灵，下为一切含识，于茅山崇元观南，敬造老君殿院，及造老君、孔子、尹真人像三躯，皆按史籍遗文，庶垂不朽。

我们以为，论证李德裕与道教是否有关还有更直接的证据，即李德裕亲撰的墓志。罗振玉《贞松老人遗稿》石交录四有云：

> 近年中州出太和己酉卫公撰滑台观女冠徐氏墓志，大中三年茅山燕洞宫大洞炼师刘氏墓志，二人皆公侍姬也。徐氏志作于公刺滑州时，刘氏则以大中三年卒于贬所，公但为之文。公亦以是年卒，其葬在大中六年，志之立，则出于公之嗣子也，二文均不见会昌一品集中，吉光片羽，至可珍矣。

墓志文曰：

> 徐氏，润州丹徒县人。名盼，字正定。疾亟入道，改名天福。
> 炼师道名致柔，临淮郡人也，……中年于茅山燕洞宫传上清法箓。

李德裕姬妾信仰道教，前引李德裕又自称玉清玄都大洞三道弟子，都说明了他与道教有密切的关系。我们似可作出这样一种推测，李德裕很可能是道家信徒。

但是，这个推测的成立也并不意味着汤先生的见解就能够成立。汤先生认为李德裕由于信道而不喜释氏。事实并非如此，李德裕与佛教也有千丝万缕的关系。1961 年，镇江甘露寺曾发现李德裕瘗藏舍利的金棺银椁，如果不是佛家的信徒，是很难有这种积功德的行为的。① 还有一些史料也证明了这一点。日本僧人园仁于唐开成三年（838）七月从日本抵达中国扬州。当时李德裕为淮南节度使镇守扬州。园仁寄居扬州开元寺，曾多次见到李德裕到寺中行香礼佛，李德裕与园仁还有过一次长谈。这些情景都详见于园仁后来所写的《入唐求法巡礼行记》一书。园仁记道："开成三年八月九日巳时，节度使李相公牒于开元寺，许令画造佛像。（十一月）相公始自月三日，于当寺瑞像阁上，刻造三尺白檀释迦佛像。八日斋前，相公入寺里来，又惣特舍百斛米，充寺修理料。开成四年一月六日，相公传语，从今月初五日，为国并得钱修开元寺旃檀瑞像阁。"② 这些也都是佛家积功德的举动。李德裕还作有赠和尚的诗多首，如《赠圆明上人》《戏赠慎微寺主道安上座三僧正》《寄龙门僧》等，③ 都说明他与和尚有往来。李德裕还通佛典，作《梁武论》一篇，因"所论出于释氏，故全以释典明之"④。汤先生所举李德裕不信佛教的事例皆与信仰无关。⑤ 李德裕表奏王智兴在泗州立戒坛之不当的缘由是这样的：宝历年间，徐州节度使王智兴以敬宗诞月，在泗州置僧坛。而江淮自元和以来不敢私度，自闻泗州有坛，户有三丁必令一丁落发，意在规避王徭，隐庇资产。若不特行禁止，此到诞节，江、淮以南，失却六十万丁壮。宝历二年（827）亳州出圣水，饮之者愈疾。李德裕谓妖僧用以敛钱，请塞之。先在浙西，罢私邑山房一千四百六十，以清寇盗。我们认为，李德裕之所以如此，是为了整顿封建社会的统治秩序。妖僧托以医方，疑众挟邪；私邑山房，容易成为人们反抗密谋的据点，一向是统治者的大忌。敦煌文书 S1344 号文书有"敕，诸山隐逸人，非规避等色，不须禁断。仍令所由觉察，勿使广聚徒众。敕，如闻诸州百姓，结构朋党，作排山社，宜令州县严加禁断"的内容，这与李德裕的所为是相合的。上述李德裕的活动又多发生在其任浙西观察使时，与李德裕在镇江甘露寺奉献瘗藏舍利的金棺银椁是同一时期，由此又

---

① 郑金星、刘受农、杨荣春等：《江苏镇江甘露寺铁塔塔基发掘记》，《考古》1961 年第 6 期。

② 《入唐求法巡礼行记》卷一。

③ 《李文饶文集》别集卷三、卷十。

④ 《李文饶文集》外集卷四。

⑤ 《旧唐书》卷一七四，《新唐书》卷一八四《李德裕传》。

可证明李德裕的上述行为与其是否信奉释氏无关，至于李德裕后来在蜀地的一些限佛行为，其性质也与上述情况相类。日本僧人园仁在记述李德裕礼佛行香的同时，也记有这样的内容："开成三年十二月十八日，又沙弥等受戒之事，相公（李德裕）不许。比年有敕云：'不令受戒，非敕许未可允许'云云。"① 这与上述李德裕在敬宗、文宗两朝的所为是一致的。李德裕作为一个政治人物，其个人的信仰是很难左右其施政的，他不会因为与道教有关联就在政治上推行反佛教的政策，也不会因与佛教有关联而排除其限制佛寺、淘汰僧尼的可能。因此，汤用彤先生的见解很难成立。李德裕参与会昌灭佛不可能是出于信仰原因或宗教目的。

为了更有力地说明这一观点，我们还要了解唐代社会的普遍信仰情况及佛、道与士大夫之间的关系。唐代儒、道、佛三者并立，其中佛教已成为社会化的一般信仰，不仅一般民众受其影响，士大夫也与之有密切关系，唐人有习业山林寺院的风尚，习进士者寄寓寺院，甚至隶名寺院。② 道教也因其修炼长生之术吸引了不少人，唐朝皇帝服食丹药者不乏其人，士大夫中也有不少人如此。③ 生活在这个社会中的人在与佛教有密切关联的同时，又因幻想长生而信奉道术亦是合乎情理的。当时唐朝廷为了加强对意识形态的控制，强调三者调和，士大夫的信仰并不专一虔诚，代表人物如太常卿韦渠牟，他初读儒书，博览经史，后来做道士，又做和尚，自称尘外人，又称遗名子。唐德宗时参加儒、道、佛会议，口才便捷，很得皇帝重视。我们认为，李德裕的宗教信仰情况正好与韦渠牟一流人相似。另外，社会化的、实用的信仰，已经脱离了宗教的本来意义，信徒们行事也不必拘泥于宗教的教义或戒律。佛教的民间形式仅是口诵《金刚经》《观音经》以祈福而已。李德裕的礼佛行香与他为了封建国家利益而参与灭佛并不矛盾。我们再次认定李德裕主张灭佛的动机并非宗教原因。吕思勉先生也曾精辟地指出："旧书（《旧唐书》）纪此事（会昌灭佛），……谓其汰佛全因道家之媒孽，恐非实录。此事在当时，亦为非常之举，然言其'太暴宜近中'者，一韦博而已。武宗政固严切，然以唐时士大夫信佛

---

① 《入唐求法巡礼行记》卷一。
② 《唐史研究丛稿》第八篇《唐人习业山林寺院之风尚》。
③ 《廿二史札记》卷十九"唐诸帝多饵丹药"条；《韩昌黎文集》卷二一《李虚中墓志》。

者之多，事苟违理，岂有举朝缄口结舌者？是知沙汰僧尼，事不容已，在当时，亦为众所共喻矣。"① 说明会昌灭佛的发生是有深刻社会根源的，是有其历史必然性的。

中国佛教寺院经济是封建统治阶级扶植起来的一种特殊的地主经济。封建统治阶级出于崇信和利用佛教，曾经赋予僧侣地主以种种政治、经济特权，因此寺院经济是享有多方面特权的地主经济。而唐代正是寺院经济特权由盛而衰的转折时期。② 唐朝前期，由于僧尼享有免交租庸调的特权，便吸引了许多均田制下的农民出家，僧尼伪滥的现象十分严重。所谓"逃丁避罪，拼集法门"③ 及"造寺不止，枉费财者数万亿，度人不休，免租庸调者数十万"④ 就是这种情况的真实写照。寺院发展与封建国家的经济矛盾冲突十分严重。封建国家开始向寺院敛税，但仅限于资课、户税、杂徭等杂税。封建国家控制寺院经济膨胀的主要办法是严格度牒制度，度僧权归政府掌握，以期限制僧尼人数。"天宝五载丙戌五月，制天下度僧尼并令祠部给牒。"⑤ 但是这种制度在"安史之乱"爆发后却遭到破坏。"及安禄山反于范阳，杨国忠设计，乃使御史崔众于河东纳钱，旬日得钱百万。"⑥ 唐肃宗西行灵武途中以"军兴用度不足权卖官爵及度僧尼"⑦。肃宗即位灵武，为了筹措军费，又大量出卖度牒及告身，由裴冕主其事。当时参与度牒买卖的还有高僧。神会大师立坛度僧，所获财帛顿支军费。⑧由于度牒制度的不行，僧尼伪滥的现象在安史之乱后进一步严重起来，寺院、僧尼仍然基本保有的免赋、免役特权，困扰着日益困难的国家财政。寺院、僧尼免赋役特权的存废成为朝廷内部论争的一个焦点。唐德宗建中年间实行了两税法。这种新税制的创立，本来就部分地针对"富人多丁者，率为官僧，以色免役"而造成的赋役不均现象。其原则是"据地出

---

① 《隋唐五代史》第二十二章第二节。
② 谢重光：《略论唐代寺院、僧尼免赋特权的逐步丧失》，《中国社会经济史研究》1983 年第 1 期。
③ 《旧唐书》卷三九《狄仁杰传》。
④ 《旧唐书》卷一百一《辛替否传》。
⑤ 《佛祖历代通载》卷十二。《大宋僧史略》以之为天宝六年。
⑥ 《旧唐书·食货志》。
⑦ 《旧唐书·肃宗纪》。
⑧ 《宋高僧传》卷八《荷泽大师神会传》。

户，随户杂徭"。两税法施行后"天下庄产未有不税"。两税法下，寺院、僧尼须纳正税，但享有可以避役的经济特权，而老百姓却仍有徭役负担，且这种徭役负担还相当沉重。因此，免役与否，是僧尼与一般百姓在经济负担上的重大差别。为了封建国家的经济利益，唐中后期政府继续限制百姓出家。江、淮自元和二年（807）后不敢私度，当时全国仅有五台山及洛阳嵩山两处合法的戒坛。可是到唐文宗太和初年，不在中央祠部籍里的僧尼还有近七十万人，而此时国家的纳税户不过三百万。太和四年（830）祠部上《申请禁僧尼奏》，要求"起今已后，诸州府僧尼得度者，勒本州府具法名俗姓，乡贯户头，所习经业，及配住寺人数，以项分析籍账送本司，以明真伪"①。同年唐朝廷又颁布《条流僧尼敕》："起今已后，京兆府委功德使，外州府委所在长吏，严加捉溺，不得度人为僧尼。"② 还要求试经僧尼，不及格者勒令还俗。但是这仍未解决佛教僧侣与国家争夺剥削利益的矛盾，要解决这一矛盾，就不能只满足于让僧尼纳税，而要使户籍不属州县管理的僧侣与两税户即一般编户完全一样，也负担力役、兵役、婚嫁养育，而会昌灭佛"收还俗僧尼二十六万余人为两税户"正好完成这一具有历史意义的一步。

我们认为，灭佛是唐中后期社会政治发展的必然产物，但为什么偏在会昌一朝发生还需稍加分析。唐代自实行两税法后的一个重要后果就是货轻钱重。唐政府曾多次禁铜。唐文宗开成三年（838）有敕禁铜，不许天下卖买。同年上（唐文宗）御紫宸，对宰臣曰："货轻钱重如何？杨嗣复曰：'此事已久，不可遽变其法，法变则扰人，但禁铜器。'"③ 等到唐武宗会昌二年（842），为了解决货轻钱重的问题，以实物折钱交纳两税，一般的绢每匹估算为八百文。而佛寺中有大量的铜像钟磬，如以之铸钱可以大大缓解货轻钱重的矛盾。《旧唐书·武宗纪》曰："会昌五年秋，敕并省天下佛寺。……中书又奏：'天下废寺铜像钟磬，委盐铁使铸钱。……所有金银铜铁之像，敕出后，限一月纳官，委盐铁使依禁铜法处分。'"又《新唐书·食货志》："及武宗废浮图法，永平监官李郁彦请以铜像、钟、磬、

---

① 《唐大诏令集》卷一一三"道释"。
② 《唐大诏令集》卷一一三"道释"。
③ 《旧唐书·文宗纪》。

炉、铎皆归巡院，州县铜益多矣。"又《唐会要》八十九曰："会昌六年二月，敕，缘诸道鼓铸佛像钟磬等新钱已有次第，须令旧钱流布，绢价稍增。……比缘钱重货轻，生民坐困。今加鼓铸，必在流行。通变救时，莫切于此。"另外，这次灭佛之所以在武宗朝发生，与会昌年间用兵回纥、泽潞所引起的财政危机密切相关。会昌三年（843）昭义节度使刘从谏死，其侄刘稹拒命朝廷。同年九月，朝廷出兵讨伐，"打潞府兵众，每日用廿万贯。诸州搬载不及，又京城官府物欲尽。有敕分欠百司判钱，随官尊卑，纳钱多少，用充打潞府兵粮，诸道州府县，皆用此例"①。平定河北泽潞昭义军的战事持续近一年，军费开支庞大，以官俸助军用的建议在唐前期也曾有人提过，但没有真正实行。② 会昌朝此举说明唐朝廷财政十分窘困，而寺院中历年积聚的财物可解燃眉之急。

通过以上论述，李德裕为什么会积极参与会昌灭佛的动机也就不言而喻了。这次灭佛绝不是宗教纠葛所能引起的，而是封建国家与寺院、僧尼间经济矛盾不断激化的必然产物。李德裕作为一个杰出的封建社会政治家，在会昌一朝打击了宦官势力，削灭了不法强藩，会昌灭佛无疑也是其政治功绩的重要组成部分。

（原刊《青海师范大学学报》1989 年第 3 期）

---

① 《入唐求法巡礼行记》卷四。
② 《资治通鉴》卷二百"武则天后延载元年"条。

读《孟心史学记》札记二则

2008 年三联书店版《孟心史学记》收集宏富，足为学界采撷，但也有可补订之处。

其一，顾颉刚先生《顾颉刚读书笔记》"孟森至东北始识方舟与蚁垤"条（台湾联经出版事业公司 1980 年版，第 7201－7202 页）记孟森 1926 年为丁福保《说文解字诂林》所作序言事。孟森以清末在东北所见事例为《说文》中的"方"与"垤"作解释。"方舟"为"方"之本义，"方舟之渡，乃并两独木舟，敷板其上，成一大方形，车马人物具登其上，且下不渗水"。"垤"为蚂蚁作窝时堆在穴口的小土堆。"余行吉林、黑龙江两省，于旷无人烟之处，每见丘冢垒垒成列，一望无际，颇讶其地求生人而不可得，乌有如许死人，既乃问之土人，乃知为蚂蚁墩，即所谓蚁垤者也。"读万卷书，行万里路，由此可见孟森为通学大儒，治学绝非仅限于明清史事。孟森此序为《孟心史学记》附录"孟森史学论著目录"失收，顾先生的相关议论也未收入"诸家关于孟森的杂忆杂评"中。

其二，《张政烺文史论集》（中华书局 2004 年版）中所收《读〈相台书塾刊正九经三传沿革例〉》一文考证所谓宋岳珂所刻相台书塾刊正九经三传实为元荆溪岳氏翻刻宋廖莹中世彩堂刊本。政烺先生文中引孟森先生《相台本周易校记》一文（《国立北平图书馆馆刊》第二卷第三号），认为是孟先生首发其覆，自己循其例深入而已。孟森先生以铁琴铜剑楼藏宋本《周易》校读岳本，极论岳本脱略注文之谬，并说："宋讳全不避，可断定为宋以后一种翻刻，或据纸式墨色等，以审定其是宋非宋，此赏鉴家之事，非吾所知。"政烺先生据此指出："史学家之态度，与鉴赏古玩、附庸风雅者自属不同，今写此篇，盖多得孟先生之启牖焉。"孟森精通版本之学却未以此道名世。政烺先生此文撰写于 1943 年，发表却迟至 1991 年，但要点 1960 年已被赵万里写入《中国版刻图录》一书中，成为版本学上的定论。（任继愈说："版本目录学家赵万里对张先生也很佩服，赵万里对书的装帧、用纸等表面的东西很熟悉，但不知内容。而张先生对版本表、里皆知。")《孟心史学记》"诸家关于孟森的杂忆杂评"及"孟森治史语录"均未收入。

（未刊稿，2008 年）

陶希圣关于民国史事的两则笔记

1931 年受聘为北京大学法学院政治系教授的陶希圣（1899—1988）在自传《潮流与点滴》中回忆"九一八"后北京的学术环境：

中央对于北平各大学，中央图书馆乃至中央研究院的经费，每月照发。教授们的生活得以安定。北平的住宅，一个教授住得起的房子，至少有两进，如上房有五开间、两厢房，一间客厅，两三间下房，那就除了上课之外，谁也不愿出门，大部分时间在宽敞的家里度过宽裕的日子。琉璃厂的书店探听得一位教授喜欢的图书是哪些部门，他们随时把那些图书送上门来，好像不要钱的样子，过两三个月，到节气再结账。北平图书馆和北大及清华的图书馆，不仅供应他的参考，并且打开他的眼界，他（一位教授）不至于读了两本书就自命为专家了。星期日，尤其是春秋的温和季节，有的是他游览的地方。阴历新春的那些庙会，和秋天的高朗天气，四郊的古迹，足够逍遥自在地度假。每月四十七万银圆的大学经费，使用到北平市场。这些对于北平的教授生活，自然是"锦上添花"，同时对于北平市场的繁荣，当然有显著的帮助。在北平市场上，教授的地位之高是不言而喻的，每一家有名的菜馆，总有它的"封建势力"，即教授主顾。某先生在某饭馆有他的特定菜单，照菜单点菜，既便宜又合口。

1949 年，身为蒋介石侍从秘书的陶希圣记载其随蒋从溪口由海上乘军舰撤退至上海的经过：

这几个月，我往来各地，各地气候既有差别，我的小箱子里至少带有三季衣服随身。另一帆布提包里则为白稿纸、复写纸、墨水和糨糊。我准备着随时随地，坐下来便写，提起来便走。我到溪口后，在武岭学校楼上一间房里，研拟南京撤守的文件，武官忽来传谕即刻到墓庐山脚的路旁等候。总裁乘车下山，我亦就座。车行至奉化县城，绕城前进。我说："这路不是到宁波去的。"总裁说："到乍浦港。"（自注：我们对总裁行止方向，从不预先闻知。我到此时才发问）此行有经国先生及周宏涛、曹圣芬两位秘书及夏武官和二三侍从。车到一个港口，一行皆下车步行，踏泥泞一里多，才乘小筏，再上小艇。总裁率领我们登上太康舰。太康舰连夜航行，至次日傍晚，到达上海的复兴岛停泊。我在舰上，遵指示修改《为南京撤守告国民书》。

以上两则记事，当为陶希圣在自传《潮流与点滴》中所记最具史料价值的部分。李敖曾这样形容陶希圣："长得小眼方面，面似京剧中的曹操，讲话深沉多伏笔，是我所见过的城府最深的人物。"但是我们不能因人废言，抹杀其著述中的吉光片羽。

（未刊稿，2013 年）

关于蒙古军队的口粮问题

　　1955 年 12 月，上海人民出版社出版了余元盦先生著《成吉思汗传》，至次年 12 月，此书已印行三次，全书虽然只有 61 000 字，印数却已达到 16 000 册。这本书之所以畅销显然是由于其弄清真相、讲科学以及文字趣味生动的特质。余元盦先生不仅是韩儒林先生的私淑弟子，还在写作中吸收了苏联蒙古史专家伍拉祺米尔索夫《成吉思汗传》中的材料。书中叙述蒙古军队口粮时，引用南宋彭大雅撰、徐霆疏《黑鞑事略》谓蒙古出征时"鞑人粮食，固只是牛羊随行，不用运饷"；赵珙《蒙鞑备录》则谓"食羊尽，则射兔、鹿、野豕而食，故屯十万之师，不举烟火（造饭之意）"[1]等相关材料。南宋与蒙古为敌国，彼此刺探情报，所谓"知己知彼，百战不殆"，以上记述应该是很可信据的。一般相关的史籍如波斯人拉施特《史集》、志费尼《世界征服者史》、瑞典人多桑所著《多桑蒙古史》则未直接叙及蒙古军队的口粮问题。

　　《孙子·用间篇》有云："凡兴师十万，出征千里，百姓之费，公家之奉，日费千金，内外骚动，怠于道路，不得操事者，七十万家。"宋人沈括在《梦溪笔谈》卷一一谈到"凡师行因粮于敌"，认为"最为急务"。他指出：打仗的兵七万人，如果用人负粮，需要三十万人；如果用畜乘运粮，"比之人运，虽负多而费寡，然刍牧不时，畜多疫死，一畜死则并所负弃之，较之人负，利害相平"。陈寅恪先生分析南朝北伐何以不能成功时指出："江南率驴马极少，军运惟有走水路，水运如果不济，北伐的军队只有'因粮于敌'。水运和因粮于敌二者，有一个作不到，南朝就难言北伐。"[2] 由此可见，自古以来，军队的口粮问题不易解决，而其能否解决，则是决定战争胜负的关键。

---

　　① 余元盦：《成吉思汗传》，上海：上海人民出版社 1955 年版，第 70 页。
　　② 参见万绳楠整理：《陈寅恪魏晋南北朝史讲演录》，合肥：黄山书社 1987 年版，第 236－237 页。

　　1950 年中国人民解放军进军西藏，亦涉及军队口粮问题。当时从四川用牦牛、从青海用骆驼运粮至拉萨，一斤粮食一斤白银。1962 年中印自卫反击战，中国军队从已占领的藏南地区撤军亦是出于此原因，当时瓦弄之战中国参战部队 10 000 人，后勤保障光民工就有 7 000 人，还有 1 400 匹马。

　　2009 年 8 月间笔者在河南永城召开的秦汉史年会上，与来自内蒙古师范大学历史系的孟和巴雅尔君同处一室。偶尔谈及此事。孟君言蒙古人逐水草而居，从事渔猎，对地理环境十分熟悉，蒙古军队出征前，人们将晾干的大块牛肉，用石头在臼中捣碎成粉末；出征前还携带土制奶粉（百分之百的纯奶粉）装在风干的牛膀胱之中。这种用牛膀胱做的袋子十分结实，可以装下由一头牛制成的肉粉，蒙古语叫作"布勒剌"，可供十人三星期的口粮。蒙古军队出征时，有充足的畜力，一人配置有数匹马，奶粉、肉粉驮在从马上，一天只需饮用肉粉、奶粉数杯，便营养充足，体力不乏。因此，从驮马背上的"布勒剌"数量，可推测战争的规模与时间。蒙古人现在仍然是这样准备干粮的，日本 NHK 曾摄制纪录片加以报道。赵珙《蒙鞑备录》"食羊尽，则射兔、鹿、野豕而食，故屯十万之师，不举烟火"只说对了结果，原因却未交代清楚。确实，军队口粮能否保证，是战争胜负的关键。前述沈括曾在《梦溪笔谈》一书中分析因粮于敌的重要性。陈寅恪先生分析南朝军队北伐之所以失败，在于南方驴马少，一旦水运不便，只能因粮于敌；否则，只有失败。

　　彭大雅南宋绍定五年（1232）以书状官使北，赵珙南宋嘉定十四年（1221）随奉使赴蒙古国，至燕京，彭大雅撰、徐霆疏《黑鞑事略》，赵珙撰《蒙鞑备录》对蒙古的了解如此隔膜，不是没有缘由的，原因之一就是宋人没有晓契丹语、女真语以及蒙古语的习惯。

　　北宋与契丹世代为敌，宋人朝廷上下不学习契丹语，使臣出使亦依靠译语人，唯恐担上里通外国的罪名。此外，广雅书局本《通鉴长编纪事本末》卷十五《真宗皇帝·亲征契丹》中记载，曹利用出使契丹前，曾向真宗表示"臣乡（向）使胡，晓胡语"。"曹利用是赵州宁晋人，当时与辽邻近，所以能说契丹语，这恐是用他的条件之一。"但是今查浙江书局本《续资治通鉴长编》卷五八，景德元年十二月庚辰条，曹利用对真宗所说为："臣乡使晓契丹语，又密伺（契丹使者）韩杞"；而文渊阁四库全书本《续资治通鉴长编》该句作"臣乡使晓契丹语人密伺韩杞"云云，据此则曹利用本人有可能并不通晓"胡语"（契丹语）。① 北宋与契丹如此，那么，从《黑鞑事略》以及《蒙鞑备录》关于蒙古军粮的记载来看，南宋对于蒙古的了解恐怕更隔膜。

刘子健先生还在《两宋史研究汇编》引言中郑重强调："第六篇提出宋代大臣晓契丹语的问题，指出优越文化往往作茧自缚，过度的优越感，导致自我中心，旁若无人的心理。契丹是强邻压境，理应知彼知己，事实恰巧相反，朝廷怕大臣通外语，会通外敌，而大臣们也居然无人指出了解敌情的必要。北宋如此，南宋尤甚。出使亲历金国，无从考察，眼看金国用通汉语的人，也无动于衷，开禧年间，贸然作战，就出于误听不确的片段情报。蒙古几次进攻，竟也不知虚实。宋代不重外语的习惯，一直传到近代。清末一群名为讲洋务的大臣，有几个通晓外语？在抗战前后，知识分子很少学日文，好像学日文，就有想做汉奸的嫌疑。抗战既不知彼，战后清查日本劫掠的资产，照样糊涂。"战后刘子健先生作为东京国际军事法庭的中方法律代表团成员，前往日本，故有此感慨。

（原刊《国学茶座》2014 年第 3 期，有修订，山东人民出版社 2014 年版）

---

① 参见刘子健：《讨论"北宋大臣通契丹语"的问题》，《两宋史研究汇编》，台北：台湾联经出版事业公司 2002 年版，第 89－91 页。

夏鼐先生《真腊风土记校注》的版本问题

　　夏鼐先生的《真腊风土记校注》是一部名著，但在版本校勘方面存在若干遗憾。其认为《说郛》甲本（涵芬楼本）更接近祖本（元抄本），并据改底本《古今逸史》本多处。笔者认为这些改动存在争议，《古今逸史》本应是最好的本子。

　　夏鼐先生是我敬重的一位前辈学者，其《真腊风土记校注》被学界誉为名著已久。[①] 此书在伯希和等人论著的基础上又有发明，且夏先生与周达观同为温州人，能够利用温州方言为这位乡先贤的著作做解说，如"阵毯"（读音）、"用秽""象脚""翡翠（鸟）"等，更是常人所无法企及的。

　　夏鼐先生《真腊风土记校注》以明万历吴琯《古今逸史》本为底本，并且将元抄本以下各种版本分为甲系、乙系，无疑都是正确的。向达先生生前已把《真腊风土记》纳入其主编的"中外交通史籍丛刊"，并注明采用吴琯《古今逸史》。但是夏先生认为《说郛》甲本（涵芬楼本，由近人张宗祥以六种明抄本重辑而成，商务印书馆 1927 年排印本）更接近于祖本（元抄本），并以为主要对校本，据改底本多处（书中一一标出），则有可商议之处。从校记中比较两本异同，《古今逸史》本优胜处为多，可见《古今逸史》本源出的本子一定比《说郛》甲本更早、更善。有趣的是，《古今逸史》所收诸书在底本选择上都比较优胜，如宋人程大昌《雍录》，《古今逸史》本就胜过该书更早的嘉靖刻本。[②]

　　从夏鼐先生《真腊风土记校注》校记中举出以下事例：

―――――――――

　　① （元）周达观原著，夏鼐校注：《真腊风土记校注》，北京：中华书局 1981 年版。李一氓《三论古籍和古籍整理》中谓："在史地方面，我们把'中外交通史籍丛刊'的工作接下来。现新出了十一种，其中校注质量最好的为《真腊风土记》，校注者为著名考古学家夏鼐。他参考国内外有关柬埔寨的历史论著，对有关地名、人名、历史事件、航程等详为考订，已成为一本名著。"李一氓：《存在集》（续编），北京：生活・读书・新知三联书店 1998 年版，第 46－47 页。

　　② （宋）程大昌撰，黄永年点校：《雍录》，北京：中华书局 2002 年版，前言。

第一则"元贞之乙未六月",《说郛》甲本作"元真"。

第二则"宫室":"屋颇壮观,修廊复道,突兀参差,稍有规模。"《古今逸史》本作"头",《说郛》甲本作"颇"。校注据后者改"头"为"颇"。伯希和谓屋头"为尖塔式屋顶"。其实应为宫室飞檐上翘之形状,现在金边及曼谷王宫仍然可见此形制(如《岛夷志略》"真腊"条云王宫"饰以金壁,铺银为砖"。近现代金边王宫确有铺银为砖的银殿)。且如果"屋颇壮观",则与后面的"稍有规模"矛盾。

第八则"室女"叙述"阵毯"之事:"官富之家,馈以酒米、布帛、槟榔、银器之类,至有一百担者。直中国白金二三百两之物,少者或三四十担或一二十担,随家丰俭。"这与第二十一则"欲得唐货"条所说"其地想不出金银,以唐人金银为第一"更为一致。《说郛》甲本脱"白金"二字,"二三百两"下有"银子"二字。

第十八则"山川":"自入真蒲以来,率多平林丛昧,长江巨港,绵亘数百里。古树修藤,森阴蒙翳,禽兽之声,遝杂其间。"《古今逸史》本作"古树修藤,森阴蒙翳",《说郛》甲本作"森森古树,袅袅修藤",显然是经后人修饰过的句子,且与绪论中的"然而弥望皆修藤古木"不符。

第四十则"国主出入":"又有宫女皆执内中金银器皿及文饰之具,制度迥别,不知其何所用。"《说郛》甲本"烛"字下脱此二十七字。

由此可见,视《说郛》甲本一定胜于,并且近于祖本(元抄本)尚有疑义。

至于法国人伯希和1902年根据《古今说海》本作法文译著,并加注释,在前言中就所见《古今说海》本、《说郛》1647年陶珽重辑本、《图书集成》本,肯定《古今说海》本的价值。[①] 伯希和未见《古今逸史》本和明李轼《古今小史》本,故有此论,但从校勘上来看,《古今逸史》本与《古今说海》本有同源关系,早于《古今说海》本也未可知。

(未刊稿,2010年)

---

① 伯希和:《真腊风土记笺注·绪言》,冯承钧译:《西域南海史地考证译丛》(第二卷),北京:商务印书馆1995年版,第124—125页。

季羡林两封遗札小记

杨廷福先生以治玄奘及唐律擅名学术界。最近，杨廷福先生任职于华东师范大学图书馆的儿子杨同甫，通过友人送给我一本杨先生纪念文集《追思录》，书中收录杨先生的学术自述、师友门生回忆文章、哀挽录以及师友来函影印件72通。由于原书2004年由香港天马图书公司印行，流传不广。其中所收两封季羡林先生20世纪50和70年代关于《大唐西域记》的来函引起了我的注意。来函内容据手迹影印件照录如下：

廷福先生：手示奉悉。大作《明末三大思想家》亦已收到。新观察社转来您的大作（玄奘），一看到题目，就如空谷足音，我很兴奋，冒昧提了几点意见，都不见得正确。我自己也正在学习着搞一些有关中印文化交流的问题，希望能时赐教言，大家共同努力，在这一方面得出一些成绩来。大作中提到苏联和德国有西域记译本，不知何人所译？何时出版？请便中赐知。

此致敬礼

季羡林　五月十日

尊函写的是四月七日，实际我于五月六日才收到。

廷福同志：示悉。寄来的《大唐西域记》也已收到，谢谢。朱杰勤同志处我已去信，等广州的同志来到以后，我们对于分工就可以比较细致地确定下来，看来我们组织建立工作已接近完成。应该说，我们的成绩还是不小的。特别由你来做具体的联系组织工作，是再好也没有的。将来工作如何进行？校勘体例如何？注释工作如何进行？注释的详略程度如何掌握？如何根据章老的校刊本进一步加工？这都是有待于进一步研究和讨论的问题。目前抓一抓外文报刊的资料工作，我认为还是很有必要的。这是基础。此外，我还有个想法：以《大唐西域记》为中心组织起这样一个班子，我觉得这是最好的相互学习的机会。每个人都各有所长，通过几年的共同工作一定可以达到共同提高的目的。北京藏书甲天下，各方的学人也有一些，治学问北京这个地方还是很有利的。你同蒋忠新同志最近走访了一些人，这是一个极有利的工作。这些人平常可能都互相闻名，也有同气相求的愿望。但因缺少一个机构，缺少热心的人，所以愿望终于只是愿望。你们这样一跑，大家就可以"同声相应"了。请代向蒋忠新同志致意。可否请他先借一本 H. Kern：*Manual of Buddhism* 看一看 Cosmical section 那一部分。因为《大唐西域记》序里讲的那一套东西（索诃世界等等），光看汉译佛经还是不太容易懂的。这种知识对于研究印度佛教还是很有用处的。

此致敬礼！

季羡林　十一月二十一日晓

前一函所言杨先生所撰《玄奘》一文，连载于《新观察》1955 年第 5 及第 6 期。因此此函时间应定为 1955 年。不久杨廷福先生又以杨非笔名出版《玄奘》，由学习生活出版社 1955 年出版，网上有杨先生送季先生签名本书影。杨先生自传中有"当时中印是十分友好的，而玄奘是历史上中印友好的象征，由于我略知佛学就接触到玄奘及其《大唐西域记》，配合尼赫鲁的访华，出版了《玄奘》一书"。杨先生后来又长期从事《玄奘年谱》的撰集。季先生长期留学德国，回国后致力于对中印文化交流的研究，1957 年由人民出版社出版了《中印文化关系史论丛》一小册。古人云"独学无侣"无益于学术，函中季先生就请教"大作中提到苏联和德国有西域记译本，不知何人所译？何时出版？请便中赐知"。不想 20 多年前的一封通信成就了 70 年代后期季、杨两先生联袂整理《大唐西域记》的一段学术佳话。

后一函根据季先生《大唐西域记》整理说明，时间应是 1978 年组织班子整理《大唐西域记》之始。函中一开头所说"寄来的《大唐西域记》也已收到"，这一《大唐西域记》是指章巽整理校勘的由上海人民出版社出版的本子。函中强调了组织班子、搜集外文资料、分工合作的原则，特别提到荷兰佛教史专家克恩（1833—1917）的《印度佛教手册》以研究佛教中的地理观念。但笔者检《大唐西域记》整理本所附参考文献，此书似乎并未收入。《大唐西域记》整理说明："开头的三篇《序》和书末的《记赞》以及书中有关佛教名词、古汉语语词方面的释文由杨廷福同志负责。"杨先生因此还被从上海借调到北京中华书局专门从事《大唐西域记》的整理工作数年。

　　《追思录》一书除季先生两函外，还收有任继愈、朱杰勤以及孙毓棠等先生的来函数通，均有关《大唐西域记》整理之事。《大唐西域记》整理本 1985 年由中华书局出版。杨廷福先生由于过度用功以及生活条件的简陋，1984 年罹患肺癌去世，享年只有六十岁，未及见到《大唐西域记》整理本的面世。责任编辑谢方先生撰写了《二十六年间——记〈大唐西域记校注〉的出版兼怀向达先生》（原刊《书品》1986 年第 1 期），这是一篇资料翔实、声情并茂的好文章。本文所述或许可从另一个侧面提供一些补充。

（原刊《书品》2014 年第 1 期）

冯友兰先生两封遗札小记

中华书局近年有重编冯友兰先生《三松堂全集》之举。2004 年印行的杨廷福《追思录》附有冯友兰先生二十世纪五六十年代致杨廷福墨书信札影印件两封，内容如下：

廷福同志：接奉上月来示，敬悉种切。近方写《中国哲学史新编》，已完成先秦部分。近代部分尚未涉及，对谭嗣同无新意见可谈。尊著《谭嗣同年谱》甚有用。惟觉在体例上尚可斟酌，例如在《仁学》下有长篇分析批判文字，似一专篇论文。与年谱体例似有不合。愚见如此供参考。《玄奘年谱》何时可成稿？愿先睹为快。

此致敬礼

冯友兰 四月廿九日

杨廷福先生以治玄奘及唐律擅名学术界，其《谭嗣同年谱》1957 年 7 月由人民出版社出版，冯友兰先生此信当写于 1958 年，当为收到赠书以后所写。

廷福同志：前奉书并扇面，诗既清新，书尤秀劲，来夏当配扇骨为拂暑之用。另纸亦写去近作一首，皆无功夫，聊表微意耳。自十月至今开会无虚日，寄来尊稿尚未细读，回信亦迟迟如此，原恕为幸。

此致敬礼

冯友兰 十日

当年南渡到湖湘，半壁江山对夕阳。地转天回升旭日，不望衡岳诉凄凉。一九六二年重到长沙，抗战时曾住南岳，有"江山半壁太凄凉"之句，以今视昔，可谓天回地转矣。

　　录寄杨廷福同志

　　　　　　　　　　　　　　一九六三年十二月　冯友兰

　　关于冯友兰先生的事迹，笔者多半是从三联书店1984年出版的冯友兰口述自传《三松堂自序》中了解到的。而2013年三联书店出版的陈徒手《故国人民有所思》中有《冯友兰：哲学斗争的个人挣扎史》，根据档案材料讲述了冯友兰先生1949年后至"文革"前的遭遇，指出其在1949年后不断遭受批判，大跃进后表现比较积极、比较配合。冯友兰先生凭着自身的悟性和生存本能，能周全、圆润地应付事态。1960年、1961年形势缓和期间，冯友兰先生处于相对难得的平稳时期，外界的批判压力骤然降低。各相关报刊稿约不断，冯友兰先生也兴致颇高地撰写了一批学术文章。这一时期副食、粮食供应匮乏，特供有限。前几年校外会议多，冯友兰先生忙于应付，心中颇感烦恼，但此时他一反常态，经常参加各类会议和政协视察工作，借会议伙食来添些"油水"，直至1964年冯友兰先生政治行情大跌，重遭批判为止（第96－101页）。由于取材于第一手的档案，加上作者长于分析政治、社会、学术与时代的关系，知人论世，故该书在出版当年便印刷三次，一时洛阳纸贵。

　　冯友兰先生此两札书法颇见功力，望之不觉赏心悦目。信中所附寄近作一首，风格上亦宋代朱熹一路，说理颇有气势，至于致杨廷福先生前一函表达对《谭嗣同年谱》中《仁学》条下长篇分析批判文字的不满，认为与年谱体例不合，便不经意地流露出他对动辄大批判的学风颇有微词。后一函则正反映了60年代初相对处于顺境的冯友兰先生的踌躇满志的真实心态。特别是冯友兰所附诗笺中"地转天回升旭日，不望衡岳诉凄凉"的句子，显然埋下了70年代后期"咏史诗""韶山颂"的伏笔，这两札与陈徒手先生《故国人民有所思》中《冯友兰：哲学斗争的个人挣扎史》相关内容对读，可以了解更真实的冯友兰先生。

（原刊《书品》2015年第2期）

关于邓广铭先生两封遗札小记

　　杨廷福先生抗战时曾就读于重庆沙坪坝复旦大学，与当时任教于复旦史地系的邓广铭先生有师生之谊。1949 年后两人仍有书信往还，此两札或推荐书稿出版，或互相倾诉"文革"中的遭遇，为学术史研究及学人交游提供了第一手资料。其影印件见 2004 年刊行于香港的杨廷福《追思录》。

　　其第一札曰：

　　廷福同志：

　　　　来信和赠送我的扇面，和新著谭嗣同年谱稿本，全都先后收到了。

　　　　谭谱已遵嘱转送三联书店，大约那边很快就可有信和你直接联系了。我对近代史知识极少，且因在近半年内积压了许多工作，都须在暑假期内分批搞完，学校方面且还有一些布置也必须参加，以此，我估计在近期内不能将大作仔细拜读，且在读后也必难提出什么意见，因而只是粗翻阅一过便转往三联去了。据我推测，书店对此稿是必然会欢迎的。

　　　　扇面书写极佳，极感盛情，只是我对旧诗又是一无所知，对诗中意趣不能很好地领略到。

　　　　暑期作么生，不能来京一游吗？

　　　　敬礼

　　　　　　　　　　　　　　　　　　　　　　邓广铭　七月廿日

　　杨廷福先生后来以治玄奘及唐律擅名学术界，其《谭嗣同年谱》1957年 7 月由人民出版社出版（当时三联书店与人民出版社是一个机构两块牌子），此札当是 1956 年杨先生寄书稿与邓先生审阅，并请求推荐至三联书店出版，这是邓先生接函照办后的回复函件。由此可见旧时代师生之谊以及师长对学生弟子的奖掖扶持义务。

其第二札曰：

廷福吾兄：

十多年未得消息，接奉来书，知你在上海师大历史系任教，且能在锣鼓喧天的"文化大革命"运动中，凝神著述，撰成《玄奘年谱》《唐律初探》等巨作，真使我不胜欣羡。

我在运动初期曾受冲击，但不严重，六七年曾在中华书局参加标点宋史工作，为期六七个月。六八年北大两派武斗，也都揪斗反动权威，我也被列入这一行列，因而被牵入牛棚，一住半年有余。六九年冬，北大在江西建农场，百分之六十以上的教职工都去参加劳动，我也是其中之一。七一年六月调回北京，立即投身到"中国古代农民战争史"教材的编写和教学工作，去冬且曾与古代史教研组全体同志带领一个试点班的学员到明陵旁的农村中进行明末农民战争史的教学。我们在七〇、七一两年内的教学，受极"左"思潮干扰最甚。当时的指导思想是："立足现实，追溯历史"。今春以来即对此展开批判，迄今"批、肃、划"的工作尚未结束。

你若有来京机会，极盼能来北大一谈。万个话题，不可能在信上写出也。专此，即颂

著祺！

邓广铭　十月廿二日

此信札据内容推测，当写于 1977 年左右，当时"文化大革命"已告结束。邓广铭先生自 20 世纪 30 年代先后受到胡适、傅斯年、陈寅恪先生赏识，专研宋史，撰写《稼轩词编年笺注》擅名一时，抗战胜利后又出任北京大学校长胡适的秘书，在学术界地位颇高。其主要著作有《邓广铭治史丛稿》、"邓广铭宋史人物书系"（《陈龙川传》《韩世忠年谱》《辛弃疾传》《辛弃疾年谱》《中国十一世纪时的改革家王安石》《岳飞传》）及《邓广铭全集》。这封信札中的自述道出了邓先生在"文革"中的遭遇与心境。

笔者曾在广州旧书店购得一本旧书，乃邓先生的《中国十一世纪时的

改革家王安石》，人民出版社1975年7月印本，上有香港《大公报》编辑马文通先生一行题记："马文通藏书1976.1.17。广州北京路新华书店。1967年在北京中华书局曾与邓广铭先生邂逅，书以志之。"上钤"马文通藏书"白文印一方。这也是邓先生唯一一部完成于"文革"期间的传记，但不知为什么在致杨廷福信札中没有提及，也许是涉及批儒评法吧。其实，笔者认为，在邓先生的六部传记中，这一本写得最好，尤其是第十一章"十年的退休生活"写得最为传神动人，文字功真是古今一流的，堪称胡适开创于北京大学的传记文学之嫡传，以下征引若干片段：

王安石在熙宁九年（1076）十月第二次罢相之后，即回到江宁府去居住。在最初他虽还有一个"判江宁府"的官衔，但他一直并没有到知府衙门去视事，到第二年的六月，他连这个官职也辞掉了。到元祐元年（1086）四月王安石去世之日为止，他在江宁居住了将近十年光景。

王安石在第二次罢相归去之后，就在江宁府城东门和钟山的正中间，一个叫做白塘的地方，修盖了几间房屋，种植了一些树木，并且凿渠决水，把经常积水的洼地疏浚为池塘，稍稍做成一个家园模样，并即取名为"半山园"。

半山园不远的地方，有一个土骨堆，相传是东晋谢安的故宅遗址，一直还被叫做谢公墩。这是王安石经常跑去的地方。在那里摩挲着满生苍苔的石头，想象着谢安当年完成的事功和在这地方居住的情景，他每每流连忘返。

王安石经常出游于江宁附近各地，有时骑马，有时骑驴。马是赵顼赠送与他的，驴是自己买的。还雇用了一名牵卒。后来马死掉了，便专骑小驴。有人曾向他建议说，老年人出游最好乘肩舆（轿子），他不肯这样做，并且回答说，"古之王公，至不道，未有以人代畜者"。有时他也喜欢乘坐江州车，自己坐在一厢，另一厢由同游的朋友坐，如无游伴，便由僮仆坐。

他每次出游，全都是随随便便，没有任何排场，对于风吹日炙，也全不在乎。

钟山有一座佛寺，名叫定林寺，距离半山园较近。凡是不到别处旅游的日子，王安石就到定林寺去。那里有专供他居处的一所房子。王安石经常在这所房子里读书、著述，或者接待来访的客人。著名的书法家米芾就是在这里与王安石相识的，他为这所房子取名为昭文斋，并当场写了这个斋名。有名的画家李公麟为王安石画了一张神采逼真的画像，也是悬挂在这个昭文斋中。

然而，毕竟是一个罢了官的人。退休在江宁的王安石，对于过去的政敌，例如对于因反对新法而受到贬谪的苏轼，当他由黄州北迁而路过江宁时，王安石竟把他当作知心朋友相交加以接待了。这时候的王安石，不但对于苏轼只谈论一些与"诵诗，说佛"有关的话题，对于另外一些到半山园或定林寺来访的人，也大都是谈论一些同样的话题，基本上是不大议论时事的。

但这只反映出，在王安石的生活当中和思想当中是存在着深刻的矛盾的，这种谈论诗文，说佛味禅的生活，只是表明了这矛盾的一个方面。更确切些说，这只是他对待政治见解完全不同的人们的一种应酬办法。像王安石那样一个勇于担当变法重任的法家人物，他是不可能对于现实政治、国家命运和人类前途漠不关心的。只有对于政治上、思想上真正志同道合的人，他才乐于与之谈论这样的问题。

元丰七年（1084）的春季，王安石害了一场重病，有一次甚至昏迷达两日之久，多方疗治，才得痊可。

元丰八年（1085）的三月，赵顼去世了。王安石写了诗哀悼他，同时也十分担心政局的变化。他只好把更多的时间用在翻阅书册上去，借以排遣自己的忧思。到他听到司马光拜相的消息之后，他的担心更变成了忧惧。他不但时时以手抚床，高声叹息，有时更绕床终夜，不能成眠。亲朋见其如此，便尽可能不使他听到北宋政府废罢新法的一些举措，但也无法长久隐瞒得住。当他闻悉废罢市易、方田均税和保甲诸法时，还能强作镇定，及知免役法也要废罢，王安石再也禁持不住，愕然失声地说道："亦罢至此乎？"停了一会儿又说道："此法终不可罢！安石与先帝议之二年乃行，无不曲尽。"

免役法的废罢和差役法的复行，是元祐元年（1086）春季的事，其时王安石已在病中，继此之后，从开封传来的种种消息，都使他更加忧心如焚，无法排遣，其病情便也日益加重。到这年的四月初六，这个老年人便与世长辞了。

该书后记中邓先生自我批评的一段话也格外引起笔者的注意：

> 多年以来，我虽置身于历史工作者的行列，然而，由于我的世界观基本上是资产阶级的，历史观基本上是唯心主义的，这样，我所搞的就不可能是真正的历史，我过去所写的几本历史人物的传记，就是最确凿的证物。
>
> 唯心史观的最通常的表现，是认为英雄豪杰们创造历史，是崇古的观点和思古之幽情。而这些，也全是我的极大病痛之所在。在我所写的那几本传记当中，对于那几个历史人物，既很少进行阶级的分析，也没有采取批判的态度，而只是着力把他们描绘成具有旋转乾坤的伟力，创造时势的英雄。而在每次写作的过程当中，我有时又不免发思古之幽情，甚至像戏剧家所要求于演员们的"深入角色"那样，我常常把自己的思想感情拉回到几百年乃至千余年前的古代去，神游古国，以便于去体会他们的思想感情，把他们的悲喜爱憎作为自己的悲喜爱憎。一句话，我是把这几本传记当作封建时代那些历史人物的自我表现来述写的。既是如此，我就只能站在那些封建统治者的立场上去，对于哪些是应当吸取的民主性精华，哪些是应当剔除的封建性糟粕，便不可能恰当地加以分辨了。

多么沉痛的话语！今天读起来，其实正是邓先生这几本历史人物之所以写得引人入胜的方法论之所在。这也正是陈寅恪先生在《冯友兰中国哲学史审查报告》中所说治学方法的贯彻与实践："吾人今日可依据之材料，仅为当时所遗存最小之一部，欲借此残余断片，以窥测其全部结构，必须备艺术家欣赏古代绘画雕刻之眼光及精神，然后古人立说之用意与对象，始可以真了解。所谓真了解者，必神游冥想，与立说之古人，处于同一境界，而对于其持论所以不得不如是之苦心孤诣，表一种之同情，始能批评其学之是非得失，而无隔阂肤廓之论。"由以上论述看来，邓先生平生受胡适、陈寅恪影响最巨！

笔者浪迹史学界三十余年，尝听宋史界的朋友们谈起邓先生的趣闻轶事。如邓先生喜喝茶，后学送好茶叶来，例做长谈。邓先生才高，学历史的，谈辛弃疾词做得哪样好。邓先生早年经陈寅恪先生品题，身价倍增。加上胡适先生器重，前程不可限量。邓先生骄傲得很，杨向奎先生曾这样品题自己的几位北大同窗张政烺、邓广铭、傅乐焕先生："政烺不政、恭三不恭、乐焕不乐！"意思是张政烺治上古史，钻入故纸堆，对政治不敏感；邓广铭（字恭三）治宋史，才高气傲，并不谦逊；傅乐焕治辽史，因有叔父傅斯年这个历史包袱，整日快快不乐。这三个人的个性与自己的名字并不相符。此外，邓先生在学术研究中有两处过于固执的地方，一是说宋江没有投降，二是说均田制子虚乌有。

（原刊《南方都市报》，2016 年 1 月 24 日）

刘子健先生论岳飞与秦桧

刘子健先生是美籍华人，专治宋史，是 20 世纪著名的学人，其学术成就卓著，身在海外，与国内的邓广铭先生遥相呼应，笔法卓绝，蔚为大观。刘子健先生《两宋史研究汇编》，1987 年 11 月出版，由台湾联经出版事业公司印行，以后又一再刷印。这本书的封底关于书的内容及作者简介有云：

> 作者由封禅祭典、君主与言官的关系、政治上的包容性来观察宋代的君权和政治特色，由岳飞、秦桧、王安石、曾布、梅尧臣等人来观察宋代士大夫与武将的风格类型，由地方官学私学的消长、考场弊端、道统之成立来观察宋代的教育与道学，由马球、启蒙书、乡绅赈济来观察宋代的文化与社会，视野广大，剖析入理，为有宋一朝描绘出更清晰的图像。

> 刘子健，生于民国八年，贵州人，美国匹兹堡大学博士，专治宋史、比较政治学，现任教于美国普林斯顿大学，著有中英学术论述多种。

需要补充的是，刘子健先生长于上海，后来考入清华大学政治系求学，"七七"事变后，入北平燕京大学求学，曾游走于邓文如先生门下，详见邓先生《五石斋日记》。后曾与洪业、邓文如先生等燕京大学师生一起被日本宪兵逮捕入狱，并曾受酷刑，抗战胜利后参加中国政府代表团赴日本工作。后赴美国求学、任教。曾积极参与推动台湾、大陆的宋史研究。台湾"中央研究院"史语所柳立言先生专治宋代法制史，柳先生就出自普林斯顿刘子健先生门下。笔者 2008 年 1 月间赴台湾作学术交流，曾在学人中心与柳先生长谈，并蒙赠送书籍，特附记于此，以表谢忱！

刘子健先生《两宋史研究汇编》中所收《岳飞——从史学史和思想史来看》堪称一篇岳飞新评传！笔者十几年前曾刮目细读，读来与邓广铭先生《岳飞传》、王曾瑜先生《岳飞新传》有一番截然不同的感受！这篇文章共分四部分：①小引：忠的观念。②岳飞在历史上地位的升降。③历来历史评价的检讨。④宋代官僚和儒学的忠君观念。

刘子健先生指出：求和、杀岳飞和决定做这两件事情的责任问题。关于求和，南宋的《玉照新志》早就提出那个时代有些人觉得兵力不敌，求和不能算错。在后代首先主张谅解南宋求和的是明代的邱濬，其次是赵翼的《廿二史札记》。求和对不对？可以只不战不和，只守不攻。求和不需要杀岳飞。高宗本人为什么要求和又要杀岳飞呢？经过在金兵营里做质押，从扬州仓皇逃过长江，从宁波逃到海上四十四天的惊险后，他是没有胆量继续抗金的。好不容易能偏安、做皇帝，他是不想再打仗了。同时，他也对武将不放心。宋太祖就是武将篡位。他深知五代的政变方式一贯如此，所以定下国策，严防武将。而高宗本人经过苗刘兵变，一度丢了皇位，更是害怕。岳飞的个性强，不容易与人合作，这是他的弱点。而最犯高宗忌的是他在绍兴七年（1137）向高宗提到皇位的问题。同年，岳飞因母丧守孝，没得命令批准就先把兵权交给张宪，从此高宗记得岳飞最信任的是张宪。和岳飞来往的还有一个皇族，判大宗正事赵士㒟，此人曾到河南祭拜宋代历朝皇帝的陵墓，受到人们的夹道欢迎。高宗要巩固自己的皇位，不免顾虑到岳飞叛变的可能。岳飞可能像苗刘之变那样，强迫高宗退位，传位孝宗，也许还可能要求退位，拥戴像赵士㒟这样身份的皇族。岳飞交出兵权后，仍旧和旧部将领张宪等维持联络，这才引起高宗杀岳飞的决心，而张宪也同时被处死。总之，岳飞的被害，高宗的动机相当强，至少比秦桧的动机强得多。但是责任只在这两个人身上吗？笔者以为不然，当时的士大夫和他们所接受的忠的观念，都有关系。

刘子健先生认为：第一，宋代官僚一向赞成收兵权。第二，因为重文轻武，所以有儒将。岳飞不算儒将，首先是他的出身太低，其次是他虽然能文、识理，但他的英雄气质不合儒家的修养。第三，当时的官僚究竟对岳飞怎样？岳飞至少认识一些官僚，但是在下狱之后，竟没有一个文官敢替他说半句话，只有武将韩世忠去责问过秦桧，宗室赵士㒟想去营救他。除此之外，就只有一个布衣刘允升上书，说岳飞冤枉，结果刘也被处死。第四，也是最后一个方面，宋代儒学对于忠君到底怎样确定？岳飞是"精忠报国"，要先忠君，才能报国。

传为岳飞之作《满江红》词作，邓广铭先生坚持认为乃岳飞所作。余嘉锡、张政烺、夏承焘、饶宗颐先生以为非是。刘子健先生指出：夏先生的说法，很近情理。《满江红》一定是明代中叶的作品，并且靠通俗文学流传。可是贺兰山这一点，尚不能遽断。因为在唐诗里，从王维等起，常用贺兰山这一名词。后来成为象征，意指边山，并不一定专指真正的那座山，与其当时属于哪一国不一定有关系。最后一点比较重要，岳飞的诗文，不独全国歌颂的《满江红》，即使是他所作，也可能经过幕客润色，这是当时通行的，更何况岳飞以精忠过人，并不以文学见长。绍兴九年（1139），南宋宣布媾和，岳飞利用贺表，表示反对："愿顶谋于全胜，期收地于两河。唾手燕云，终欲复仇而报国。誓心天地，尚令稽首以称藩。"《建炎以来系年要录》卷一一五，跟着说明："飞幕僚左承务郎张节夫之文也。秦桧读之大怒。"钱士升《南宋书》卷一五介绍张节夫，说是"河朔人，豪迈尚气节"。这只为一例，读者们如有兴趣，大可写一篇关于岳飞幕僚之文。这些人事迹湮没，原因有二，一是他们后来被秦桧贬谪监视，二是传统史家时常犯崇拜个人英雄的毛病，不注意辅佐人才，这是今后史学应当改良的。了解人物必须从人群里去看。

谈岳飞，就不能不说秦桧。刘子健先生也写有一篇《秦桧的亲友》，开头就说：秦桧这人，真是遗臭万年。最近看到两本中文的岳飞传记。一本是根据旧作，加以增订。考订史籍，更胜于前。另一本为《岳飞新传》，确是新式写法，明晰生动，不为考证所累，但也都是正面文章，不屑于分析一下秦桧究竟有多坏。历史应该力求全面，不能因为其人可鄙，其事可略。笔者绝非翻案，只是确切地补充。

刘子健先生在《秦桧的亲友》第四节"曾任伪官的表亲郑亿年"中指出：千古疑窦，都怀疑秦桧是金人的奸细。金人故意放他回来，策动南宋求和。这怀疑较难成立。因为秦桧初回时，无从策动求和。过了六七年，经过赵鼎和张浚终止合作，张浚急进，而激起郦琼兵变，高宗才倾向于求和，因此秦桧才能进言，力促和议。其次，秦桧要和金人直接交通，技术上也有难度，总不会没人知道，没人漏话。再其次，秦桧如果真是金人奸细，当时笔记就会写下，至少岳飞子孙所写的，应该有些线索。然而竟完全没有。但事实上，秦桧的确随时在注意北方动静。这怎样解释呢？郑亿年就是解释。南宋伪齐虽然对立，南北汉人之间，不难暗通消息，更何况是三重亲戚之间？不难推想，郑在北，供给消息。秦就据以划策。换言之，郑必对秦有功，所以敢回来南宋，敢一再要求，甚至恢复伪齐曾任资政殿学士的名位。而秦桧也把内幕报告高宗，高宗也不得不同意。而这内幕，不仅是谍报，而且是南宋决定国策的重大参考资料，怎能公布？因此任命郑，而言官反对，只好不报。还有反证。金人据和议索人，郑亿年也在其中。南宋同意请求，唯有郑，又是例外。历史上又以为秦桧的亲戚，所以保证他。假定把郑放走，而万一金人从他身上，得知从前的内幕，便能测度南宋的国策，那还了得？

刘子健先生在《秦桧的亲友》第五节"干亲——御医王继先"中认为：王继先是高宗的御医，从继先那里可以熟悉高宗在闲暇时的动静和意向，因为不上朝而能进宫见皇帝并与之随便谈论的，只有继先一人。继先相当风雅，曾编写医书，又好收藏古董。高宗有父风，颇喜翰墨。他接近的人，都是较有修养的。高宗对太监有戒心，北宋末年童贯等太监用事，导致亡国惨祸。继先是唯一的近习幸臣。继先"治海风，有奇效"。高宗在扬州，金兵迫及，半夜仓皇渡江，受惊吓得了阳痿。

由此可见，秦桧之所以久任为相，除了亲友人脉宽广，信息来源丰富，促成和议有功外，其后长期充当高宗的代理人和大内总管，幕后都是高宗在操控导引。秦桧临死前，缺乏布置，考虑甚差，远不及高宗的老谋深算。抗战前，吕思勉先生对南宋和议及岳飞有客观评价，现在又得到刘子健先生的详细论证，历史史实更为客观。

读刘子健先生的《两宋史研究汇编》，不能不提到他所写的《包容政治的特质》一文，此文高度归纳了两宋政治的特质。

什么叫包容？从字面上讲，是采用一句成语，大度包容。用白话来解释，就是都包在一起，容纳在一起，彼此相容。这种包容式的妥协并不模糊，相反，它有具体的相对条件。这方面如此这般地让步，那方面就那样地安排办事，彼此都过得去。例如南宋中兴，对于官僚兼收并蓄。除了极少数，像张邦昌、蔡京、童贯的后人以外，无论是否失节贪污，概不追问。可是这些罪状，还是会被记下来作为把柄，若不服从绝对的君权、朝廷的命令，那就有旧案复发的危险。更要紧的是不许投靠伪齐的刘豫，因为那是势不两立的威胁。南宋收拾残局，招安群盗，也是如此。杀人放火，盘踞地方之外，摇身一变，就可取得官阶职名，公然耀武扬威。至于以往，概不追究。只求保卫政权，维持治安。就是收韩、张、岳三大将的兵权，也一样。当初宋太祖收兵权，是有条件的。把兵权交给皇帝，皇帝就给高官厚禄，赐钱、赐宅、赐田，还有希望和皇室通婚。宋高宗罢三大将，另加优待，有枢密使的名义。只有岳飞被杀，是唯一的例外。岳飞不但不甘心接受这种阳宠阴夺的相对条件，而且不肯像韩世忠那样沉默，而是公然批评、反对和议。他不包容，朝廷也就不能容他。

政治是永远含有妥协性的，只是妥协的大小、轻重不同。所以，可以说一切政体之下，都有包容。但包容政治是个特定的概念，有其确定的特点。大政方针是用最缓和或最不费事的安排，以巩固政权。概念不是空泛的，还要进一步说明它的含义。包容政治，看起来好像容易做到，其实也颇费心机。例如对于既成势力，如何应付？对于新兴势力，如何笼络？对于无数形同惠职的官僚，如何督促？对于言官清议的批评，如何平息？对于越来越多的士大夫，如何安插位置？对于各地的胥吏，明知弊端百出，怎样让他们的作为不超出无法容忍的范围？对于生活真过不下去的平民，怎样救济，以免造反？如果发生起义的暴动，怎样解决？这些，都需要运用高度的政治眼光和措施。

包容政治必须具备四个条件。一是名实兼顾。名义上说得过去，事实上在政府上下也办得通。露骨地说，整个政权，上下都在分赃。假定政治上看法不一致，作风不同，另有理想，或标准较高，那就包容不了了。二是统治方法。以利的统治，就是收买利诱之。以武力的统治就是威吓、刑禁与杀戮，有相当的弹性。三是充裕的财力。四是思想上的信念。包容政治在运用的时候，很注意培养忠君的观念。

包容政治的弱点，一是缺乏新希望；二是退步；三是上下欺蒙，得过且过。虽然是慢性病，却都是致命伤。这带病延年的政体，在末期，面临横扫欧亚大陆的蒙古铁骑，居然也撑了四十年之久，最后一片一片地被征服，却没有土崩瓦解，这又不得不说包容政治的团结性和凝聚力是相当强韧的。

刘子健先生的学术成就，远不止本文所论述的这些，但也足可以成为《学林点将录》的本事或注脚，供广大读者开阔眼界之用！

（未刊稿，2016 年）

徐旭生与《读通鉴论》

钱穆《八十忆双亲　师友杂忆》忆及抗战后期在重庆与徐旭生先生的交往及讨论《国史大纲》往事："一日，旭生忽背诵王船山《读通鉴论》一段，首尾逾百字，琅琅上口。余大惊讶，曰，此来，君未携一书，何从借阅，又背诵如滚瓜之烂熟乎。旭生笑曰，此乃我在出国留学前，幼年熟诵，今追忆及之耳。旭生年长于余，早年留学。至是，不禁大加佩服。曰，不意君于数十年前所读书，犹能随口背诵。今日一大学生，能翻阅及次等书，已是一大异事。则无怪吾辈两人，此番所议论，已成为毕生难遇之奇缘矣。"①

郭长城《陈寅恪抗战时文物编年事辑》载 1948 年运往台湾的陈先生藏书《读通鉴论》题识（1943 年夏）："壬午夏，自香港返国，道经广西郁林，于书肆购得此本。盖光绪戊戌变法，更改科举制度，以策论试士，书贾趋时射利，因石印此书也。"题跋中"郁林"今作"玉林"。先生治学，即使细微也极注意。此书版权页刊"光绪二十四年上海公兴书局发兑"，故先生据以联想当与科举试士有关。考此书既言明系光绪二十四年（1898）发兑，却又附加一序云"光绪二十五年五月二十五日，梁溪朱允元题于养素书屋"。而朱允元系康熙乙未（1715）科进士（《畿辅通志》卷六三），又"养素书屋"建于圆明园中，书贾竟还公然作伪，先生指斥其趋时射利，实不冤枉。② 按：王船山《读通鉴论》1864 年由曾国藩、曾国荃兄弟刊行于金陵书局，号为"船山遗书"本，此前只有钞本行世。光绪二年（1876）刊行的张之洞《书目答问》史评类所著录正为此本，何来康熙时朱允元所作序文？

徐旭生，河南唐河人，光绪十四年（1888）生人，1898 年在私塾中读

---

① 钱穆：《八十忆双亲　师友杂忆》，北京：生活·读书·新知三联书店 2010 年版，第 299 页。

② 郭长城：《陈寅恪研究：新史料与新问题》，北京：九州出版社 2014 年版，第 32 页。

书以备将来应试。朝廷功令有变，自然改读《读通鉴论》以便将来应试。偶读徐旭生、乔大壮先生联袂所译波兰作家显克微支法文小说《你往何处去》，徐先生所作《叙言》引王船山先生说："督子以孝不如其安子；督弟以友不如其裕弟；督妇以顺不如其绥妇。魄定魂通而神顺于性，则莫之或言而若或言之：君子所为以天道养人也。"（出自王船山《诗广义》）可见徐先生对王船山论著之熟悉。钱穆先生以治中国近代学术思想史著称，虽未能指出此点，然晚年竟能追忆及此，写入回忆录中，使得我们可以结合陈寅恪先生的藏书题识认识晚清时代与学风的转换。

商务印书馆 20 世纪 20 年代出版波兰作家显克微支以法文写作的罗马历史小说《你往何处去》，译述者为徐炳昶（旭生）、乔曾劬（大壮）。徐炳昶（旭生）先生撰《叙言》有云：

> Quo vadis, domine? 这件半神话，第一个记载清楚的是圣昂布瓦斯（340—397）。他是西历纪元四世纪时候的人。但是这个传闻大约还比他的时代早，以至于比《四福音》著作的时候相差不远，也未可知。《四福音》是第一世纪的末期和第二世纪的著作。

> Henrik Sienkiewicz 是波兰现代最有名的著作家。他于一千八百四十六年生于波兰的 Wola-orkzejska；于一千九百十七年殁于瑞士。他的著作很多。这一部"你往何处去"是他最有名的著作。欧美各国全有译本。

> 他这一部书是借着"你往何处去"这件故事，描写当希腊罗马文明衰颓时候的社会状况和基督教的真精神。书中的有名人物和事变全是历史上最著名的事实。

> 这书里面所描写的罗马大火，起于纪元后六十四年七月十九号，延烧六日七夜，余焰又蔓延三日。死伤人民无数。罗马城当时共分十四区：有三区毁灭无余；七区只剩些熏黑的墙壁。罗马虽还有几次大火，但是全比这一次小的多。奈龙当这个时候，升在水道上面，歌唱他的诗词。这件事情相传的很古。虽然不敢说它一定有历史上的价值，但是并时的人全都相信这次大火是奈龙使人放着的。

　　奈龙 Neron（Nero，按：现在译作"尼禄"）是 Domitius Ahe-nobarbus 和 Agrippine 的儿子，为葛洛德皇帝所抱养。皇帝使斯多噶学派最有名的鸿哲色奈克为他的师傅。葛洛德皇帝死于纪元后五十四年，奈龙就继承他的帝位。起初他用他师傅的教训，统治的很温和。罗马人觉得他是一个贤明的皇帝。但是他的狂性不久发作。弑母杀妻，暴虐异常。就是这部书里所说的衮白是他所最宠爱的妾，也被他因暴怒一脚踢死。——在纪元后六十五年。——他于纪元后六十八年为臣民所杀。这部书尾声里面所叙的事实，大约是在历史上有证据的。

　　罗马在希腊文明未到以前，道德观念极为严重，但是很偏狭的。自希腊文明输入，偏狭的道德一天衰颓一天。新道德又未成立。虽有斯多噶派学者的尽力，而新旧蜕换终需时日，社会遂成一种怀疑的状态。书里面所说的俾东 Petrone 很可以代表罗马当时的高等社会，他很有学问和聪明，对于一切事物全持怀疑态度。他的名著《嘲笑录》Satyricon，文章很敏妙，心理的解析也很精细。里边的文字可分两种：一种是他自己的文字，很讲究，很细密；一种是他摩仿罗马当时人的口吻，不注意于腊丁文的文法，仿效他们的神情，却是惟妙惟肖。他就像这书中所说并没有善恶观念。常常拿极严重、极名贵的道德，放在一个极可笑的人的口中，以取笑乐。这位"丰仪的盟主"，成了罗马时尚的中心人物。无论甚么事情，不经他鉴定，不能算贵重。奈龙所最信任的恶魔第节兰恐怕他夺他的宠，就设法去他。至于他，他因为自重的很，不愿同这个恶魔争斗，于是自割脉管，饮宴谈论，从容就死。并且把他最宝贵的杯子击碎，不使它落入奈龙之手。书中第三篇最末一节，就是模写这一回事的。

　　奈龙既是烧了罗马，因为人民的愤怒，他就想找些人"栽赃"。他怎么样找着基督教徒，历史上说得不很明白。但是大约一部分由于犹太旧教人的忌妒，大半由于第节兰的调唆，而基督教徒所宣传的末日裁判：天火焚烧世界诸义，也有点动人疑惑的地方。杀戮的残酷，书里边已经说得够详细，大约是当时实在的事情，不是著作人的臆造。至于将少女赤身缚在牛角上面，任它抵死，也是历史上的实事。这一次杀戮，实在是世界上有数的惨剧。基督教人，除了耶稣被钉在十字架上，就以此次杀戮为最重要的事情。

这部书里面所叙的彼得和保罗，是基督教里面两个最重要的人物。彼得原来是个渔人，智识很简单，但是性情慈悲，感发人的道力非常的伟大。他是第一个圣徒。这书里边如果有单题圣徒，不指姓名，那就一定是指他的。他的名字 Peter 在拉丁文里面，是石头的意思。耶稣自己曾说："我将来在这块石头上建竖我的教会。"所以彼得在基督教里面，除了耶稣，就是顶重要的人物了。至于保罗并不是耶稣及门的弟子。他起初对于基督的教义非常反对。他的受洗礼在耶稣死了以后。但是他的思想很发达，对于希腊的哲学也有相当的知识。基督教义到了他手里面才有哲学上的根据。他们这两个人的人格，虽不同，却是相互为用，好像车的两个轮子，鸟的两个翅膀，去了一个，恐怕基督教就不容易发达了。在那个时候，基督教里面可分为两党：一党是圣徒雅各为首领，它是耶稣的兄弟，但是思想浅狭，还像那些老犹太人，觉得犹太人是天的选民，不愿意同别的民族说话。那一部分大约要属保罗。他没有国界种界的思想，到处宣传福音。所得的新教徒非常众多，这两党当常互相排斥。至于彼得全无党见。他一方面思想简单，不愿意同守旧派冲突。一方面因为他的性情慈善，对于别的民族和别教的人绝无蔑视的意思，对于受苦难的人民，拿精神感化他们，使他们信奉基督教。所以他虽无党见，却成了中心人物。他们两个的死事，经典里边没有清楚的记载，但是大约全是殉教死了，并且大约就在这次杀戮死的。他们的坟墓在范底康附近，据考古学家说大约是可信的。

我们骤然看这部书，一定觉得奈龙、第节兰等和当时罗马的人民何至于丧心病狂到这步田地？但是细想起来，并没有甚么奇怪。第一：凡文弱的民族，多失于淫侈；武健的民族多失于残暴。如果有一种的民族要从武健蜕变成文弱，那个时候他们要残暴淫侈，兼收并蓄，一定出了不少新鲜的花样。试看高洋，完颜亮的淫暴为中国所未曾有，也就是一个例子。罗马的民族原来是武健严酷，到希腊的文明输入，已经有向文弱的趋势。奈龙兼综这两个民族的罪恶，成了世界一个有名的恶魔。不惟真正的罗马人痛恨他的淫侈，就连希腊人也不能忍受他的残暴。至于罗马当时的人民可分为两部分：一部为罗马的旧民族，因为他们能统治他们所叫的全世界，非常的骄傲；一部为被统治的民族，受种种的压迫。社会在这种不平等状态的下面，自然是全受其弊，成了一种病态的社会了。那个时候，面包和马戏成了群众的普遍呼声，恐怕也是罗马统治压迫的结果。第二：罗马的人民是很信宗教的。基督教的人对于庙宇和神像的蔑视，引起他们极大的反感。我国大多数良善的人民在庚子年对于拳匪屠戮教民的举动，很少的感动，我们为甚么怪罗马当时的人民呢？

　　至于我同我的朋友乔大壮译这部书的理由，略如以下所说：

　　近来保守派的道德学家对于科学多怀疑忌的态度。我们觉得他们有一种过虑。科学和道德全要保存着不获利赖的精神，它们本是出于一源的。并且我们相信道德的本质就是爱情。道德的高下就以爱情所及的广狭为标准。爱必有所施。对于受施的事情，没有相当的明确的观念，爱情就很难发生。科学使人生对于他们眼前的小世界，不致拘囿。引他们对于国家，人类，众生、宇宙，一天一天的熟悉。观念清楚以后，爱情慢慢的就可以生出来：这就是科学当爱情未发以前，对于道德的一个大助力。至于爱情既生以后，很容易知道，除了科学，就没有其他别的东西能给我们一个比较确实的达到目的的方法。这样看来，道德与科学是同源的，是互相辅助的，绝不是互相冲突的。但是总不要忘记，在爱情未发以前和既发以后，科学固然能给道德以莫大的助力，但是爱情的发，是道德里面第一件大事，是否科学发达能成为它主要的原因？这却是一个大问题。我们相信科学是智识上的事情；爱情是感情上的事情。想教人智识发达需用智识；想使人感情丰富必需用感情。并且感情的引起是同质的：嫉妒引起嫉妒；怨怒引起怨怒；悲哀引起悲哀；必需爱情才能引起爱情。换一句话说，就是如果你想教我爱你，多言哓哓是没有用的，必须你诚诚恳恳的爱我，那才能慢慢的引起我对你的爱情；如果你想教我爱他，多言哓哓也是没有用的，必须你诚诚恳恳的爱他，那才能慢慢的感发我对他的爱情。其次，你对我对他的爱情总须要是诚诚恳恳的，并不是因为你想引起我爱你或爱他才这样做的。如果你想引起我爱你或爱他才这样去做，那爱情便成了虚伪的，没有感发人的势力了。王船山先生说："督子以孝不如其安子；督弟以友不如其裕弟；督妇以顺不如其绥妇。魄定魂通而神顺于性，则莫之或言而若或言之：君子所为以天道养人也。"就是上边所说的第一层的道理；孟子所说"不诚未有能动者也"和"至诚未有不动者也"，就是上边所说的第二层道理。这些道理，我们中国的儒家也不止说过一回。但是儒家的道德论是偏于理性的。所以施行起来，比基督教的总平易近人一点，但是他们对于感情的议论，虽有不少见得到的地方，确是沉没于古书里面，若存若亡了。至于基督教的道德是纯任感情的，在致用一方面，有时候成为险怪的、盲目的。但是他对于感情一方面，却有非常伟大的势力。《新旧约》所以能成欧美文学的一个很重要的源泉，也就是因为这个。这本书的著作人对于基督教的真精神，描写的非常显露，很有感化人的势力。但是我们的译笔薄弱，恐怕有不能传达的意思，这就是我同我的朋友乔大壮所很抱歉的。……

徐炳昶民国十年八月五日时在北京

由此可见，此文是一篇极有见地、极其优秀、借古以喻今的史评。科学与玄学之争，此文采取调和的观点，并指出基督教爱情（爱人）力量的巨大。当然，此文用来研究古罗马史，固然为非；但用来研究"五四"新文化运动，以了解当时科学与民主观念的演进却是绝佳的上乘史料。需要说明的是，徐旭生先生并非天主教徒或基督教徒，却对基督教爱人及其提升道德的功用做了充分肯定。更为重要的是，历史虽不会雷同，但会重演。这篇《叙言》问世后二十年，犹有德国希特勒对犹太人的屠戮、日本军国主义者对中国人的屠戮。正如《旧约全书·传道书》所说"虚空的虚空"，"已有的事后必再有，已行的事后必再行，日光之下并无新事"。而从如此高的历史高度进行反省之作，却不多见！至于《读通鉴论》一书本身，黄永年先生《史部要籍概述》指出："王夫之即清初三大儒之一的王船山。这部书评论历代制度及政事得失，兼明夷夏之辨。但好些是借古以喻今，实际上是对明代政治的议论，读这书者应注意。真正切合实际的史评，要到'五四'新文化运动、历史研究逐步呈现新面貌之后才能产生。这已进入史学史的现代部分，不是以讲古籍古文献为主的《史部要籍概述》所能涉及了。"

友人中华书局俞国林君编辑的《徐旭生文集》即将出版问世。来示有云：

> 读《徐旭生留学日记》中有涉陈寅恪事。治陈学者，可寻觅早期史痕迹之点滴。《徐旭生文集》正在整理编辑中！并发放徐旭生《蜚遯馆甲寅年日记》书影一帧及最后一日日记照片。第四行"讨论昨晚陈梦家图自杀，蠢人未死，在医院。群情愤激更加"，记一九六六年九月十三日陈梦家服安眠药自杀事。徐旭生日记始于1910年，终于1966年，可中间有残缺。

徐旭生先生早年入译学馆习法文，后又留学法国巴黎大学习哲学。徐先生对于基督教的看法很容易引起其是否皈依的怀疑，但回答是否定的，徐先生并不是天主教徒或基督教徒，此亦为俞国林君询问徐先生之子后告知。徐先生旧学精湛，除前引钱穆先生回忆其能背诵王船山《读通鉴论》之外，检杨树达《积微翁回忆录》："（1951年）五月四日，阅徐炳昶《中国古史的传说时代》，针砭疑古及滥用音韵通假，皆有见。以夒为夔，王静安贤者，且不免，惜静安不阅此说也。"也可为证。余生也晚，未能领略徐先生的风采，仅诵读《中国古史的传说时代》及若干片言隽语，犹能感受前辈学人道德文章不易企及！仅能记载如上感言，以为20世纪中国学术之一瞥。

（未刊稿，华南师范大学历史文化学院"中国社会经济变迁学术研讨会"论文，2015年11月）

傅斯年与新学术之路

三联书店 2012 年 5 月版王汎森先生著《傅斯年：中国近代历史与政治中的个体生命》是一部佳作，捧读再三，受益良多。大概是原书由英文回译为汉文的缘故，书中有若干处疑似讹误：

第 26 页注 2："过去北大的许多学生是政府官员，此外，毕业之后，许多人比教员的仕途前景更光明。由于这些原因，陈汉章（1864—1938）拒绝在北大当教师的任命，而宁愿做学生。"按：此注误。京师大学堂开办时，浙江象山陈汉章伯弢，学问甚好，大学堂请陈去做教员，陈君听说大学堂毕业后，赏进士出身，就辞教员不做，情愿进学堂当学生。①

第 26 页注 4："在傅斯年的私人图书馆"应为"傅斯年图书馆"或"傅斯年私人藏书"。据笔者所知，傅斯年身后，其藏书悉由夫人俞大綵女士捐与史语所，现存傅斯年图书馆。

第 80 页插图说明："胡适为《独立评论》向傅斯年催稿的信，信后抄了清儒程瑶田（易田）所题程子陶画的《雪塑弥勒》"，应为"胡适为《独立评论》向傅斯年催稿的信，信后抄了自己作的清儒程瑶田（易田）所题程子陶画的《雪塑弥勒》"，因为胡适原文为"题程易田题的程子陶画的雪塑弥勒"。按：重印本已改正。

第 82 页第 1 行："我们甚至不知道她的全名"，而第 81 页倒数第 3 行已有"名门望族的女儿丁馥萃"，手头无英文原著，无法查核，疑有误。

第 113 页注 1："傅斯年像对待学生那样对待顾颉刚"应为"傅斯年像学生那样对待顾颉刚"。傅斯年在海外留学时从顾颉刚寄给他的著作中受到很大启迪，这样在回信中上下文才通顺。

第 177 页注 4："傅斯年将这一印章刻在"似应为"傅斯年将这一印章钤在"。中文习惯上将盖印雅称为"钤印"。

第 227 页注 4："田横是秦末的一个忠臣"，原书注解或翻译有误，田

---

① 参见牟润孙：《海遗丛稿》（二编），北京：中华书局 2009 年版，第 73 页。

横是秦末群雄之一，并非秦末的一个忠臣，汉朝建立后，田横率五百人逃亡海岛，应刘邦之招赴洛，但未到洛阳就自杀了，随他逃亡海岛的五百人闻讯也自杀了。

第 326 页最后一段第 2 行："可是陈家在飞到上海停留不久之后"。"上海"应为"南京"。见三联书店 2010 年版《也同欢乐也同愁》第 230 页当事人回忆，飞机降落南京明故宫飞机场。本书第 214 页有傅斯年接机并失望地哭了的记载。

第 354 页注 3："见卫聚贤：《中国考古学史》（上海，商务，1927）。""1927"应为"1937"，因 1927 年出版的书不可能载有政府 1933 年公布的法令。

2007 年 1 月笔者曾访问台湾史语所，也曾在台湾大学参加学术活动，而傅斯年墓地就在台大校门口附近。一代哲人，其平生志事，得以刊行神州故国，亦是一件大有功德之事！

2014 年 8 月 18 日，笔者有幸参观抗战时史语所旧址——宜宾李庄板栗坳。蒙蒙细雨中，在青山与绿色水田的映衬下，半山坡上几栋屋檐上翘如蝙蝠翅膀一样相连的瓦房出现在眼前。由傅斯年故居参观起，依次是张家大院（史语所图书馆及考古资料储存所在地）、史语所办公室所在地（现在是小学，门口立有当年复员时所立纪念石碑的复刻以及史语所旧址区级文物保护单位的石碑）、董作宾完成《殷历谱》的旧居等处。这些房屋还是当年模样，只是大都已无人居住，从屋顶向外望去，可以望见一个个透着光线的窟窿。这里安静得很，小路旁有一只黑色的母鸡正带着一窝刚刚孵化出来的小鸡在觅食。

史语所 1928 年成立，起初设立在北平，1936 年起迁往南京，1937 年迁往长沙，1938 年迁往昆明，1940 年迁往李庄，1946 年迁回南京，1949年搬到台湾。

台湾 1998 年出版的史语所成立七十周年纪念文集《新学术之路》前言中有这样一段话："本所创所人，也是终身所长——傅斯年先生开创了新学术的园地，同辈是他的同志，晚辈是认同他的理念的人，故本集封面采集他的墨迹，不但书法豪放有逸气，而且意味深刻隽永，应是对他最好的纪念。"同集中张春树先生在《温旧业、念恩师，附论民国史学》一文中更是指出："民国最初三十年中的史学著作，在数量上与成就上（包括资料考证与解释理论等各方面）均超过此前中国历史上任何一段相等之时代，其贡献可以说是空前的。"至于傅斯年的政治作为，除了中国知识分子以天下为己任的胸怀外，借用吕思勉先生的一段话："那是由于扰乱之际，顾全大局的人总要想大局安定。而要想大局安定，总要就有实力的人中拣其成气候的而帮他的忙。这是从来的英雄所以能得人扶助的原因。明朝的王阳明先生说：'莫要看轻了豪杰。能做一番大事业的人，总有一段真挚的精神在内。'"

（原刊武汉大学简帛网，2015 年 1 月 6 日）

赵世暹关于宋龙舒郡斋刊本《金石录》信札三通

1999 年，黄永年先生发表《半世纪前南京买书小记》，文末提到南京还有一些私家藏书，1944 年秋曾与同学张寿平去过一家姓卢的，看中了一部宋荦刻《施注苏诗》（因为后附罕见的康熙时马寒中刻软体字刻《乌台诗案》）未买成的憾事后曾发过一段感慨："所以像解放初赵敦甫君在南京以贱值买到甘氏津逮楼流出的宋本《金石录》，实在可称奇遇，说句笑话，鄙人就无此福分。至于赵君之能捐献此宝归公，让它进入北京图书馆的善本库，自也是很不容易的事情。"

20 世纪 50 年代在南京重现天日的宋龙舒郡斋刊本《金石录》，旧藏南京甘氏津逮楼，现已作为《古逸丛书三编》之一种影印，化身千万。笔者在黄先生插架上看到过这部影印本，自己后来也购藏了一部。笔者先后读到过顾颉刚、张元济、周良熙、潘景郑、黄裳、冀淑英诸家跋语或经眼记录。黄裳谓在上海文管会徐森玉办公室见到这部国宝，初看绝似嘉靖本，细审则刻工刀法迥异。只有顾先生说过这样一句堪发千古之覆的话："此书经目录学极其发达之清代也未见著录，自是奇事。"秘不示人，从不张扬，自是此书长存于甘氏之手的要诀！诸家跋语都忽略该书书序天头钤一方印记："质衣买书志亦迂，□护不异隋侯珠；假借不还遭神诛，子孙鬻之何其愚。"目录首页又有"唐氏有匪堂秘籍许就读不借"一行识语，堪与唐杜暹"清俸买来手自校，子孙读之知圣道，鬻及借人为不孝"之语遥相呼应。可见甘氏先辈保藏秘籍，从不示人之良苦用心，这也是这部书一直保存至 20 世纪 50 年代还不为人所知的秘密之所在。

近日在中山大学召开的第二届中文古籍整理与版本目录国际学术研讨会议上，获赠 2013 年 5 月上海交通大学出版社出版《四库文薮》，其第一卷所收沈津、丁小明《顾廷龙友朋书札》一文有赵世暹致顾廷龙四札，为《顾廷龙年谱》所未收，其中"一九五〇年五月十日"一札有关请张元济（张时以中风卧床）为《金石录》鉴定题跋事，摘抄如下：

起潜我兄大鉴：

张老伯（在沪住址乞便中示及）七日后附题《跋稿》（不劳我兄录副矣）可为该书增光不少，内有"将以献诸中央政府"一语，弟以为政府上似宜加"人民"二字，乞为进言为叩。兄几时有空，甚望将对《金石录》之高见另笺录示，弟将一并存之，如何如何？

再者，弟请菊老题字是有表扬此书之意，说出"专就此书"恐老人误会，弟有俗念望酌量略为一提。同弟一起看见此书之两位南京朋友，拟请文化部印一种"南京人谈南京事"之孤本著作作个纪念，弟同意此请，故在报告中述及，按照日下之时价，此书可值若干？乞示，以作印书，经部同意后提出拟请印何书。时之□□者也，拜祷！

"一九五〇年五月十九日"札有：

起潜我兄大鉴：

菊生老伯健康异似，极以为念，……他老人家每天下午什么时候坐些时，晋谒以什么时候为合适，均在念。

《金石录》五册弟买得方式究竟有些不规矩，但甘家有人将此书曾翻了一阵，究连大德年号都没注意，亦大可怜耳。令友有愿看该书，千万不可听其白看，看了便请他写几句赐弟存之，拜祷拜祷。甘氏《书目》等件当容与马兴安君一谈，若能找到必为兄录副。弟去过之甘家凡四房，所有书全卖光，住大板巷者还有些书，曾劝马君设法一看，据说有若干墨本已带到台湾去了。

"一九五一年四月六日"札有：

起潜我兄大鉴：

兄对善本书必多考究，对《金石录》（宋版）有何高见，请示以广学识为盼。此书在部批未到未曾贡献以前，为避免麻烦起见，不愿多人知之，请暂秘勿宣，并请代陈菊老为叩。

至于赵世暹致顾廷龙札中所谓"《金石录》五册弟买得方式究竟有些不规矩"一语究竟原委如何，偶检邓之诚《五石斋日记》"一九五六年四月二十二日""五月三十一日"有云：

> 南京马兴安在中华路北段锦绣坊西口一一三号开纸烟店营生，喜收乡邦文献，宋本三十卷《金石录》即向甘元焕后人处以约斤之值买得者，初不知为宋本，继为同伙赵世暹欲攫得之，以致相争，赵遂以献政府，今书存北京图书馆。

由此，赵世暹致顾廷龙札中此语适可得一注脚。信札与日记中的"马兴安"当为同一人。由以上材料可看出，宋本《金石录》当先为马兴安收得，后为赵世暹购得；赵世暹通过顾廷龙之手转请张元济鉴别；赵世暹希望政府能有所奖励，刊刻南京地方文献，以安抚马兴安。

需要说明的是，据台湾联经出版事业公司1990年版《顾颉刚读书笔记》记载，1949年以后，往昔名贵的刻板书无人问津。而这也是宋本《金石录》约斤出售的社会背景。《顾颉刚读书笔记》"李拔可没后售书"条云：

> 毗邻李拔可（宣龚）先生既没，其夫人欲迁居，因出其藏书，嘱忠厚书庄袁西江君估价。明刻本四十四种，逐部标价，共约八百七十五万元（眉批：一万元即一元），但需觅受主；普通本只可论斤，整部书每百市斤二十万元，零星书每百市斤十二万元，即十担左右，即一千斤。又《四部丛刊》初编至三编全套，如可由中国图书发行公司购进，大约有八、九百万元可售。又《百衲本廿四史》可售一百万元，其书箱亦可售一百万元。柚木书橱四架，估价一百万元。惨矣！

当时一万元为后来之一元，书箱、书橱比书籍值钱，着实可叹！李拔可即李宣龚，福建人，近代诗人、收藏家，长期供职于商务印书馆，钱锺书40年代居上海期间，与其多有往来唱和。《顾颉刚读书笔记》"书价论斤"条云：

今年秋，予以出席苏州人民代表会议还里，至文学山房，与肆主江静澜谈，知一九四九年后人家藏书散出，称斤售与纸商，仅五百元一斤耳。旧报纸售价较旧书为贵，以其适宜于造纸也。近来北京书估多来购书，出价渐高，至今日每斤升至一千七百元，大量捆载以去，售与北方纸商，则每斤三千元矣。以其几加一倍，除运费外尚可赚钱，故书商竞为之。此中不知牺牲若干好书。南京文物管理委员会知之，令南京图书馆尽量买称斤书，予往南京，晤以中，知已称若干万斤矣。是以抢救也。……社会彻底改变，凡藏书家皆为地主，夏征秋征，其额孔矩，不得不散。前年赵斐云君自北京来，买瞿氏铁琴铜剑楼书，初时议价，每册近二三千元耳，后以振铎之调停，每册售六千元，遂大量取去。按抗战前，宋版书每页八元，迩来币值跌落，六千元盖不及从前一元，而得一册，可谓奇廉。

瞿氏铁琴铜剑楼书显然是为了争取政府的宽大处理，而售与北京图书馆的。《顾颉刚读书笔记》"《金石录》宋本"条云：

陆以湉《冷庐杂识》卷一《艺林佳话》条云："冯砚祥有不全宋椠本《金石录》，刻一图记曰'金石录十卷人家'，长笺短札，帖尾书头，往往用之。仁和吴兔床明经骞得宋本咸淳《临安志》，又得乾道、淳祐二志，刻一印曰'临安志百卷人家'，所藏书卷中多用之。吴门黄尧圃部曹丕烈多藏宋版书，颜所居曰'百宋一廛'，吴以'千元十架'揭榜与之敌。聊城杨至堂河督以增得宋版《诗经》《尚书》《春秋》《仪礼》《史记》、两《汉书》《三国志》，颜其室曰'四经四史之斋'。是皆可为艺林佳话。"按今年（1952年）南京甘家称斤售书，有娴版本学者检之，得三十卷《金石录》竟为宋刻完本，大喜，以贱值携之归。有知其事者，强之捐献，乃捐与北京图书馆。然此书在甘氏，经版本学极发达之清代，竟无知之者，亦奇矣。

　　所谓"不全宋椠本《金石录》"为龙舒郡斋刻本重印本，现藏上海图书馆。新发现的宋本《金石录》才为龙舒郡斋初刻，现藏北京国家图书馆。这里所谓"娴版本学者"即前面所说的赵世暹，时在南京水利部门工作，曾从事《行水金鉴》的整理工作。今据赵世暹致顾廷龙札可知此书1950年已购得，捐献事宜历二年直至1952年方才竣事。所谓"有知其事者，强之捐献"当为马兴安等人。至于张元济原跋中止谓："赵敦甫世讲得之南京肆中，以此罕见珍本，不愿私为己有，属代鉴定并附题词，将以献诸中央人民政府，崇古奉公，至堪嘉尚。"周良熙原跋中止谓："最近津逮丛残流播宁沪，轰传海内，孤本宋刊初印赵明诚《金石录》辗转为赣人赵敦甫先生世暹所得，赵不自秘，慨然公之北京图书馆，用意甚盛。"冀淑英影印前言亦止谓："赵世暹先生收得龙舒宋本后，以其为旷代稀见之书，不愿私为己有，亟捐献国家，纳入公库，精神至堪钦敬。"今赵世暹致顾廷龙遗札公布，足为喜谈藏书掌故者提供资料。

　　　　　　　　　　　　（原刊《南方都市报》，2015年1月18日）

《殷虚文字类编》与《长沙古物闻见记》版本

雕版印刷进入民国后的余绪，依然存留了相当长的时间，但这一时期雕版印行的书籍，其源流走向要说得一清二楚，已不是一件容易的事。由此推彼，清代以前的版刻源流头绪就更纷繁不已了。

中山大学商承祚教授曾以雕版印行了两部著作，一部是雕印于1928年的《殷虚文字类编》，一部是雕印于1939年的《长沙古物闻见记》。

前者六册，九五成品相，2009年5月在孔夫子旧书网的一次拍卖中以4 180元成交，拍卖者鉴定品相为"竹纸极初印本——品好——除牌记略有水渍其余完好"，是有问题的。这部书是商承祚教授的父亲、清末探花商衍鎏先生出资八百多元雕版印行。商衍鎏先生之所以选用雕版印行，倒不是只图其古雅，而是认为这样"印数可以自己掌握，多销多印，少销少印，不销不印。若是石印，滞销占地堆积，畅销不敷，又需再印，岂不麻烦"。这与中国古代学术相对固定，学术成果流通数量有限，因此雕版印刷流行，始终未被活字印刷取代，同出一理。商承祚教授回忆，第一次印了一百部连史纸，又印了宣纸三十部（此后没再印宣纸本），前后约印了五百部，在日本销了百余部。在刻版时，每页左下角正面镌有"决定不移轩"字样，在印了两百部后铲去。该书印务由罗振玉之子罗福成的贻安堂代理，后又擅自印了近百部毛边纸本，以四五元一部的散页卖给北京的书店。后书版由商承祚教授收回，存放于南京家中，抗日战争期间家被人占，把书版破了当柴烧了。笔者所见华南师范大学图书馆藏本即有"决定不移轩"字样，由此可见，此次成交的拍品绝非极初印本，因每页左下角正面未见"决定不移轩"字样，从纸张定为竹纸来看，更有可能为贻安堂擅印本。

后者2007年7月在上海博古斋拍卖公司的一次拍卖会上以5 000元成交。此书由成都杨泽写镌，页半九行二十一字，双行小注，若干图版也以雕版印出，定价法币五元整。四川由于地域相对隔绝，抗战时期，当地学童犹诵读群经，雕版技艺较其他地区相对发达，自在情理之中。当时只印朱版与缂版各 200 册，几成孤本。按印刷的先后，自然是朱版优胜于缂版。黄永年师 1947 年下半年为研究明器，曾由常州写信至南京金陵大学求购，以 25 000 元购得一部，当时一万实为 1939 年时一元，大概还打了对折。我所见华南师范大学图书馆所藏一部缂版，上有定价签："经营古旧书，富晋书社，上海汉口路，二十五万元，长沙古物闻见记二册。"这大概是新中国成立初的书价，当时一万即后来的一元，可见此书的价格远高于当时黑口白绵纸的明嘉靖本的价格。一般说来，刻本书籍往往以印数稀少、版毁见珍。据闻，南京大学还保存有《长沙古物闻见记》的木刻雕版全套，1980 年初，南京大学曾议据此雕版重印，可惜因原雕版有所损伤，修复费时费力而未果。1996 年中华书局据商承祚教授藏本影印，定价 39 元。只可惜略去牌记"廿八年十月以哈佛燕京学社经费印行"与版权页；书后所列金陵大学文化研究所丛刊书目自然也看不到了，殊失原貌。若南京大学今后再以雕版修复刷印若干部，以广流行，自是书林雅事。

（未刊稿，2009 年）

与郭绍林论点校本《续高僧传》底本书

一

绍林师兄尊鉴：

　　中华书局 2014 年第 3 期《书品》刊载尊作《点校本〈续高僧传〉前言》，弟因有小文在同期发表，故得先睹为快！亟在网上订购一部，刮目细读，获益良多。昔年中华书局出版规划列入《续高僧传》，点校由毛双民师兄承担。然岁月荏苒，未见出版。今日始得由尊兄玉成，实是学林盛事！尊兄素研内典，学位论文《唐代士大夫与佛教》即得胡如雷先生激赏，赞为超过博士论文水准！展读全书，信哉不虚！校勘记中理校条目尤为精彩！尽显尊兄功力！诚如尊作前言所云："众多版本的《续高僧传》，各有正误，各有优劣，因此，任何一种版本都不可以单独凭据。而且，诸本存在很多相同的错误，特别表现在地理、人名、爵位方面，仅仅局限于不同版本的《续高僧传》去做校勘，是无法纠正这些错误的，只能依据其他书籍。"（第 27 页）然底本选择似乎存在若干疑问，特写出就教于尊兄。

　　尊作前言以下段落涉及底本选择问题：

　　　　从日本大正十三年（1924）到昭和九年（1934），日本出版了铅字排印本《大正新修大藏经》，其中收录《续高僧传》。这时，《赵城金藏》和《碛砂藏》的完整本子还没有发现和公布，《频伽藏》《大正藏》整理的《续高僧传》，以三十卷系统的《高丽藏》本为母本，维持其框架结构，将由三十一卷系统而来的四十卷本《续高僧传》多出的传记，附在《高丽藏》本同类僧传的后面。这也算是个办法，但在标注卷次方面却显得不伦不类。比如《频伽藏》《大正藏》本《续高僧传》，其卷二〇为《习禅五》，接着穿插进来四十卷本的卷二五《习禅六》、卷二六《习禅六之余》，下面却是自己的卷二一《明律上》，而《频伽藏》《大正藏》本《续高僧传》自己就有卷二五《感通上》、卷二六《感通下》。如果引用书中资料，交代出处是卷二五、卷二六，到底是本书自己的卷二五、卷二六，还是插进来的卷二五、卷二六？这是比较混乱的事情。（第26－27页）

现在看来，以《碛砂藏》三十一卷本为底本，依据其结构、顺序，去做校勘工作，比以《高丽藏》三十卷本为结构、顺序，强行削足适履，要合理得多，顺畅得多。本书的校勘标点，便是按照这个思路进行的。凡是《碛砂藏》本和兴圣寺抄本、《赵城金藏》残本、《高丽藏》全本共同有的内容，彼此校勘，择是而从，择善而从；凡是《碛砂藏》本多出该三本的内容，参照《永乐北藏》《乾隆藏》，辅以《频伽藏》《大正藏》，予以校勘。所参校的其余书籍，一部分是佛教文献，更多的是正史、总集、私家著述以及字书。这些情况在各传的校勘记中有详细的交代，这里不用细说。（第27页）

《碛砂藏》本《续高僧传》绝非善本。尊作《续高僧传》校勘记便为明证，几乎每篇均用《高丽藏》校改、校补、校删。其数量之多，占据校勘记相当篇幅。全书浩繁，无法详细统计，今举书中名僧四人传记之校勘记为例加以说明。

卷四《玄奘传》校勘记共161条，据《高丽藏》校改45处。据《高丽藏》校补16处；《高丽藏》异同58处（多为异体字），无者6处，误者3处。

卷十一《吉藏传》校勘记共17条，据《高丽藏》校改6处。

卷十七《智顗传》校勘记共61条，据《高丽藏》校改30处，据《高丽藏》校补4处。《高丽藏》异同19处（多为异体字），无者2处，误者2处。

卷二十三《智首传》校勘记共17条，据《高丽藏》校改11处，据《高丽藏》校补1处。

陈垣《中国佛教史籍概论》"《续高僧传》"条论及《续高僧传》卷次时指出：三十卷本有音义为证，增多七十余传，自宋始；分为四十卷，自明始。颇疑新增七十余传，为《续高僧传》三十卷之后道宣所作后传十卷。尊兄已将此文作为附录，自可覆按。《高丽藏》本可能是最接近道宣《续高僧传》原本本来面目的本子。至于"如果引用书中资料，交代出处是卷二五、卷二六，到底是本书自己的卷二五、卷二六，还是插进来的卷二五、卷二六？这是比较混乱的事情"，要么以征引页码加以区分，要么分为后集与正文。自然可以进一步从技术层面加以探讨。

《高丽藏》出自《开宝藏》，又用《契丹藏》校正，虽有新旧版之别，然每为学者称赞。汤用彤先生评价足立喜六《考证法显传》时尝有言云："盖版本年代甚早，固有价值。但版本之善否，不能全依年代断定。按丽本（即高丽新雕版）源出于北宋官版，并且曾与丹本等校勘。据今日所存守其的校勘记说起来，其工作时颇为审慎，故丽本之佳良，实应不下于北宋东禅寺刊本也，因此作者校勘多以所见之北宋本为主，未见其甚确当也。"[1] 中华书局《大唐西域记校注》底本不用《碛砂藏》本，而用《高丽藏》初刻旧本，而且颇为黄永年师称许。汤用彤先生《高僧传校注》底本亦用《大正藏》本（以《高丽藏》为底本）。《高丽藏》为官版，《赵城金藏》虽与《高丽藏》同源，然出于私刻，错讹较《高丽藏》为多，俱见尊兄校勘记。《碛砂藏》亦为私刻，校勘上远不逮《高丽藏》是很自然的事情。

弟 2010 年为参加在中山大学召开的陈垣先生诞辰一百三十周年纪念学术研讨会，曾撰《陈垣先生赞誉乾嘉考据学派之解说》一文，"《元典章》校补的底本问题"一节有云：

陈垣先生《元典章校补释例》（《校勘学释例》）是一部名著。其体系之完整不仅非前此种种校勘论著之所能及，即今后的校勘工作者也很难从根本上加以否定并另起炉灶。至于陈垣先生校勘《元典章》之用沈本及校勘要不要用善本作为底本，学术界存在争议。黄永年师指出：我推测其初意并非是因为沈本错漏多，而只是因为沈本在当时只是新刻，最通行易得。至于校出沈本的大量错漏，认为可以作为反面教材而写成《释例》，那只是说是一种副产品，尽管这种副产品的价值在某种意义上超过对

---

① 汤用彤：《汤用彤学术论文集》，北京：中华书局 1983 年版，第 37 页。

《元典章》本身的校正。否则有两种不便，一是校对起来太费力；二是校记的条数必然过多，校勘者以至读者都必然被弄得不胜其烦。至于宋元旧刻、影宋抄本清代已是难得的古董，自然舍不得在上面批校。（黄永年师《古籍整理概论》，陕西人民出版社1985年版，第69－71页）清代学者顾千里、黄丕烈莫不如此，陈垣先生自然亦不能例外。黄永年师的这个推测是正确的。因为2007年安徽大学出版社出版的陈垣先生《日知录校注》所用底本只是中华民国元年鄂省官书处印行的《日知录集释》，即清末的崇文书局据广州陈氏翻刻黄晟原刻旧版片所印，陈垣先生之所以选择其为底本，也只是因为其通行易得。《日知录》顾炎武生前只刻了个八卷本，至为难得，上海图书馆有藏本；后增至三十二卷，由其门人潘耒刊刻通行，慑于文网，把所谓违碍的词句做了删削；清道光十四年至十八年嘉定黄晟西溪草庐重刊《日知录》定本，刊刻精工，卷一末有"金陵刘汉洲镌"一行，印本流传少。其后广州述古堂陈氏、武昌崇文书局翻刻，且崇文所据底本为陈氏翻刻本，可证黄氏原刊本流传之稀少。何况《日知录》与《鲒埼亭集》起初更只是陈垣先生史源学的教材，作为教材发现问题进一步著述，那只能说是一种副产品。黄永年师的见解则是以情理是否符合当时实际而考证得出的正确认识。①

　　读尊兄《续高僧传》既竟，不觉有以上几点读后感，冒昧写出，请尊兄不吝赐教为盼。

　　敬颂

著安！

同门愚弟曹旅宁顿首拜

2014年11月8日

---

　　①　张荣芳、戴治国主编：《陈垣与岭南——纪念陈垣先生诞生130周年学术研讨会论文集》，北京：中国社会科学出版社2011年版，第325－326页。

二

绍林师兄如晤：

大札收悉。点校古籍不易，点校内典古籍更难！吾兄已经尽心尽力了！由于篇幅及时间关系，弟未能将点校本据《高丽藏》本校改数目完整算出，照弟估算，即使将校勘记全部保留，《高丽藏》本的错误应不致超过《碛砂藏》本。因为有些篇目如果采用《高丽藏》本甚至可不出校勘记。此外，还有异体字造字及篇目后人引文混淆问题，依弟愚见，采用《大正藏》本可避免以上问题。

《大正藏》本应该是全世界最通用的铅印藏经，且有带索引的电子版本通行。如果以《大正藏》本《续高僧传》为底本，读者使用更方便，学术影响将更大。

《大正藏》本《续高僧传》底本为《高丽藏》本，校勘全用对校，一本在手，他藏皆知。中华书局可以依《大正藏》本制一电子底本，然后用《高丽藏》雕本核对。尽管《高丽藏》再雕本时代晚于《碛砂藏》，但版刻优良不能全以时代判别，何况一是官版，一是私版。这样可避免吾兄输入造字困难之问题。

《大正藏》本《续高僧传》保留三十卷本原貌，"大唐西明寺沙门道宣撰"犹存唐人口吻。所补三十一卷内容依次二十卷后为二十五（《习禅六》）、二十六（《习禅六之余》），二十二卷后二十八（《明律下》），二十五卷后三十五（《感通中》）。书眉上虽然没有显示增加的卷次内容，但页码确是清楚标示的。引用者如果注明是《大正藏》多少卷民、多少页，大家也能一目了然而不会发生混淆了。吾兄声明以《大正藏》本为底本，则可避免另立篇目之纷扰。反正非我作古。

现在诸藏影印本皆易得，且藏经版本并不复杂，多是在翻刻过程中手民致误。

如果以《大正藏》本《续高僧传》为底本，校勘记中其他藏本明显错讹者可一概省略，存争议者保留；这样眉目清晰，理校者皆出校勘记，以文言写就，则正是吾兄之所长，点校本虽然出自《大正藏》《高丽藏》本，其学术价值将会大大超过此二本。

以上管见，拉杂写出，供吾兄参考！大家虽然从未谋面，但学术切磋之乐，融融在心！

即颂

研安！

曹旅宁顿首拜

（未刊稿，2014 年）

前贤已逝，典型犹在

　　我国著名历史学家陈寅恪先生自 1969 年去世，至今已快 20 年了。陈先生的全部学术成果汇印行世也有八九年了。但是对于这位史学大家的生平及成就，国内却没有一本专书加以叙述，不能不说是一件憾事。在海外，美籍华人学者汪荣祖先生在陈先生去世之时，就写成了《史家陈寅恪传》一书，后又经过十年的修改增订，在台湾出版印行，引起了很大反响。

　　《史家陈寅恪传》十五万言，全书共分十六章。该书写作翔实、深刻，是一部难得的佳作。汪荣祖先生遍搜相关文献资料，一一采访陈先生的生前友好及学生后辈，获得了许多第一手材料，对陈先生的生平进行了十分详尽的叙述。

　　对于陈寅恪先生的学术，该书也用了大量篇幅进行介绍。陈先生的学术成就是多方面的，他关于魏晋南北朝史、隋唐史、佛教典籍的著述尤为精湛。该传第六、七、八、九章的总标题是"为不古不今之学"，小标题则是"佛教史考证""唐史研究""诗史互证""六朝史论"。汪先生对陈先生那些艰深的考证和精辟的史论进行了条理清晰、语言浅显的表述，易于一般的读者了解。该书最值得称道之处则在于它的思想深度。作者汪荣祖先生本人学贯中西，是研究近代思想史的专家，他对于清末及民初的政治思想及学术思想有深入的研究，表现在该书的写作上就是能紧紧抓住时代的特点，通过把握时代脉搏来揭示陈寅恪先生的真实思想及学风。

　　该书第二章"思想在同光之世"剖析了陈先生的思想特点。同光之世是清代的末期，中国经过长期的内忧外患以后，出现了洋务运动，变法维新的思想也开始传布。但张之洞倡导的"中学为体，西学为用"却被更多的人接受，光绪帝也认为是"持论平正通达，于学术人心大有裨益"。陈寅恪先生的祖父陈宝箴曾任湖南巡抚，参与戊戌变法。陈先生本身对维新运动也是极为同情的，但他却接受并且一生都坚持张之洞的主张。他早年虽留学日本、西欧、美国，却始终都是一位中国文化本位论者，"稳健"

而"温和"是其思想的特点。正是这样的思想基调，给他带来了不可解脱的思想苦闷。

该书最后一章对陈寅恪先生及他们那一代学人的精神苦闷及思想悲剧进行了深刻的分析。陈寅恪先生出生于清末，去世于60年代后期。从历史的角度来观察，这一段时期正是中国历史的大变动、大转折时期，陈先生这一代人是过渡时期的人物，他们的思想具有浓厚的二重性：封建传统文化的熏陶，西方教育的洗礼；社会巨变对其理想的破坏，无力回天却恪守"中学为体，西学为用"的救世哲学。陈先生的思想始终处于矛盾与痛苦之中，时代的局限使他无法超越。陈先生早年曾痛悼王国维先生，指出王国维先生之死是时代与个人冲突的结果。正是因为陈寅恪先生自身具有这种思想特点，所以才有这种敏感的体察。

陈寅恪先生的史学思想是他取得辉煌成就的关键，该书第三章"较乾嘉诸老更上一层"对此作了分析。清代乾嘉学派的特点是"考证"，陈寅恪先生继承了它的优点。但近世中国史学之所以能取得长足进步，与西方的科学方法很有关系。德国的兰克学派对近世欧洲的史学影响很大。陈寅恪先生曾留学德国，兰克的实证精神对他有着潜移默化的影响。陈先生后来特别注意从语言文字、种族文化关系去论证历史，明显表现出欧洲学派的学风。由于陈先生兼取中西之长，其成就较乾嘉诸老更上一层也就极其自然了。

更为可贵的是该书作者秉持的客观态度。汪荣祖先生持论十分公允，根据事实对海外流传的关于陈先生的种种传闻一一加以辨正。如陈寅恪先生撰《论再生缘》一文，海外误以为是借题发挥之作。汪先生通过分析，认为陈先生所说"自由"系指文体的自由及对旧时代妇女备受压制的感慨。

在文字表述上，作者汲取《史记》中司马迁描写人物之技法。文字简练，刻画人物栩栩如生。汪先生大量利用采访记及陈先生生前所作诗词，使作品增色不少。如各章标题基本上都是从陈先生的诗文中选出的，使人一看就有一种强烈的时代感。

"前贤已逝，典型犹在。后史氏们能否超越前贤，较寅老更上一层？"这是汪荣祖先生为该书所作的结语，也是该书的写作意义所在。

（原刊《读书》1988年第1期）

他山之石，可以攻玉

自南北朝始，随着印度佛教的传入，中国经济史上的一个重要内容——寺院经济产生了。它出现的标志是北魏的僧祇户。皇家把租税权移交给了某些教团，这种权力不仅涉及土地，而且涉及耕者。农民成为寺院的佃户，倾向于摆脱世俗的控制，新的经济关系出现了。佛教教团在以后的发展中，一方面通过国家、私人的布施及自身的垦殖和购买等途径扩大土地占有；另一方面也利用寺院积累的财富从事工商业和金融业活动，逐渐形成了具有极大影响力的经济实体。

对于寺院经济的研究，我国在 20 世纪 30 年代就开始了。这种研究在中国经济史上的意义正如其开创者何兹全先生所指出的那样："僧侣世界和世俗世界一样，是整个社会的一面，这一时代的社会经济面貌、特性，有时在僧侣世界表现得比世俗世界更清楚，对一个时代寺院经济的研究和认识，对我们研究认识这一整个时代的社会是极重要的。"

法国汉学家谢和耐先生的《中国五—十世纪的寺院经济》就是研究这一重大历史现象的名著。谢和耐先生以社会学的观点，运用中国典籍、佛教经典、敦煌和西域文书材料，分析了南北朝至五代期间的中国寺院经济，对其各种表现形式都进行了深入的探讨。这对我们无疑具有很大的借鉴作用。

这部著作的着眼点极高。谢和耐先生首先对有关僧侣和寺院数目的僧籍及寺籍进行研究，用得出的大量统计数字说明宗教运动对中国经济所产生的综合性影响。佛教建筑的大兴土木所引起的最为肯定的经济后果便是给农民造成的经常性灾难。国家供养的僧侣界成了中国经济的一种经常性负担。一句话，佛教运动造成了生产和消费之间的不平衡状态。

为了摆脱这种不平衡，寺院开始积累财富。关于寺院财富的来源，我国学者如全汉升先生认为在宋以前，土地收入一直是寺院的主要财源，这无疑是把寺院土地所有制提到了很高的位置。谢和耐先生则认为寺院土地所有制并非建立在占据已开垦的大量良田基础上，寺院土地的收入也不是佛教教团的主要收入来源，换言之，土地所有制并不是中国寺院经济的核心部分。

寺院经济的核心，据谢和耐先生的分析，用现代术语来说，主要是社会第三产业。这种经济倾向主要是由寺院经济的占有方式决定的。根据印度律藏经文的规定，寺院财产关系是一种公共的财产关系，"常住"是僧众不可分割的共同财产。而且僧众的继承法也与世俗不同，它避免了世俗财产析细的弊端，保证了寺产的不可出让和不可分割。这种财富的积累对从事某些经济活动是极为有益的。而中国僧众在管理自己财产的过程中保有自主性的特性又促进了这种经济活动，僧侣热衷于放债置产以及经营商业。可在原始佛教中，这些都是被严格禁止的。

特别值得注意的是，与那些着重指出寺院经济对中国社会所起消极作用的史家不同，谢和耐先生着重强调它积极的一面：寺院经济中的土地观念及商业观念对中国社会发展起到了一种促进的作用。

总的来说，在中外学者所发表的大量有关中国寺院经济的论著中，像谢和耐先生《中国五—十世纪的寺院经济》这样的优秀之作是不多见的。谢氏的著作自 20 世纪 50 年代发表以来，一直受到学术界的推重，曾被国际汉学界评为"为用现代科学标准来编写中国史迈出了重要的一步"。但是，这也并不意味着这部著作是无懈可击的，它的许多观点和看法仍有待进一步研究和商榷。此外，由于欧洲汉学界传统思想的影响，这部书也难免存在偏见，如他称"印度律藏经文传入中国为向一个从来没有任何法律思想的社会传入一整套规章和制度"就明显是对中国历史存有偏见，这些都是我们在使用该书时所应注意的。

（原刊《读书》1985 年第 5 期）

《聆风簃诗》与《花随人圣庵摭忆》

读《学林漫录》十六集杨庆辰先生的《佳人作贼——说黄濬的文品与人品》，觉得意犹未尽，今就所读黄濬诗文略作补述，以飨读者。

笔者所读《聆风簃诗》写刊红印本四册，诗八卷，词一卷，页半九行，行十八字。书品宽大，青色书衣，无函套。封面有梁鸿志所署"聆风簃诗"，有"众异"印。封内有灵岩安正题"聆风簃诗"，有"安正"印。我们知道，凡藏书家贵原版初印，以字画清晰也。又书贵朱印、蓝印，以其更在墨印之前，一涂墨则不得复为朱蓝矣。封底有中国书店定价签：定价2元。

卷首有陈衍序："秋岳少时治诗，与仲毅、芷青、夒庵诸子知名当世。既从余治小学、史学、为骈体文，仿佛治公羊治大戴之仪郑堂，治尚书、治墨子之问字堂，五七言亦遂与前数子者小异。余平生论诗，以为必具学人之根柢，诗人之性情，而后才力与怀抱相发越。今秋岳短章长谣，骎骎雅材而不遗风人旨趣，近贤况诸广雅、涧于，殆足方驾，亦以难矣。秋岳为朝官，困王城中，不废啸歌，间岁出游，求江山助。凄怨之作，都千百篇，付刊将成，叙以助之，不足为不知者道也。"评语不可谓不高，这也难怪，石遗老人为《聆风簃诗》作序时，黄濬还是以名士自居的正人君子。

卷首有梁鸿志序，备述其刊刻缘起：

> 光绪丙子识哲维于北京，年裁十六耳。哲维未冠入官，浮沉记室者几三十年，颇不自待。丁丑秋战事初起，遽以事见法。盖其平日审度国势，主款最力，既不得抒，每有出位之谋，又不自捡括，动为仇者所藉口，既已身殉，而国亦随灭。余维古今文人张华之伦，或死于冤，或申于法，当时之毁誉爱憎亦至不一矣。及时易世变，世人诵其文章，震其风采，往往有生不同时之恨。彼贵寿考，终与草木共腐者，使人转不详其名氏。然则人生所尚，殆在此不在彼矣。哲维既喜谈政，胸中抑塞不平之气一寓于

诗，其非议刺讽，或当或不当，然函孕史实，比附故实，如珠玉出箧，光彩烂然，并世作者未之或先也。方哲维未逝时，书坊贾人将流布其诗，其后遂怵祸谢绝。余急收其稿以归其子劼之，厘为"聆风簃诗"八卷，且集赀使授诸梓，而以长短句附焉。呜呼！哲维亡矣，其不亡者仅此。余以三十年之交旧，申之以姻亚，追维平生文酒之乐，离合之迹，虽风逝电谢，不可博挽，然一展卷间，仿佛遇诸纸上，令人悲咽不可回矣。

梁鸿志以北洋余孽的身份，出主伪中华民国维新政府，对黄濬不免有兔死狐悲之感。

黄濬《聆风簃诗》卷首有"游农事试验场"长诗。集中与林琴南、陈衍、郑孝胥、罗瘿公、汪精卫的唱和尤多。其观花之作，尤为上乘。如：

叔子唐音不病纤，次公宋法最清严。（自注：心畬画得北宋之秘）晚知书画平身益，欲借园林尽日淹。花相代谢皆没骨，苍官阅世有衰髯。（自注：园柏近多凋）何当二妙收东绢，流感王孙纸为笺。（卷四，《叔明和余咏稷园牡丹四首，清芊工贴，再用前韵柬心畬兄弟，时芍药已续放》）

匹似吴兴绣谷园，晚归秀邸集朱轩。我来过雨浥千紫，风定斜阳窥一尊。多难故应繁禊日，将归及此见王孙。玉津往恨秀埋迳，中有当时曳履痕。（卷四，《萃锦园紫兰》）

花光满院夕难阴，唯有松杉转法音。浮世暗怜泉响急，古怀长指月痕深。千春瞥过聊敷榻，入院孤存又布金。可待汀茫呼傅叟（自注：谓沅叔年丈），结茅同入董公林。（卷六，《四宜堂夜坐》）

君持蜜饯饷俊客，向晚敷榻向花阴。晚风忽动花成雪，花影蜜脾两清绝。（卷六，《齐如山家苹果树下作》）

旧京无梦不成尘，百里还寻浩浩春。绝艳似怜前度意，繁枝犹待后游人。山含午气千塍静，风坠高花（谓玉兰）一晌亲。欲上秀峰望山北，弱豪惭见辟碑新。（自注：大觉寺杏林斐成于秀峰营别墅乞余写记刻石）（卷六，《春来文酒花事稠叠，小满既过，始为诗六首以记之》）此诗受到陈寅恪先生的击赏。

青山似识看花人，为障风沙勒好春。一色锦屏三十里，先生来住是长贫。一院花光旧有诗，赏音词客逝多时。九仙山下辛夷雪，溅泪还应忆故

枝（自注：碧楼最爱吾花光满院夕难阴之句，盖为四宜堂玉兰作者）。（卷七，《辛未清明重至旸台探杏历大觉秀峰诸寺得四绝句》）

何限人间怨风霜，天留霜杰领秋光。自将忠信为嘉色，复有甘和揽群芳。同辈荃荪嗟几变，殊根蕙茞莫相方（自注：蕙茝似菊而非，见《群芳谱》）。风埃老圃年年事，终古难忘是晚香。（卷八，《和精卫先生咏菊》）

其他如《雪夜过神武门》，其中有诗句："已成兵祸巢林燕，犹有宗亲毁室鹓。"又如《泛舟游昆明湖后山》："离宫每岁看花人，今日来迟过尽春。病树前头行自念，涟漪绝底复相亲。只因花见承平日，赊与鸥商去忘身。白头船郎水天话，寂寥为尔共沾巾。"感念前朝旧事，不胜唏嘘之叹。其他诗作，仅从诗题就可窥出其境界不凡，如《夜读楞严作》《夏秋之间多雨纪游十绝句》《雨窗独酌》等。卷八有《兑之滞旧都书来示词一阕，遗山野史亭一诗有句云"贞祐南迁知祸始，天兴北度赖身留"感念此句赋诗寄之》，感叹中日交恶，世变沧桑，由此诗可见一斑。

对《聆风簃诗》的评价，大抵肯定其艺术价值者居多。《冒鹤亭先生年谱》记冒广生于1936年正月作《阅黄秋岳〈聆风簃诗〉通宵达旦辄题其专》。汪辟疆所著的《光宣以来诗坛旁记》中称"黄秋岳如凝妆中妇，仪态万方"。1937年七月梁鸿志有《次和龙榆生见赠诗哲维新述诗》："有身可串口能糊，休向荒苍说远谟。佳客到门成默对，新诗投我益长吁。秦师纵拜三年爵，晋室终无六日苏。叹世忧兵吾与子，莫向覆局说赢输。"（《爱居阁诗》卷十）钱锺书《槐聚诗存》1943年亦收《题新刊聆风簃诗集》："良家十郡鬼犹雄，颈血难偿竟试锋。失足真遗千古恨，低头应愧九原逢。能高踪迹常嫌近，性毒文章不掩工。细与论诗一樽酒，荒阡何处酹无从。"唯独吴宓持论与众不同，他曾于60年代赴广州探望陈寅恪先生，大概因陈先生对黄诗击赏，他返回重庆后也借读《聆风簃诗》并留下了如下笔记：

纵观黄君卷二至卷八之诗，其命题及内容不出：（1）看花，（2）游山，（3）修禊、社集，（4）咏物、题赠，（5）庆寿、吊丧，（6）寄怀、奉候。总之，皆是应酬诗，皆缘被动而作。其中固有可以发抒个人情感、评论国家兴废得失者，而皆附带地偶一表示，微而琐，偏而不全。又由作者刻意为诗，处处露学问、显才力，重技巧，用典故，炼字句，斗韵律，其宣示思想感情之方法，是间接又间接，故不免于晦涩之病，适成其为 1920 年至 1950 年间（江西、福建派当道）官吏、名士所主持之采风诗派而已。深究其弊，则由缺乏道德之感情与综合之思想，即是作者之真实生活、深切经验，未能明显地、诚挚地在其诗中表现出来。即如黄君在旧（新）都北（南）京任部曹和秘书多年，而对自己之出处，朝政之递嬗，政府之更迭，无所著论。

其中不乏笃论，但吴宓或许并未读到黄濬的《花随人圣庵摭忆》而轻易置评了。

笔者购读的《花随人圣庵摭忆》，是听黄永年师推介后于 1986 年在西安南院门古籍书店买到的 16 开本。1956 年随校西迁的黄永年师出差北京，借宿干面胡同顾颉刚先生家，在琉璃厂、隆福寺没有看到多少中意的书，只买了本很难见到的敌伪时印的《花随人圣庵摭忆》。黄永年师 1985 年作《说〈颐和园词〉——兼评邓云乡〈本事〉》中有两处提到该书："《摭忆》癸未汇印本印数甚少，过去不易看到。一九八三年上海古籍书店用原本影印，并增辑了补编，有志于研究清季文史的人很可找来一读，尽管黄濬此人以汉奸罪见杀不足取，总不能因人废言。""《花随人圣庵摭忆》汇印本最后五一〇页尚收录张怀奇的《颐和园词》，则系模仿王闿运《圆明园词》的体式，《摭忆》说：'不逮静安甚'，不知是否就体式而言？黄濬此人结局虽不堪，对旧体诗还是内行的。"古人每每以道德文章并举，其实"坏人中聪明的"多着呢！

近读《黄濬与〈花随人圣庵摭忆〉》（《周一良读书与藏书小事》），其中讲到：在周一良的藏书中有几本自己主动撕去封面的书，丁则良的著作是一本，还有一本就是黄濬著《花随人圣庵摭忆》。撕去封面的书的第一页下方有周一良的亲笔题识："此书乃四六年归国后得之市场，第一页撕去，盖有瞿兑之序，而瞿是汉奸也。此书记掌故丰富有味，不宜以人废言。房兆楹先生立主中华重印，良有以也。八二年在美曾复制台湾此书补编。又二六零、三三七页皆道及先岳守瑕先生。八五年九月一良记。""据台湾所出补编，此书 1943 年瞿兑之只印百部，故极少见。昔年余季豫先生及寅老皆借余此册读之□。九九年五月九日一良左手记。"瞿兑之是清末军机大臣瞿鸿禨的次子，曾任伪北京大学监督，故周一良说他是汉奸，他曾出资刊印《花随人圣庵摭忆》并作序。

《花随人圣庵摭忆》一书，辑事423则，45万言，是黄濬多年的心血结晶，曾经在《中央时事周报》杂志上连载。该书大多记述鸦片战争以来晚清70年间的诸多历史事件、时政轶闻、儒林风尚、社会世相、人际纠葛、诗词评骘，特别是北京西山的名胜游记，其中有些篇目就是《聆风簃诗》中的诗篇本事。由于黄濬与当时历史事件的当事人交往密切，颇能反映历史真相，如清末恭亲王与慈禧太后的政争；如圆明园先有英法联军抢掠纵火，后有周围不法居民趁火打劫；如张勋复辟的前因后果，陈宝琛态度的变化，特别是主其事者为其参谋长万绳栻，后来溥仪将自己的五妹嫁与万绳栻之子也证明了这一点，由溥仪此事的手段看来，《我的前半生》中刻画的溥仪与真实的溥仪也不能完全画等号。

陈寅恪先生晚年撰写《寒柳堂记梦未定稿》，叙述家世时除征引陈衍《石遗室诗话》外，《花随人圣庵摭忆》有关清末士大夫清浊分野的论述亦在征引之列。陈先生还赋《丁亥春日阅〈花随人圣庵笔记〉深赏其游旸台山看杏花诗因题一律题〈花随人圣庵摭忆〉后》诗一首以表达对黄濬晚节的感慨："当年闻祸费疑猜，今日开编惜此才。世乱佳人还作贼，劫终残帙幸余灰。荒山久绝前游盛，断句犹牵后死哀。见说旸台花又发，诗魂应悔不多来。"可谓知人论世之语。

（原刊《南方都市报》，2016年12月4日）

辛德勇《读书与藏书之间》续集读后

　　2007 年 6 月间，辛德勇学长将其近两年来有关典籍收藏、鉴赏，以及研究相关问题的文章，编为《读书与藏书之间》续集，由中华书局于 2008 年 10 月出版。2008 年 12 月，我到北京开会，过访京西未亥室，从 1986 年初次造访德勇学长"听雨楼"，借阅《大日本佛教全书》本《入唐求法巡礼行记》起，不觉已二十二年矣。承德勇学长美意，得以观赏未亥室所藏版刻珍品，并获赠《读书与藏书之间》续集一册。人在旅途，随手翻阅，有会意处夹入签条，便是这篇读记的缘起。

　　《读书与藏书之间》续集二十四万言，共分四个栏目："怀念与景仰""访书肆与赶书市""收藏与鉴赏""文献学与版刻史"，包括二十一篇文章。其中对于先师黄永年先生的三篇回忆文字，声情并茂，将师徒两人交往的心路历程娓娓道来，读来倍感情切。如德勇学长提及黄先生亲自动笔，逐字逐句修改他的一篇关于唐长安城都驿亭位置的考证文章的往事，后来其以《隋唐两京丛考》为博士论文选题就是由于此机缘。据我所知，《隋唐两京丛考》后来由三秦出版社出版，黄先生还撰写了题为"一本超越《唐两京城坊考》的佳作——推荐辛德勇博士的《隋唐两京丛考》"的书评，认为该书真正动摇了徐松的权威，堪称研究两京史的划时代杰作，也特别表彰了这篇关于唐长安城都驿亭的考证纠正了严耕望先生旧说的功绩。黄先生还总结了该项研究取得成功的两条经验，一是下功夫啃文献，特别是从常见的重要文献中化腐朽为神奇；二是不迷信权威，敢于提出自己的真知灼见。这奠定了德勇学长今后治学的路数及方法。周连宽先生在回忆陈寅恪先生的短文中提及陈先生有次郑重地对周先生说，你就是我的学生。其中的学问及道德传承的含金量，非今天的常人所能理解。某次，德勇学长在黄先生面前自谦是私淑弟子，黄先生正色回答："你就是我的学生。"我曾在黄先生的书架上看到德勇学长赠送给黄先生的《隋唐两京丛考》，上面恭恭敬敬地写着："永年吾师海正，受业德勇呈。"德勇学长既是史念海先生的高足，也是黄先生的入室弟子。这两者互相包容。

　　《读书与藏书之间》续集对清人读书及治学的方法是极为推崇的。黄先生曾在《喜读辛德勇的论文集——〈古代地理及交通文献研究〉》一文中说，德勇的常用书上都有蝇头小字的校语，他就在这些文献包括文献的字缝里发现新问题，提出新看法，写出为人们包括老一辈学者所称许的文章。这对目前颇似晚明的空疏学风无疑是一种否定。如《花冤大头买书读》一文着重表彰了瞿兑之编撰的《两汉县政考》及姚铭恭的《晋书纂注》这两部平装书中的"善本书"。这两部书虽然前者出版于日本投降前的1944年，后者私人印刷于新中国成立后的1955年，其实都是清人治学的余绪，这一类书在常人看来，实属寻常，其实功夫了得。这也说明德勇学长不仅在读书、买书上直接受黄先生影响，而且黄先生的学术观点如对清人学术的重视也被德勇学长继承发扬。瞿兑之平生著述丰富，台湾的"近代史料丛刊"及大陆上海书店的"民国丛书"都收有瞿氏著作，但都未收这本《两汉县政考》，大概由于瞿氏曾经落水为伪北大监督，身份存在争议，而直接影响了该书的流传。不仅著名学者严耕望先生的名著《秦汉地方行政制度》未将其列入参考书目；就是瞿氏的侄子，以研治中国法制史而蜚声海内外的瞿同祖先生在美国撰写《清代地方政府》时，也未将其列入参考书目。但我曾经在中国人民大学图书馆老馆花6元钱读过该书，所得印象与德勇学长略同，洵属足以传之后世的名山之作。至于姚铭恭，虽然只是安徽徽州的一名乡间老儒，其以毕生精力为《晋书》作注，最终也只完成了《晋书》本纪部分，但德勇学长认为该书依旧具备独有的学术价值：一是在于著作时代早于吴士鉴《晋书斠注》；二是以研治清代学术史的朱师辙少滨先生在序言中亦认为较吴士鉴《晋书斠注》，在本书互证方面有胜处；三是数量少，当时只印行两百部。这里还可为此说添一佐证。如蒋天枢先生《论学杂著》收有其校补《三国志》的文章，后记中提及自己本有董理陈寿全书之志，并为此搜集资料，下了很大的功夫。但因听到同在四川三台东北大学任教的卢前先生说湖北沔阳卢弼正在辑注《三国志》的消息，遂废弃己业，后看到卢弼书错讹颇多，方后悔不迭。再如我读过清人杜贵墀的《汉律辑证》，条例细密，其人一生无功名，长期主讲岳阳校经书院，比同时治汉律的薛允升、沈家本这些部级干部名气小得多，但其著对研治秦汉律令者仍大有裨益。而且这种人在清代并非寥若晨星。

　　《读书与藏书之间》续集的另一特色在于撷取域外新知。德勇学长在《花冤大头买书读》中曾对比了陈寅恪与瞿兑之的差异所在，是由于缺乏现代的学术追求。由于日本是亚洲最早现代化的国家，其人文科学与世界的接轨也明显早于中国，从而产生了相当数量可供中国学人参证的学术作品。如宫崎市定在著作《隋炀帝》中对隋炀帝这个历来存在争议的历史人物提出了自己的评价，如认为隋朝灭亡的原因之一在于杨坚逐渐排除武川镇军人集团，所谓武川镇军人集团也就是中国学术界自陈寅恪以来通常所说的关陇集团，陈寅恪先生曾认为该集团直到唐玄宗时才不复存在，黄永年先生曾提出该集团在隋初便不复存在的观点。德勇学长补充了周一良《佛家史观中之隋炀帝》的见解，并说新版《魏晋南北朝史论集》不载此文，是否周氏的观点有所改变？需要说明的是，1963 年版中的该文及其他佛教史的论文后来收入周氏由上海远东出版社出版的《唐代密宗》一书中，因此，周氏的观点不存在前后变化的问题，而且最早从佛教史观探讨隋炀帝的首推陈寅恪《武曌与佛教》一文。此外，德勇学长针对曾我部静雄《日中律令论》，提出律令的界定及起源的推测，对于研究秦汉法制史的学者不无启发。

　　《读书与藏书之间》续集对版刻史的研究，显然是继承发扬了黄先生的学术成就。如对于中国铜活字印本的探讨，作者《咸丰九修〈毗陵徐氏宗谱〉与中国古代的铜活字印本问题》以在东洋文库的实地调查，眼学为真，耳食为虚，否定了张秀民以讹传讹地将所谓咸丰九修《毗陵徐氏宗谱》定为清代铜活字印本代表作的旧说。作者同时还提出古代朝鲜的铜活字印刷，不管在行用时间的早晚、印刷技术的发达程度上，还是印书的份额、数量和施行的普遍性上，都要大大领先于中国，这恐怕是不争的事实。如果是在几年前，读到德勇学长的这段文字，我还会大大存疑，但2007 年我有过一次韩国之旅，参观了清州古印刷博物馆，它是现存世界最早的金属活字印刷书籍、1377 年印行的《白云和尚抄录佛祖直指心体要节》的清州兴德寺遗址所在。我观看了活字印刷的全过程，从在蜂蜡上刻字，造成泥字模，到灌入铜汁造出铜活字、排版、刷印，并应邀亲自在高丽纸上刷印一面佛经以为纪念。其实，早在 50 年代邓广铭先生即在《光明日报·史学》第 9 期撰写《"铜活字"和"瓢活字"的问题》针对张秀民先生所谓北京大学图书馆所藏铜活字印本《御试策》应是 1633 年、

1637 年前，即元顺帝时代中国人最早利用铜活字印成的一本小册子的观点提出商榷，以实物字体比照的例证，指出"我的意见以为，这本铜活字印本《御试策》，毫无问题，是朝鲜的印本"；黄先生在《古籍版本学》中曾论及中国金属活字印刷不流行主要是经济原因，那么在朝鲜流行的原因又是什么呢？看来值得深入研究。德勇学长收藏的版刻书籍数量并不惊人，但都是有花样、有说头的古籍，能说明不少版刻史上的问题。如清代学者汪中生前曾刊刻过一本大字本《述学》，邓之诚先生在《桑园读书记》中斥为妄说，黄先生《版本学》已有驳正，因为黄先生本人就收藏了一部，但对这部书为什么流传如此稀少并未作出合理的解释，这连汪氏后人汪喜孙都不知晓。德勇学长几年前在扬州有幸收得一部，并从版刻原理出发，作出了前人意想不到的解释。有些书即使不能拔高到此高度，却也有值得赏玩的地方，如其所藏周作人旧藏清人乐府诗集，上钤"苦雨斋藏书"一白方印，德勇学长喜其秀雅可人；我推测当是出自名篆刻家乔大壮之手，乔氏与鲁迅为教育部同事，以书法、篆刻出名，旧读傅增湘《藏园群书题记》，就读到这位教育总长大人曾不无得意地讲到，命这位楷法精湛的部下为己抄写古籍残叶。

《读书与藏书之间》续集极为推崇黄先生的趣味读书法，讲求在学术中寻求侦探破案时的快感，对那种"自虐式"的治学颇不以为然。这反映在德勇学长文章的选题、行文乃至文字的表述上，一反那种传统治"书衣"之学、枯燥干瘪、读之乏味的文风，而是注意与读者互动，时时与读者分享作者治学的快乐及买书的感受。这里也举两个实例：如《东京书市买书记》就不乏让人感动的句子。如写小川书店，当堂掌柜的是一位漂亮文雅的女子，是这条旧书街上给作者印象最为深刻的店主，堪称满街斑斓旧书之外的一道别样风景。十多年来每次看到她，容颜似乎都没有什么改变。这些性情文字让人联想起卞之琳的诗，拉近了读者与作者的心。黄先生也曾讲过，明刻嘉靖本用的白棉纸就像小姑娘的面皮一样可人。《东京书市买书记》中那一段描述住在日本佛教大学会馆听雨心境的文字也很打动人心。其中所引宋人蒋捷那一首写听雨感受的词："少年听雨歌楼上，红烛昏罗帐；壮年听雨客舟中，江阔云低，断雁叫西风；而今听雨僧庐下，鬓已星星也，悲欢离合总无凭，一任阶前点滴到天明。"推测不错的话，大概就是德勇学长当年求学长安时谚其书斋为"听雨楼"的缘起了。

　　如果要照例随文提出一点批评的话，那就是《盛大士〈靖逆记〉版本源流之判别》一文，从文化的地域传播及版刻源流来言，都是令人信服的。但是如果断定此书为研究这一问题最为系统的第一手资料，则还有商榷的余地。如果确定此书为第一手文献，那么文章中提到的《钦定平定教匪记略》乃至《清嘉庆实录》及魏源《圣武记》又如何定性呢？顾千里《思适斋题跋》中说司马光《通鉴考异》绝不引赵元一《奉天录》。赵元一非史馆中人，而是一名僧侣，郭绍林学长已有考证。细按《奉天录》内文，多小说家言，多引战国故事比附，动辄诗云何如，其可补史自不待言，但要说是第一手资料，则尚有疑义。此外，该书第 161 页的照片"《瑞典国记略》封面与外观"与卷首彩页重复，浪费了半个版面，完全可以补充其他感性的内容；第 205 页注释 6 "雒竹筠《元始艺文志辑本》"中的"始"应为"史"。当然，白玉微瑕，自无关大雅宏旨。

（原载《书品》2009 年第 2 期，有订补）

《法显传校注》的版本小议

　　《法显传校注》一书由章巽先生校注，最早由上海古籍出版社 1985 年 2 月出版，笔者 1989 年有幸购读一册。2008 年 11 月，中华书局根据作者亲笔校订的本子，再加上徐文堪、芮传明先生"新版前言"及所作十一条补注，将其列入"中外交通史籍丛刊"出版，为研读《法显传》的读者提供了很大方便。但笔者购读之余，发现该书在版本取舍上仍沿袭旧版，存在一些不妥之处，特写出向学界请教。

　　《法显传校注》一书在日本学者足立喜六《考证法显传》的基础上做了大量的校勘工作。首先在底本的选择上，不再以北宋版的东本作为底本，而改由 1955 年古典文学出版社影印的源出东本但经过校订的南宋圆本作为底本，并撰写细致的"校注说明"，列出从北宋版的东本及其化身开本，一传而为南宋版的圆本及其后身资本，再传而为碛本，又传而为元明诸本的流传系统。与此同时，还列出《法显传》另一个流传系统，金本、丽本，丽本诸孳生本。《法显传校注》一书将后者在校勘中置于从属的地位，而且过于强调刊刻年代早晚的重要性。

　　汤用彤先生曾在《评〈考证法显传〉》一文中，对足立氏忽视丽本的重要性，以东本为底本的不当，提出批评：

　　　　足立氏此书校合日本现存各种古本，实与学者一极大便利，氏所根据之原本为北宋版东禅寺本与开元寺本，而以石山寺写本及丽本共五种作参证。北宋东禅寺本特异之点，在其中记叙㕦夷国少十二字，毗舍离国少三百余字，师子国少十三字。按丽本毗舍离国多放弓仗一段三百余字，初见于《水经注·河水篇》中所引之《法显传》。今北宋本既缺此段，丽本所多之三百余字系后人抄录《水经注》窜入，抑系北宋版印行时原有脱简，实为一问题。足立氏因北宋版最古，既缺此段，则余本多此一段谓系后来加入。其所陈理由，并不甚充足。如丽本叙㕦夷国事曰："㕦夷国僧亦有四千余人，皆小乘学，法则整齐。秦土沙门至彼都，不预其僧例（自秦字下十二字北宋本所无）。法显得符行堂公孙经理，住二月余日。"按此谓侴夷国戒律整齐，中国沙门来，不能入其僧伽，受供给。法显到此，幸而有符公孙之经理，而得住二月余。北宋版缺"不预僧例"一句，遂使人不能明了何以法显须受符公孙之供给。因此北宋本缺此十二字，实是刊印脱误，并非丽本（及他本）刊行时此十二字自他处窜入也。（叙师子国丽本多十三字，文义亦较完足）盖版本年代甚早，固有价值。但版本之善否，不能全依年代断定。按丽本（即高丽新雕本）源出于北宋官版，并且曾与丹本等校勘。据今日所存守其的校勘记说起来，其工作时颇为审慎。故丽本之佳良，实应不下于北宋东禅寺刊本也。因此作者校勘多以所见之北宋本为主，未见其甚确当也。①

笔者按："其库看比丘满四十腊然后再入"，《法显传校注》亦云："今新见到的镰本亦有此，更可为非经窜加之证明。"镰本系日本古抄本。
《法显传校注》一书十分注意吸收汤用彤先生的研究成果。如认为"汤用彤《汉魏两晋南北朝佛教史》（1955年，中华书局出版），书中有关法显之记述及论断，最为精审"。《法显传校注》征引汤氏结论达八次之多，包括《评〈考证法显传〉》中的观点。但唯独不肯完全接受汤氏对法显传版本极其精审的论断，并且对汤氏的见解有误解之处。如《法显传校注》的"校注说明"说："圆本根据当时所见异本对北宋本增补上去的，向来最引起注意的有三处，一即'侴夷国'节中'秦土沙门至彼都不预其僧例'之十二字；二即上述'毗舍离国'节之三百余字；三即师子国'王城及佛齿供养'节中'关于摩尼珠库藏之十三字'。汤用彤氏以为圆本此三处都补得很好（详见以下各条校注）。"其实汤氏撰写书评时尚未见过圆本，所称赞的为丽本。《法显传校注》这种说法容易导致后人以为汤氏亦赞同以圆本为底本的误解。丽本之优良，举世公认，虽先后覆刻三次，但其出自北宋《开宝藏》，又曾与同出《开宝藏》的《契丹藏》对校，其精审自在其他大藏刻本之上。吕澂先生《佛典泛论》称其"去短取长，成一

①　汤用彤：《汤用彤学术论文集》，北京：中华书局1983年版，第37页。

最精之本"。如中华书局版《大唐西域记校注》即以高丽新藏本为底本。范祥雍先生在"校勘例言"中已说得很明白。据柳洪亮《〈大唐西域记〉传入西域的年代及有关问题》一文，1981 年在新疆鄯善县千佛洞出土《大唐西域记》残页，编号 81SAT：1，从《大唐西域记》卷七"战主国"条："印度曰"到"我靓货逻国人也"十行，与高丽新藏本文字完全相同，背面裱糊《唐西州下宁戎、丁谷等寺帖车牛事》，上钤西州之印，该印行用时间当为贞观十四年至显庆三年（640—658）。而贞观二十年（646）玄奘始完成《西域记》的著述。千佛洞为唐代西州丁谷寺，估计是麹文泰之子麹智湛永徽二年（651）出任安西都护、西州刺史时带回的玄奘赠书残片，因玄奘西行时曾在高昌受到麹文泰的礼遇及资助。①

再如，高丽新藏本《大慈恩寺三藏法师传》也极为精审。其一，黄永年先生《古籍整理概论》"理校"："我读过《大慈恩寺三藏法师传》的民国十二年南京支那内学院本刻本，其校勘夙称精审，但卷一〇讲玄奘之死时'房州刺史窦师伦奏法师已亡'的话，案玄奘死于玉华宫，而玉华宫在坊州而不在房州，这里的'房州刺史'显系'坊州刺史'之误，而这个本子未能勘正，其原因就在于校勘者虽是佛学专家，但对唐代史地尚欠熟悉。"《高丽藏》本正作"坊州"。中华点校本误作"房州"。其二，同书："内学院本《大慈恩寺三藏法师传》卷六列举协助玄奘译经的'缀文大德九人'中，有'幽州照仁寺沙门慧立'，显系'豳州昭仁寺'之误。因为贞观时所立豳州昭仁寺碑是唐初名碑之一，原石至今尚存，拓本更多流传，如果具备碑刻学知识，就不至漏校。"②《高丽藏》本正作"豳州"。中华点校本沿误作"幽州"。其三，笔者以唐褚遂良书《雁塔圣教序记》拓本校以内学院本《大慈恩寺三藏法师传》卷六、卷七所引原文，高丽本不误而宋本多误，且脱、讹亦复不少；序中"民仰德而知遵"的"民"应为"人"，"莫能一其旨归"中的"旨"应为"指"，"思欲分条枥理"的"枥"应为"析"，"零露方得泫其华"的"零"应为"云"，"华"应为"花"；记中"履之者莫测其际"中的"履"应为"理"，"缘无恶而不剪"中的

<hr>

① 柳洪亮：《新出吐鲁番文书及其研究》，乌鲁木齐：新疆人民出版社 1997 年版，第 372－381 页。

② 黄永年：《古籍整理概论》，上海：上海书店出版社 2013 年版，第 90－91 页。

"剪"应为"翦","所谓法性常住"中的"性"应为"相"。中华点校本皆沿袭无改。

举世闻名的金赵城藏中有《法显传》，现在所知有台湾"中央研究院"傅斯年图书馆藏本及北京图书馆藏周一良捐献本。1974 年饶宗颐先生根据台湾藏本撰写《金赵城藏本法显传题记》一文①，丽本《高僧法显传》一卷的千字文编号为"广"字，与《赵城金藏》的千字文编号相同。《法显传校注》得以利用。指出："若非金本出自相同或相近之祖本，即丽本曾以金本为祖本或祖本之一种。"但根据饶氏一文所论，金赵城藏本《法显传》虽有胜处，但也存在一些明显的刊刻讹误，总体上似乎不如丽本精审。

丽本《法显传》的优胜除汤用彤先生所举三例外，也有其他较为显著的事例。如王邦维先生指出：

> 书中有的地方，还可以补充或商榷。例如第 55 页（按，上海古籍原版页码，新版为第 47 页）讲到摩头罗国一段，各本的文字有一些不同，章巽本作："众僧大会说法。说法已，供养舍利弗塔，种种香华，通夜然灯。使彼人作舍利弗本婆罗门时诣佛求出家。大目连、大迦叶亦如是。诸比丘尼多供养阿难塔。以阿难请世尊听女人出家故。诸沙弥多供养罗云。阿毗昙师者，供养阿毗昙。律师者，供养律。年年一供养，各自有日。摩诃衍人则供养般若波罗蜜、文殊师利、观世音等。"其中"使彼人作舍利弗"一句，章巽书中的校记说，《高丽藏》本此处作"使伎乐人作舍利弗"。这里的"彼人"，在上下文中虽然不能说不通，但比较勉强，而作"伎乐人"则是对的。因为这指的是演佛戏。……法显到达摩头罗国时，遇上佛教大会，"伎乐人作舍利弗"，……但说法显见到的是佛戏，应该没有问题。法显的这一段话，对我

---

① 饶宗颐：《金赵城藏本法显传题记》，台湾"中央研究院"历史语言研究所《集刊》第 45 本第 3 分（1974）。饶先生更在《我与史语所》一文中回忆："山西广胜寺藏的《法显传》本所有残本四十三页，我再取故宫博物馆万历庚戌年刊本中的《法显三十国记》参校，写成一篇题记，这些资料为章巽等人所未利用。""中央研究院"历史语言研究所 70 周年纪念文集《新学术之路》，1998 年，第 1044 页。

们今天了解古代印度佛教戏剧的历史，其实是一条非常重要的资料。这一点，似乎从来还没有人指出过。[①]

我们也注意到，丽本《法显传》中亦有关于舍利弗的记事："从此西南行一由延到那罗聚落。是舍利弗本生村。舍利弗还于此中般泥洹。即此处起塔。今现在。从此西行一由延到王舍新城。新城者是阿阇世王所造，中有二僧伽蓝。出城西门三百步阿阇世王得佛一分舍利起塔。高大严丽。出城南四里南向入谷至五山里。五山周围状若城郭。即是蓱沙王旧城。城东西可五六里南北七八里。舍利弗目连初见頞鞞处。"《法显传校注》（新版）第99页注〔7〕，頞鞞即《大唐西域记》卷九之阿湿婆恃（马胜），佛教相传，阿湿婆恃先师事释迦牟尼，舍利弗与王舍利旧城见之，闻其说法而开悟，又告之目连，亦开悟共得道。可见，所谓"伎乐人作舍利弗"就是演出关于舍利弗见释迦牟尼得道的故事。这条内证证明王先生的说法是正确的。

再如，《法显传校注》作："商人于是还向扬州。刘沇青州请法显一冬、一夏。夏坐讫，法显远离诸师久，欲趣长安。但所营事重。遂便南下向都。就禅师出经律。法显发长安，六年到中国。停六年。还三年达青州。凡所游历，减三十国。沙河已西，迄于天竺。众僧威仪法化之美。不可详说。窃惟诸师来得备闻。是以不顾微命，浮海而还。"饶宗颐先生指出，金藏本称"诸师""就禅师出经律藏"，高丽本亦作"经律藏"，足立据东禅本作"就禅师出律"。考《出三藏记》二："法显于中天竺、师子国得胡本，归京师，住道场寺，就天竺禅师佛驮跋陀共译出，其长杂二《阿含绖经》《弥沙塞律》《萨波多律抄》，犹是梵文，未得译出。"是当包括经与律，不宜但作"出律"而已。又"诸师来得备闻"中"来"，金藏本、高丽本皆作"未"，玩味上下文义，似亦作"未"为长。再如，《法显传校注》作："昔有比丘在上经行。思惟是身无常苦、空，得不净观。厌患是身。即捉刀欲自杀。复念世尊制戒，不得自杀。又念虽尔，我今但欲杀三毒贼。便以刀自刭。始伤，再得须陀洹。既半得阿那含。断已成阿

---

① 王邦维：《法显与〈法显传〉：研究史的考察》，《世界宗教研究》2003 年第 4 期，第 25 - 26 页。

罗汉果，般泥洹。"丽本"始伤肉得须陀洹"义较长，《法显传校注》作
"始伤，再得须陀洹"，不甚可通。此外，《法显传校注》虽以圆本为底本，
但据丽本改二十余处。此外，列出丽本异文以为参考者，数目更多，而且
异文与正文相较，前者义较长，后者往往不甚可通。《法显传校注》实际
上沿袭了足立喜六的错误看法，认为丽本对原文任意改动较多，所以"纵
令经文之意义得以疏通，而其在考证上之价值则已有限"。这样一来，《法
显传校注》一书，如果仅从校勘上来看，可能不如丽本及内学院本之具学
术价值。

　　（原刊《中文古籍整理与版本目录学国际学术研讨会论文集》，广西师
范大学出版社 2013 年版）

史可法《史文正公集》初刻本跋

　　死守扬州，在梅花岭上留下衣冠冢的史可法是人们敬仰的明末英雄。偶检敝校图书馆线装书目，见有清乾隆五十三年（1788）刊本《史文正公集》二册，借阅展读。内封面中题"史文忠公集"，下镌"教忠堂藏板"，页半十行，满行二十一字，白竹纸，全书包括正文四卷，卷首及卷末各一卷。正文包括奏疏、书、家书、杂文（诗），卷首为乾隆皇帝赐谥谕旨，题像御笔及大臣和诗等，卷末为附录。卷首题"江南扬州府甘泉县学生员臣史开纯恭录"，其余则题"曾孙山清敬辑，元孙开纯、友庆恭校"。可见正文及附录为史可法曾孙史山清所编，但一直未敢刊行，卷首则为史可法玄孙史开纯所编，以当今圣上谕旨及御笔为刊行护法。从"江南扬州府甘泉县学生员"的身份来看，其子孙已入籍扬州，史可法为北直隶大兴籍祥符人，祥符在今河南商丘。

　　检故宫所印《清代文字狱档》八本，共收案件 64 件，其中 63 件发生在乾隆朝。此刻本避"玄""祯"字，未讳避"宁""琰"字，卷末有顾光旭后序一篇，文末题"乾隆五十三年秋九月望梁溪后学顾光旭敬书"一行，版刻时间可据此推定。是书《贩书偶记》及《晚明史籍考》未著录；据我所知，除《中国古籍善本书目》所著录中央党校、天津图书馆藏本（天津古籍出版社 2009 年版《天津图书馆古籍善本图录》著录为活字本）、复旦大学藏本外，尚有未亥斋主人辛德勇先生所藏一部，敝校所藏版刻特征与未亥斋所藏初刻书影完全吻合，当可列入稀见明人别集善本之列。

　　至于文集所收内容不广，当由于史可法抗清死节，时人不敢存留其诗文之故。如集中仅录其诗三首，《六安署病中感怀》："待理犹烦苦抱疴，公余侧枕奈如何。民饿由己嗟艰食，兵悍逢人欲弄戈。抚字无能先布德，催科宁忍复为苛。白云交瘁燕山下，国手谁怜妙剂多。"《忆母》（自注：时都督兵白洋河）："母在江之南，儿在淮之北。相逢叙梦中，牵衣喜且哭。"《燕子矶口占》（自注：时奉召剿左兵）："来家不面母，咫尺犹千里。矶头洒清泪，滴滴沉江底。"遗书六首，第三首最为感人："可法死矣，前与夫人有定约，当于泉下相候也。四月十九日可法手书。"文则以《祭左忠毅公文》最为有名，但叙事之感人，似不如方苞《左忠毅公逸事》所记。

史可法与文天祥，生死固有先后，但均是理学信徒，故能慷慨成仁。然其诗文拘谨，思想禁锢，亦受理学毒害之故也。任民育曾为史可法守扬州的幕僚，其传记亦在《明史·史可法传》附传中。孟森先生亦曾在《任民育》一文中不无惋惜地说道："史公之可传，以纯忠大节，千载景仰。然其治军之才甚短，虑事之智亦不特殊。若用其德量诚信，辅君当道，进贤退不肖，以端政本，岂不为拨乱反正之大助。而乃使之治兵，正用其所最短。"其实，自史可法扬州之役后，正面战场明官军对清军的有效抵抗，基本上就已宣告完结了。

此观点尚可从《瞿式耜集》中觅到坚实的证据。南明永历四年（1650），清军孔有德部围攻桂林，瞿式耜抱着"城存与存，城亡与亡"的决心，与总督张同敞（张居正曾孙）"秉烛危坐"大堂之上，被清军所俘。瞿式耜效法文天祥，宁死不降，与张同敞唱和，留下《浩气吟》等一百多首诗歌。这年十二月十七日，两人同时被害于桂林独秀峰仙鹤岩下。

瞿式耜殉难两年后，其孙瞿昌文搜集整理其遗文、遗诗，编辑成集，因常熟和桂林都有虞山，取名为"虞山集"；并有钱谦益作序的瞿氏东日堂刊本《浩气吟》。清道光十四年（1834）常熟许氏曾将此集校梓刊行，更名为《瞿忠宣公集》。苏州师范学院历史系苏州地方史研究室1980年以瞿昌文《虞山集》、清初瞿氏东日堂刊本《浩气吟》为底本，参照道光年间的许氏刊本《瞿忠宣公集》、民国初年国学保存会影印的《明瞿忠宣公手札及蜡丸书》和桂林文管会编印的《桂林石刻》等资料，编校《瞿式耜集》，由上海古籍出版社于1981年刊行。

从《瞿式耜集》中可看出南明政权疆土狭小，财政困难，又未能做到精诚团结、一致对外。如《瞿式耜集》卷一奏疏便有"请借上供银两疏"云："且照广西额征钱粮二十四万，经户部再三详议，蒙皇上钦派已定。总计上供御营四万两，庆国公陈邦傅、新兴侯焦琏各六万两，滇、曹两营各二万两，宜章侯卢鼎一万二千两，梧镇一万一千三百七十六两，臣标、督抚标共一万七千七百余两，而粤西之额只此矣。"实际征收不足，故瞿式耜上疏永历借御营银两，可见当时财政之窘迫。该上疏后有永历三年

（1649）十月二十一日圣旨"准拨御营银一万两，就近支取，以佐保腾"。

《瞿式耜集》卷三"书牍"所道当时人心动向及南明内部之不团结的记载堪称一手史料。如丙戌（1646）九月二十日书寄"自述自弘光元年四月初一出门，闰六月初四日梧州上任"以来经历，中有"家中光景，想今年更觉太平，此间亦有传来南方甚熟，米价甚下贱，人民反相安，只未知三百年来受太祖高皇帝隆恩，何以甘于薙发？难道人心尽死？至于起义之师，据闻多行劫掠，其恶更甚于虏，不知皇上于义师何等尊重，吴日生近以覃恩且封为忠义伯，其何以酬此非常之遇耶？"

再如戊子（1648）九月又书寄："吾之留守桂林，不止要照顾东西，通何督师之气脉，亦为东边用人行政，惟知奉承薙发之人，全不顾朝纲清议，太看不得。与之同流合污既不能，终日争嚷又不耐，反不如身居局外（既有差处，不得粘到我身上），犹得清清白白做一个人。若论功业，以拥戴元臣，而又苦争的粤西一省，为中兴根本之地，既如此归，亦无憾于衷矣！"

尽管如此，瞿式耜仍然忠贞不贰，精忠报国。《瞿式耜集》卷二诗《浩气吟》八首："庚寅十一月初五日，闻警，诸将弃城而去，城亡与亡，余誓必死，别山张司马，自江东来城，与余同死，被刑不屈，累月幽囚，谩赋数章，以明厥志，别山从而和之。"

瞿式耜为理学信徒，这一点与文天祥、史可法无异，"纲常万古一身留"。其《浩气吟》八首真乃回肠荡气之作，堪与文天祥《正气歌》对读。

（未刊稿，2008 年）

记邓之诚先生与顺康人集部的收藏

　　2006 年冬天，我在甘肃兰州访学，曾在当地最大的书店"纸中城邦"看到由北京图书馆出版社影印出版的邓之诚（字文如）先生《五石斋日记》，印象之一是书的定价比较高，印象之二是书的卷帙过于浩繁，一般的读者自然难以问津购买。好在与此同时，邓之诚先生之子邓瑞先生已仿晚清叶昌炽《缘督庐日记钞》之例，将《五石斋日记》中有关文史考证、图书文收藏物、学林纪事部分辑出整理，并在北京大学主办的《中国典籍与文化》杂志上连载十年，2012 年又定名为"邓之诚文史札记"由凤凰出版社出版。邓之诚先生是老辈学人，日记中有些观点与时人不同，如对宣统帝始终抱以同情，对辛亥革命有议论。称汪精卫"毕竟为一读书人"等。但其中关于顺康人集部及《清诗纪事初编》的纪事，特别引起了我的兴趣。只可惜邓瑞先生在该书出版前已归道山，不及看到这部耗费他巨大心血的日记整理本面世。

　　一般说来，明清之际的文献，由于牵涉明清代兴史事，深为清朝前期统治者所忌，多在禁毁之列。顺康人集部的作者，由明入清，正好经历了这一天崩地裂的鼎革时代，所为诗文，特别是诗中保留了大量的珍贵史料。而史诗互证自宋代朱熹以来，已成为中国史学的一种传统，顺康人集部自然为治清史者及藏书家所珍视。近代以来，顺康人集部的收藏以东莞伦明（字哲如）为最富，1949 年后归北京图书馆。顺康人集部的另一大收藏重镇为南浔刘氏嘉业堂，1949 年后以廉值归复旦大学图书馆。五石斋主人邓之诚先生也是顺康人集部的一大收藏家，其收藏约八百种。1959 年邓之诚先生在撰写完成《清诗纪事初编》后，将这批书以 4 万元售予中国科学院图书馆。此外，1949 年后新起的藏书家如李一氓先生也很重视顺康人集部的收藏。本来，书籍文物收藏散聚无常，应该是古今不变的常理。但当事者的心情，往往有一种说不出的苦楚。偶检《邓之诚文史札记》一九五九年冬月十五日（12 月 11 日）便有此种纪事，颇令人辗转反侧，回肠不已：

　　科学院图书馆杨等四人来，点书运去一半，付款一万五千元。自我得之，自我失之，亦复何憾！唯周旋一日，如坠恶鬼畜生道中，继思此辈爽约，不肯写另行编目，不予拆散保证书函，尚是老实人。如黠者，写信而不履行，将之奈何？

次日又有：

　　写收据，计七百九十五种。不在目录内，及未寻出者，共三十余种，未计入此数，吾书实有八百种，亦云多矣。

我不由联想起二十多年前所阅中华书局版的《学林漫录》（二集），其中有邓氏弟子徐苹芳先生所写《忆邓文如先生》一文，回忆邓之诚老先生晚年出售多年搜藏的顺康人集部给中国科学院图书馆时的惆怅心情，给我留下了很深的印象，可以与《邓之诚文史札记》中所云"周旋一日，如坠恶鬼畜生道中"对读。徐先生一文中是这样描述老师散书的心境的：

　　一九五九年的秋天，他的身体愈来愈坏，好像他自己已经有所预感似的，开始安排身后之事。他决定把七百种顺康人集部让给中国科学院图书馆，这个图书馆答应把它辟为特藏，将来还要编印专目。当时，他的心情是很矛盾的，一方面是舍不得这批书离开他，另一方面又怕将来散掉。就在那年的十一月间的一天，邓先生找我去商量事情，记得那天刮大风，天气骤然冷了起来。当我走进书房时，图书馆的同志正在清点顺康人集部，桌上地上堆的都是书。邓先生带我到他的卧室里去谈话。那天他虽然表面仍能淡然处之，但可以看出来他心里是很不愉快的，似乎有些伤感。后来听说，当顺康人集部运走以后，他就很少去书房了，身体愈益衰弱，以至卧床不起。他当时的心情是可以理解的。积二十余年的心血收集起来的这批书，是邓先生最心爱之物，在他晚年的寂寞生活中，他的精神已全部寄托在这批书中，清初的许多历史人物犹如多年的老友一样，围绕在他的周围，邓先生对他们的熟悉程度已经进入了可以与他们"神会"的境界。突然，这些老朋友都离他而去，再也看不到他们的文章，再也听不到他们的吟咏，一切的幻觉都息灭了，邓先生的精神世界崩溃了。一九六〇年元旦，我去看邓先生，那天他还从床上起来陪着我坐了一会儿。一月八日我接到邓珂同志发来的讣告，就在我最后一次去看他的第六天，邓先生便与世长辞了。

由此可见，邓之诚先生的日记与徐苹芳先生的回忆颇有一些出入，当时中国科学院图书馆并没有答应将来把这批书辟为特藏，并编印专目。这对老人心理上无疑有些伤害。

邓之诚先生自 30 年代起致力于收集顺康人集部，精心结撰《清诗纪事初编》一书。该书 1965 年由中华书局（上海编辑所）出版，责任编辑为吕贞白先生。邓之诚先生已不及见。这一心路历程在《邓之诚文史札记》中有生动曲折的反映。邓先生每得一种，辄详为考证，写成人物小传及跋语缀于书前。晚年定稿，再加修订，最终写成《清诗纪事初编》八卷这一不朽的传世名作，共收清初八十年间诗人六百人，录诗二千余首。这里只举其中几则有关岭南的事例加以说明。

岭南释成鹫《咸陟堂集》条有："故成鹫往澳门普济禅院，又尝渡海至琼州，踪迹突兀，实有所图。"（第 295 页）其中"又尝渡海至琼州"，较《邓之诚文史札记》所载初稿，为后来所增加。我数年前参与中山大学古文献研究所整理点校列入明清之际岭南佛门史料丛刊的《咸陟堂集》时，曾查对《咸陟堂集》相关诗文，找不到相关的理据，想必邓先生另有所据。《咸陟堂集》"多涉愤激，应请销毁"。如仙城寒食歌四章四首咏南明唐王及三藩尚之孝，康熙刻本流传更是寥若晨星。再如岭南释大汕《离六堂集》条："言其败也，则一财字害之。故方贞观过长寿庵诗云：'野性自应招物议，诸奴未免利吾财。'可谓实录。"（第 343 页）《离六堂集》因集子里收有涉及"三藩"的诗篇遭禁毁，流传更为稀少，《邓之诚文史札记》载系中山大学冼玉清由广州寄至北京，邓先生才得以寓目考证并收入《清诗纪事初编》的。

《邓之诚文史札记》一九五二年三月十一日（4 月 5 日）"题《遍行堂续集》"条中云："据《故宫文字狱档》其时总督李侍尧派广州府知府李

天培，会同南雄道李璜往丹霞山捶碎海螺岩《金堡塔铭》，及寺中墨刻墨迹，逐其支派僧众，作为十方常住，何曾有毁寺磨骸之事。徐达沅《杂记》谓有焚寺磨骸之命，寺僧死者五百余人。则为妄语。"

只是澹归及其《遍行堂集》为何未收入《清诗纪事初编》，其中缘由还有待考证。再有邓之诚先生《骨董琐记》"剩和尚之狱"条："乾隆四十年，寄谕盛京工部侍郎兼奉天府府尹富察善云：'千山僧函可，因获罪发遣沈阳，刻有诗集，是否占住寺庙，有无支派流传、碑刻字迹？'旋奏请将双峰寺所见碑塔，尽行拆毁，及《盛京通志》内所载事迹，逐一删除。报闻。"但《清诗纪事初编》未收其《千山诗集》，其中缘由也尚待考证。

邓之诚先生收藏顺康人集部数十年，精心撰结《清诗纪事初编》一书，与清末民初另一位大学者缪荃孙不无关联。邓先生与缪荃孙俱为成都庄氏东床，所娶分别为庄氏姑、侄。两人来往较为密切。缪荃孙精于版本目录之学，喜藏书刻书，并编有书目、碑拓目录多种。其中，缪荃孙协助张钧衡刊刻《适园丛书》，编辑《嘉业堂善本书目》及编刻《嘉业堂丛书》时，都格外留意顺康人文集。邓之诚先生日记中涉及两人交谊多则。如《邓之诚文史札记》一九四八年冬月二十日（12月20日）条阅《艺风日记》手稿事：

> 阅《艺风日记》，自戊子至癸卯，竟易下函，阅之，予于丁巳七月，数往见之于海上，九月北来，又三四面，皆载在《日记》。是月，艺风回沪后，竟未作书问候，己未，遂谢世也。展忆平生殊负此老殷殷见爱之意。

同年冬月二十七日（12月27日）：

> 阅《艺风日记》毕，自戊子至戊午，每年一册。己未一年失去。多友朋往还及撰书、买书、刻书之事。间有游记，不及时事，亦不臧否人物。唯于王静安，称其细心读书，称李审言熟精选理。与况夔生周旋最密，且为求宣城厘金，然谓之妄人。又云"贪劣"二字足为其人定评。朱仲我杂乱无章。陈仁先编目以

《癸巳类稿》入集部，谓其学问可知，皆确。自言不如李申耆，亦为定论。银钱出入极细，人谓筱翁善经营，以此失友朋之欢，然少历艰苦，不免为子孙计，刻啬居积，未可厚非。况仗义之举，亦时有之。丙辰劝进，全为夏仁虎所愚。人谓得袁四千金，绝非事实。《艺风日记》中记载甚明，只收江阴知事馈路费七十元耳。或夏以为子谋差事诱之，老怀舐犊之爱遂入彀中。小人哉！夏也。

以上俱为邓先生"知人论世"之言，为研究缪荃孙生平的重要资料，当为学界治缪荃孙者所珍视。

最后再谈一谈《邓之诚文史札记》的整理者，已经去世的邓瑞先生。我是2002年暑假在西安秦汉史年会上遇到任教于南京大学的邓瑞先生。那次会议后两日移师太白山，继续开会，并游太白山，又游扶风法门寺。在由法门寺返回西安的汽车上，我与邓瑞先生坐在一起。因为之前读过徐苹芳先生的回忆文章，我首先问到的就是这批顺康人集部的下落及保存状况，邓瑞先生说，后来他去中科院图书馆看过这批书（按：大概因为整理《五石斋日记》时，要核对邓之诚先生题跋墨迹），保存得还可以。邓先生说他早年曾在中山大学历史系教过书，做过岑仲勉先生的助手，帮岑仲勉先生编过《突厥集史》的外文索引。姜伯勤教授见了他还叫老师。我又问起邓之诚先生的《东京梦华录注》。邓瑞先生说，邓老先生的《东京梦华录注》由于老人精力不够，有些是由弟子及助手帮助完成的，后来日本有人撰写书评责难云云。会议结束以后，邓先生还从南京大学给我寄来一封信，同时寄来一张在法门寺的合影，并在信中说"这次在西安秦汉史学术会议上，又参观太白山，在去法门寺旅途中，有幸与您同座，畅谈学术，甚为融洽"云云。邓瑞先生曾随南开大学杨翼骧先生受业，杨先生逝世，邓瑞先生前往奔丧，竟行叩拜大礼。如今前贤已逝，捧读遗编，不胜感慨系之！

（未刊稿，2012年）

一氓藏书及词论杂谈

最早见到李一氓的事迹，还是在三十年前读过的郭沫若自传《革命春秋》一书中，那时他叫李民治，还是北伐军总政治部的一名科长，后来参加南昌起义，成为一名革命家。三十年后读到《一氓题跋》《存在集》（正续编）、《击楫集》《李一氓回忆录》，才知道他还是一位红秀才、一位藏书家，精于鉴赏且旧学深厚，曾主持全国古籍整理规划小组的领导工作，主持编印了不少大部头的古籍，如《中华大藏经》《古逸丛书三编》等，还能写诗填词，撰写考据文章。

一氓为藏书家，是所谓"书痴"。"除广泛地搜集词书以外，就是买戏曲、小说、版画，因为版画，就涉及到山志寺志和游记，同时也收集明朝的历书。……我收的明本，最难得的有《唐十二家诗》（嘉靖本）、《枯树斋集》（崇祯本）、《杨文敏公集》（正德本）、《楚辞集注》（正德本）、《汝南诗话》（明刊本）、《咏怀堂集》（崇祯本）、《渔石唐先生诗集》（嘉靖本）、《泰泉集》（嘉靖本）、《王十岳乐府》（万历本）、《西儒耳目资》（天启本）、《乐府遴奇》（明刊本）、《放翁律诗抄》（正德本）、《张愈光诗文选》（崇祯本）、《明十二家诗抄》（明刊本）、《石田先生集》（万历本）等等。小说有《三国志演义》半部（万历插图本）。戏曲有《玉簪记》（明刊本）。山志有《九嶷山志》（崇祯本）、《武夷山志》（万历本）。寺志有《延庆寺志》（天启本）、《破山寺志》（崇祯本）、《雪窦寺志略》（弘光本）。版画有《方于鲁墨谱》（万历本）、《列女传》（明刊本）、《玉镜新谭》（崇祯本）、《搜神记》（明刊本）。还有些是明刊本的算命、测相、棋琴书画一类的闲书。还有明朝的考卷，属于陕西、四川的本，收这类东西，只为了好玩而已。我收的明朝历书，包括成化、嘉靖、万历、天启、崇祯，大概有十多本。顺带又收清朝的历书。有清初顺治、康熙的历书，有祺祥（后改同治）元年的历书，也有嘉庆、光绪的满文历书。还有辛亥革命以后，民国正式成立以前，民间刊印的《黄帝四千六百一十年历书》。"①《一氓题跋》便是其藏书题跋"书衣"的结集。晚年又化私为公，捐赠不少善本，如所藏杜诗宋刻就捐赠成都杜甫草堂博物馆，受到人们的称道。一氓藏书中最具特色的是古今词集，如他在回忆郑振铎及其藏书时，就有这样颇为自负的话："惟词则余藏差足与之匹敌。忆在京日，曾议以两家藏词，互赛短长"；"我的书主要是词……现总计2 300余册。最好的是《唐五代二十一家词》的王国维手稿本，《宋六十一家词》的汲古阁的初印本，《花庵词选》（明万历本），《花草粹编》（明万历本），《花间集》明正德、万历、天启等7种，《草堂诗余》及《类编草堂诗余》的明嘉靖、万历、天启等22种，还有些宋、元、明人别集的明刊本，还有些词选、词韵、词谱、词话的明刊本，其他的总集、选集、别集的康熙本。还有两种明抄本及一些清人的稿本，数量不多。我自己编了一个书目，这是几十年来，颇费心力收起来的。最近，编《全明词》《全清词》，这些书就很有用处了。"②可见其所藏古今词集堪与郑振铎比肩而立，再加上其本人亦雅好填词赋诗，勤于探索，对历代词集刊本有不少真知灼见，颇能起到振聋发聩之效。

　　一氓回忆："买书的地方是琉璃厂。那些旧书店，我常去的是邃雅斋（店东董会卿）、来薰阁、富晋书社（店东王富晋），有时，也去东四隆福寺的修绠堂（店东孙祝廉）。"邓之诚《五石斋日记》"一九五八年五月初八日"条："蜀人李一氓为越南大使，所藏词甚富，《花间集》各本皆备，数年前，得明末活字本有某女士跋，最别致。"一氓对《花间集》就曾进行过认真的整理校勘。其写于一九五七年三月十一日《花间集校后记及补记》中有云：《花间集》三个南宋本，晁本、鄂本、陆跋本。并认为《花间集》玄（览斋）本是从茅本复印的，在欧阳炯叙后即刻明"万历壬寅孟夏玄览斋重梓"。它并没有保留茅本的优点，反而错字百出，且擅裂十卷为十二卷，毫无根据，有人以为"明本当以此为最具之本"（见《明代版本（刻）图录》初编，卷八，《花间集》条），或"印刻俱佳，然篇数字

　　① 张耀宗、张春田编：《文房漫录》，北京：生活·读书·新知三联书店2013年版，第227－229页。
　　② 张耀宗、张春田编：《文房漫录》，北京：生活·读书·新知三联书店2013年版，第229页。

句两本（其一指正德复晁本——笔者）皆无同异"（见《四部丛刊书录》，
《花间集》条），则甚是浅识与妄谈。还不如原藏者叶景葵说的老实，"余
别藏万历玄览斋本，远逊之"（指鄂本，见叶景葵《卷盦书跋》，《花间
集》条）。以上见解不迷信权威，甚得学界认同。

　　一氓并非"厚古薄今"之辈，他对清词也有精湛的研究，曾订正叶恭
绰的不足，尤其喜爱清代满族两大词人纳兰性德、顾太清的作品，对其刊
刻源流更是了如指掌，因此说出了若干前人所不敢言、不能言的老实话。

　　一氓在中华书局《学林漫录》八集中撰写《纳兰性德的〈侧帽词〉》
一文认为："纳兰性德的早期词作刊本《侧帽词》今不传，《瑶华集》中
有部分来自《侧帽词》，据之与《通志堂集》比勘，可见纳兰性德当时以
一满族青年贵公子，汉文基础并不怎么样，但后来却词境日进，即此可以
窥见早期《侧帽词》面貌之一斑。同时，在纳兰去世之后，顾、张等人为
之编集时，极大可能都在文字上为他作了不少润色。"并举出前后修改的
词句为证，从纳兰性德文学制作的历程来看，这段话无疑是正确的。

　　一氓一九七七年十二月所作《西泠印社木活字本东海渔歌》中有云：
"木活字本三卷，钞配一卷……书前余倩潘絜兹同志写作者图像一幅，后
悉启功先生藏作者《听雪小照》——作者有《金缕曲》一阕，自题此图，
再倩潘絜兹同志重抚一过，置于第三卷之首。书分订二册，重加装整，复
护以锦套，甚阔矣。……复见王世襄同志藏有'天游阁'古琴一张，为顾
氏原物，记之可补《太清轶事》。"并录齐燕铭为作长跋谓："至此，《东
海渔歌》乃成今日所见最完善之本，一氓可谓好事者矣。论有清一代词
人，向以太清与纳兰并称，余尝以为容若词自秀雅，而太清之真淳本色，
则非容若所及。况蕙风云，以格调论，似容若不及太清，可称谠论。"太
清优胜于容若，这是一般学人所不能认可的，但从满族入主中原，文化次
第发展的规律来看是吻合一致的。最后，一氓又谓，齐燕铭此跋可与启功
元白先生之《东海渔歌书后》媲美同观。

　　一氓《书谭瑑青〈柳园词〉清稿本后并记"谭家菜"》一文。由于一
氓是美食家，对饮食文化源流多有了解，曾撰写《沙河粉》《征途食事》，
记大革命时期俄国顾问鲍罗廷常驾车自黄埔至沙河大嚼沙河粉的趣闻，以
及长征中自己食云南宣威火腿、饮茅台酒的壮举。谭瑑青，广东南海人，
民初国会议员，后长期留寓北京，其夫人擅于制广东菜。在北京经营每天

一桌的谭家菜。他写道:"我头一次去他家里,就看见了他客厅墙上挂的那幅石涛山水,很不错。……'谭家菜'的主菜,应该是黄焖鱼翅和红烧紫鲍。……以前的鲍鱼都是干紫鲍,厨师自己酦,做菜的时候,鲍鱼必须是完整的,不准切片。要做到一个完整的鲍鱼,又软又嫩又入味儿,颜色还要鲜紫,厨师要有这个功夫,是很不容易的。"但是菜做得再好,与其词作是否上乘,是两回事。"其词作,开始时颇学花间,总体来讲又学南宋,但学、力皆不够,故颇显散漫无神,少精辟处。"

学问研究与艺术创作存在分野,高明的学者不一定就是高明的诗人及词客。一氓《关于黄侃的词》一文就认为:"黄侃应以训诂、音韵之学名世,至词格并不高明。和他同时代的词人中,比他有成就的就不少。"这也是实事求是的讲法。

一氓喜好收藏石涛的画作,也喜爱收藏明清版画,这也是郑振铎开收藏风气之先的领域。他在分析此种书籍印刷原委时,颇能注意联系社会现实。如广东藏书家王贵忱先生曾赠予他一部《陈老莲水浒叶子》,他在《陈老莲水浒叶子跋》中就分析了《陈老莲水浒叶子》前后大概有四种刻本的原因:"为什么在明末清初会有多次翻刻?因为是宴饮用的书,使用上容易污损,发行量大,印刷上容易模糊。这样,原版不能继续印刷时,只好翻刻了。当时并不一定把它当成艺术品来欣赏的。"这种观点显然也是一般学者分析不出来的。此书后来由上海人民美术出版社影印出版,确实是精美异常。

一氓由于喜欢藏书,又能进行诗词创作,对古籍整理自然是里手行家,故他在主持全国古籍整理规划工作期间,有不少的建树,堪称张元济之后起,其议论也有不少高屋建瓴、发人深思的。如他曾发表《论古籍和古籍整理》《再论古籍和古籍整理》《三论古籍和古籍整理》系列文章,在其中也提出了不少的真知灼见。

《论古籍和古籍整理》论述《四库全书》的功过时指出:"他们(按:满洲统治集团)无非是要在汉人著作中去掉涉及东北和满族的所谓'违碍'的篇、章、句,以及胡、夷、狄等字,但实际效果是替祖国文化保存了不少的宝贵的文史著作。"注意把主观心态与客观效果区分开来,也就是能够熟练运用辩证思维及方法,与鲁迅先生的相关过激言论比较,确也是符合历史实际的。

　　《再论古籍和古籍整理》中则指出："我以为乾嘉学派不单纯是为了避开敏感的民族关系这类政治问题，去搞音韵、训诂、名物考证的。清朝初年文网的严密，对知识分子确有这个问题。但也要看到，清王朝政治稳定以后，经济的繁荣，导致文化的发展。"一个朝代，政治稳定、经济繁荣，必然会有文化建设的高潮，乾嘉学派治学的领域范围，则是受历史条件局限所致，并非是区区文字狱便能驱使或引导而成的，这种观点，显然也是实事求是，比较符合当时历史实际的。

　　至于《再论古籍和古籍整理》中有云："我特别要提到在注释方面，目前这种烦琐的学风，是不足为训的。陈寅恪可算史学大师了，三大本一部《柳如是别传》，写得琐碎不堪。如简洁明了，三大本可减缩为一本，依然会立意晓畅论证精辟。王学初的《李清照集校注》，这还是现在很受人赞赏的一部书，其注释也是很烦琐的。"这种见解，不免过于主观，显然存在见仁见智的问题。

　　一代学人已逝，其足以启发后学者的议论，显然不止以上这些。但后学若是注意汲取的话，以上这些似乎也亦很足够了。此外，一氓还雅好古陶瓷器，把玩明清古墨，鉴赏明清古漆器如扬州卢家的漆器，收藏带款的古砚台等等，这里就不再赘述了。

（未刊稿，2015 年）

问学纪历

只今耆旧贞元尽

——黄永年先生诞辰九十周年追思

邓广铭先生《稼轩词编年笺注》篇末收辛弃疾《感皇恩·读〈庄子〉，闻朱晦庵即世》："案上数编书，非《庄》即《老》，会说忘言始知道。万言千句，不自能忘堪笑。今朝梅雨霁，青天好。一壑一丘，轻衫短帽。白发多时故人少。子云何在？应有《玄经》遗草。江河流日夜，何时了。"邓先生笺注，引辛弃疾祭文："孰谓公死，凛凛犹生。所不朽者，垂万古名。"

一

我最早见到并听黄永年先生关于玄武门、《长恨歌》的学术讲座，还是 1984 年 10 月间的事，离现在不知不觉已有三十余年。当时觉得老先生一口江南口音，声音洪亮，底气十足，内容虽不能全部听得懂，却给人留下了十分深刻的印象。等到第二年夏，我有幸考取老先生的历史文献学硕士研究生，才开始了系统性的学习生活。当时兰州大学赵俪生先生的公子赵缊，在青海与我同时报考却没有被录取，我听说后颇感骄傲。

黄先生早年受教于吕思勉、童书业、顾颉刚诸先生。黄先生所记《吕思勉文史四讲》已经出版，只是听寿成兄说，笔记原稿多有按语，尚未印出。葛兆光先生曾在 2006 年 3 月 2 日阅读童先生著作时的读书札记中这样写道："童书业是黄永年先生的岳父。记得当年黄先生在复旦小楼与我同住，常常彻夜闲聊，多次谈起他这位岳翁，对他与吕思勉先生俱极崇敬。回忆及此景，已经二十年前旧事了。"当年黄先生卧室兼书房中，张挂有吕先生的一副对联，还有童先生的一幅小画。而我早已读过《新华文摘》上转载黄先生纪念吕、童二师的文章。最近读到曹道衡先生的回忆录，谈到童先生在无锡国专沪校时对他的学术训练，具体翔实，真可以同黄先生的文章对读。

我们入校时，黄先生就站在陕西师大老西门门口迎接新生，对大家说一些勖勉的话。记得有："我会把你们当作子侄辈看待的，要取得学习、身体的双丰收！""苦就苦三年，三年以后，同夫人小姐公子同享荣华富贵。"迎新晚会上，黄先生让大家自报家门，并表扬了龚祖培同学撰写的《内言、外言发覆》一文。此文是与北大周祖谟先生展开对话的，发表在《中华文史论丛》上。这无形中也为大家树立了学术标杆。

当时黄先生刚六十岁。入校不久，同学们在黄先生上课时为他祝寿，送了一个黑色陶瓷奔马台灯做礼物，李心纯同学还送了一首格律诗，中间用了刘禹锡"二十三年弃置身"的句子，因为黄先生从 1957 年困厄直至 1979 年平反，恰好同此年数。黄先生答词中有"本来要请大家到家里吃一碗长生面的，但人太多，实在没有办法"的话语。黄先生 1950 年复旦大学毕业，被分配至上海交大教政治课，实际上已经脱离了本行学术界。但值得庆幸的是，先生避过了一次次学术批判的"洗澡"，没有经历学生批判老师的心理煎熬，也没有撰写大批判应景文章的懊恼，保存了自己的学术元气。1957 年的困厄只是终结了先生的红色仕途之梦，却为中国学术界保留了一颗读书种子。用先生自己的话说："不许阿 Q 革命，就弄学问吧！""人活着，总得有点寄托，总得干点有益的事情！"

黄先生当时的科研工作、社会工作十分繁重，时常还要外出讲学。但他对学生依然十分关心。记得黄先生曾带我到校医院找他相熟的一位女大夫看过一次病，这位葛大夫当时还误以为我是先生的儿子。当然，黄先生也不是苦行僧式的学者，他衣着整齐，皮鞋锃亮。北大教授们来校参加答辩时，会吸烟的，先生敬上的是牡丹烟；不会吸烟的，先生拿出的是巧克力。

我们受教的主要场合是在课堂。黄先生上课时喜欢漫谈，也喜欢讲学术掌故，但最后总要回到主题。这在无意中拓宽了学生的学术视野。当时听讲的学生人数众多，文史专业的研究生俱在，先生讲得神采飞扬。十五年后我在广州见到黄先生，老先生竟然吟起了"忆昔开元全盛日"。我后来发现，黄先生所讲，除了许多自己的学术创见发现，如曹植七步诗的问题外，也不乏前人的学术精华，如说《汉书》颜师古注名气大，其实水平并不高。后来我在王念孙《读书杂志》中看到王氏读《汉书》札记中对颜注的尖锐批评。

受教的另一个场合，是黄先生位于陕西师大办公大楼白宫的办公室。入校不久，有一次大家晚饭后散步，看到先生的房子还亮着灯，就上楼去见先生。先生要大家购买中华书局影印的《四库全书总目提要》就在此次。当时先生正在灯下翻看《中国版刻图录》，大概是正在撰写相关文字。还有一个受教场合，便是先生家里。同学们开学来校，总要去先生家里看望。先生有时也会留坐长谈，谈论学术，臧否人物。

黄先生指导学生作文的次数并不太多。第一次作文时，先生总是叫学生单独面谈。记得我所写的是一篇关于会昌灭佛的札记，列举了两《唐书》及《资治通鉴》等不同史料记载的歧异。先生先是鼓励，后又具体指出不足。后来我撰写毕业论文《〈入唐求法巡礼行记〉疏证》时，将其扩展写成其中的一节，并改题为"论李德裕与会昌灭佛之关系——汤用彤〈隋唐佛教史稿〉札记"发表。记得黄先生还在课堂上说，最好不要选什么民族政策、农民起义的题目作文。

黄先生开阔学生视野的另一办法，就是办资料室买书。先生曾为唐史所、古籍所买了许多书，其中还特别为古籍所购置了史语所迁台后所出的集刊。多年后我在中大同一位先生谈起此事，这位先生说，过去的老大学生给图书馆买书都是懂行的。开阔学生视野的又一个办法，就是请名家来校讲座，如周绍良、徐永年、裘锡圭、严绍璗、章培恒、汪荣祖先生等。记得汪荣祖先生站在讲坛上，看到这么多学文史的研究生济济一堂，吓了一跳，说台大历史系早已招不到几个男生了。1988年毕业的时候，一位同门改行去了税务局，黄先生还大为光火。不过等到2005年，我在西安看望黄先生时，老先生也有如此感叹："如今学术衰微了，聪明人不愿意学，都想发大财！""如今年轻人写的文章，像一杯淡茶，味道总不够浓！"不觉又是十年，在商品大潮的冲击下，学术似乎已走进严冬了。

二

黄先生著述宏富，但我以为最能代表黄先生学术的，还是他的论文集，填补空白、探微发覆、同前贤特别是同陈寅恪先生对话，是其著述显著的特点。这在八年前黄先生逝世时召开的同门追思会上我已讲过。黄先生同陈先生对话商榷立异同曾引起北京某所高校师生的议论。2008 年在山西大同举行的一次学术会议上，有一位学术界前辈在得知我是黄先生弟子时，还当面对我讲，黄先生不应该同陈先生立异同。

黄先生《唐代史事考释》初版于 1998 年 1 月，由台湾联经出版事业公司印行，共收入黄先生的唐史专题论文 33 篇。我手头这本是 2005 年 4 月初版第二刷，是我本人在台北诚品书店买到的，实价新台币 650 元，按当时的汇率，相当于人民币 120 多元。此书印制确实精美，大有当年商务印书馆印制《胡适论学近著》的气势，书品宽大，643 面木浆纸，厚厚一册。藕色云龙纹封面，红色签条，墨书"唐代史事考释"六字虽不署书者名，确为黄先生亲笔，虚和流美，不脱前唐褚、虞两家行楷的衣钵。在我书架上黄先生著述的各种印本中，确实是最引人注目的。

《唐代史事考释》分上、下两编。从著述体式上来看，颇受吕思勉四部断代通史的影响，这几部巨著以纪传体史为主，兼取《通鉴》，考核异同，寻求真相，对许多重大历史事件提出精辟的看法，远非司马光等旧史家之所能及。而且上半部为政治史，下半部为经济文化史。《唐代史事考释》上编大都为唐代政治史，主要是黄先生与司马温公及陈寅恪先生的学术对话，可视为新的袁枢《通鉴纪事本末》（陈寅恪《唐代政治史述论稿》手稿本自序中语）。下编主要为经济史、文化史研究的结集，如《唐天宝宣城郡丁课银铤考释》一文，对唐长孺先生相关考述进行补充发明，据黄先生亲口告诉我，这是他复出后公开发表的第一篇论文。此外，《唐代史事考释》由黄先生手定，从学术传承上来说，后学可据其体式探究其学术思想的转移流变。

从方法论来看，《唐代史事考释》显然是乾嘉盛流与"五四"以来新学术接轨的最佳结晶。西方科学的进步，便主要表现在正反两方的反复诘驳质问对话的过程当中，真理最终得到发扬。黄先生与司马温公的对话，特别体现在上编诸篇中仿《通鉴考异》形式而写成的注释中。黄先生与陈寅恪先生的对话，主要体现在观点与材料的不同认识上。如陈先生强调玄武门之变是李世民勾结禁军将领常何后发动的一次政变，因当时禁军司令部在玄武门，其位置十分重要，故要抢先占领。黄先生认为李世民并未掌握禁军，之所以在玄武门内设伏，是由于太子李建成、齐王李元吉入宫听候唐高祖对己有利的"公断"时必经玄武门，这是东宫入宫最近的路线。

玄武门之变的关键不在于掌控禁军，而在于袭杀李建成、李元吉，进行肉体消灭并控制李渊。玄武门之变史实后来多遭篡改。故南宋朱熹在《朱子语类》中曾批评唐太宗篡改史实，说哪里有三个儿子要拼命，李渊尚在湖上泛舟之事。黄先生也分析了统治阶级内部矛盾和权力之争时父子之别，身为皇帝的父亲处理起儿子来，尤反复无定，徘徊困惑，至于儿子对父亲则往往连这点感情也抛至九霄云外，所以历史上弑父之事比比皆是。至于近来有人主张玄武门之变发生在玄武门之外，更属皮相之谈。

再如陈先生强调西胡在安史之乱中的作用，黄先生则指出奚、契丹为安史叛军的主力。陈述在《曳落河考释及其相关诸问题》（《历史语言研究所集刊》第七本第四分册）中就有这样的话语："陈先生具告《安禄山事迹》，'其中契丹委任尤重，一国之柄，十得二三，行军用兵，皆在掌握'。"可见，以陈先生的淹博，焉能未注意到此等材料。黄先生与陈先生立异，主要是出于二人立论角度的不同。陈先生先入为主，过于强调西胡在安史之乱中的影响。

陈先生曾撰写《〈桃花源记〉旁证》一文，主要阐释当时战乱北方人民避乱自守的实况。唐长孺先生则撰文质疑，认为《桃花源记》主要来自南方土著的传说。其实，20世纪20年代河南尚有军民如樊钟秀国民军为避难遁入深山的史事，何况千百年以前呢？（详见《顾颉刚读书笔记》）吕思勉先生也曾针对《桃花源记》曰："此篇所叙，盖本诸当时事实。永嘉丧乱之后，北方人民多亡匿山谷，以其与胡人杂处，亦称山胡，亦山越之类。近代尚有此事，观《经世文编》中《招垦里记》可知。"黄先生晚年整理吕先生授课笔记时特别标示出此点。

再如陈寅恪先生《〈秦妇吟〉校笺》《〈长恨歌〉笺证》以诗证史。黄先生始治《长恨歌》，以其非诗史。续治《秦妇吟》亦持这样的看法。黄先生《〈长恨歌〉新解》认为《长恨歌》为风情之作，三大情节和十大细节与史实不符。笔者孤陋寡闻，仅清人龚自珍有类似见解。龚自珍评白居易"真千古恶诗之祖"，"长恨歌'回眸一笑百媚生'乃形容勾栏妓女之词，岂贵妃风度耶？"三大情节之一的马嵬坡之变，黄先生从情理上推论出："玄宗此时高龄已届七十二，贵妃亦已三十八，久已不属青年人徒知沉溺男女之情的年岁，区区床第之爱何如自身安全之重要，玩弄封建政治几及半个世纪、老于谋算的玄宗自能了然于心。当此不能两全之时，宁从高力士和陈玄礼而舍弃杨国忠和贵妃，正是玄宗必然作出的抉择。"

　　美籍华人学者陆扬先生 2006 年 5 月 8 日以"云中君"之名在往复论坛上发表《陈寅恪与竹林七贤》一文，引起学界热烈讨论，讨论结果汇集为《从"竹林七贤"说到岑仲勉与黄永年》一文，其中有云：

　　　　黄先生是我相当佩服的学者，我觉得他基本和唐长孺很相似。借用唐自己很贴切的形容，他们二人和陈的学术的关系是所谓的"教外别传"型。也就是说他们是因为他们对中古历史的认识到了一个相当高的程度后受陈的影响或和陈的论点发生论争。他们有他们自己的一套看法，不大会因陈而转移。这当然在唐先生身上更明显些。黄永年唐史方面的著作虽不是很多，但往往重要。比如他讲"泾师之变"的文章，我认为是中国学者写中晚唐政治史中极少数精粹的文字之一。而且我相信是陈寅恪写不出来的。这不是能力问题，而是从陈对唐代政治的认识框架下很难推出该文中的种种线索来，而且该文对历史过程的涵盖很周全。黄的文字在其他方面也有此特点。有时他虽然是在讲文献，但时刻注意到史料的历史内涵。比如他在《唐史史料学》里，就常常指出某种史料中体现的历史层面。他对唐长孺的欣赏是很显然的。几年前他在台湾《新史学》上一篇讲门阀的短文里，就直接说这方面最重要的文章是唐讲大族升降的四篇论文。这本身是高明的见解。其他文字中引唐的见解也很多。所以黄永年的文章表面看来常像是对陈的翻案文章，其实不是。此外他说话也很有勇气，让我印象深刻的是他在讲古文献时提到中华书局《大唐西域记》的校注本，认为序写得不好。我想这大概在国内没有任何其他学者敢提出这种批评。我很想了解他的这种批评的具体依据，因为我也有类似的看法。当然黄永年先生在唐史方面涵盖的面不如唐长孺在魏晋南北朝方面宽广。这很大程度上因为黄很长时间生活在一个无法做研究的环境下。同时再有学识天分的人，也不能独学而无侣。而我觉得在八十年代前，唐史界和魏晋南北朝学界的区别正在于后者有一批水准很高的学者，可以互相呼应，虽然学术环境普遍不佳，终究可以造成风气。而前者虽有大师陈寅恪，却没有这种呼应，以至于陈氏的见解的影响也一度沉寂。所以我猜想对黄而言，陈不是要追随或打倒的对象，而是棋逢对手（worthy opponent）式的对话人。

上述评论十分中肯，但也有需要补充之处。确实陈寅恪先生某弟子曾写过题为"论唐朔方军"一文，主要论证该军为以铁勒人为主力的部落制军队，对该军与中晚唐政治的重大关联则着墨不多。至于是否"黄很长时间生活在一个无法做研究的环境下。同时再有学识天分的人，也不能独学而无侣"，黄先生的论文《〈浣花集〉和〈秦妇吟〉》《唐代两税法杂考》以及对武则天的研究无一不是时代学术风潮激荡下的产物。1949 年以后，农民起义是史学研究的主流，所谓"五朵金花"之一是也。均田制与两税法更是二十世纪五六十年代史学研究经济史的重中之重。至于武则天研究更是郭沫若在 60 年代初倡导，在《光明日报》上连篇累牍讨论的热点问题。参加者有郭沫若、罗元贞、陈振、胡守为、董家遵等人，后来饶宗颐也主张郭说。黄先生虽然在 1957 年后陷入厄运，被剥夺了论文发表权，但仍然积极参与上述每一场对话，都有学术研讨上的对手。在关于武则天出生地的讨论中，黄先生给郭沫若去函指出，根据《册府元龟》，武则天不可能出生在四川广元。1979 年黄先生复出后撰写了三篇武则天与唐代政治史的论文，其中两篇《说永徽六年废立皇后事真相》《开元天宝时所谓武氏政治势力的剖析》收入《唐代史事考释》。黄先生晚年又发表《武则天真相》及《李商隐〈利州江潭作〉究竟在说什么》为这场延续 30 年的讨论画上句号，所持结论为盖棺定论。（参见姚崇新《巴蜀佛教石窟造像初步研究》中有关武则天与广元石窟寺的论述，中华书局 2011 年版。姚崇新且认为《李商隐〈利州江潭作〉究竟在说什么》是对此诗最详尽、最确切的解说）由此可见，学人不能脱离时代，学问同样也不能脱离时代。

禅宗形容天才领悟的话语有："从门人者，不是家珍！"时下美国有些成功人士，总结自己的要诀，在于"另类思维"。黄先生一生，虽然有令人艳羡的师承，但实际很大程度上是一个自学探索者。所谓"路漫漫其修远兮，吾将上下而求索"是也。黄先生十分尊重陈先生，视其为自己在唐史研究领域的领路人，但却不盲从，不迷信，在肯定陈先生学说中超越前贤之处的同时，也发现了其不够妥帖之处。

黄先生尝说，陈先生的弟子总是在陈先生的圈子里打转转，跳不出陈先生的手心。我曾在旧书店购得1963年版周一良先生《魏晋南北朝史论集》，其引言有云："这些文章的立场观点方法都存在许多问题。现在重印出来，只是希望在马克思主义历史科学的建设中，这些资料考订的'一孔之见'能作为几样零件，起个小小螺丝钉的作用。"时间为1962年7月，与此前发表的《雷锋日记》中的论调何其相似，反映出书作者与时代的关系。周先生受知于陈寅恪先生，该书第13、53、94页三引陈先生说，后二说且为陈先生未发表之说。由此可见，当时周先生受知于陈先生之深且往还之密。在周先生看来，陈先生为自己的服膺者，而非对话者。这就决定了陈门弟子为什么后来无法超越陈先生，关键在于缺乏另类思维。

唐长孺先生是公认的魏晋南北朝史研究权威大家，唐先生的学术高峰《魏晋南北朝史论丛》，印数大，读者多，包括非本行的。其《魏晋南北朝史论拾遗》水准也极高，发扬了吕思勉先生、陈寅恪先生的观点。一方面是开拓者与继承者的关系，另一方面也是对话者与商榷者的关系，从而取得了辉煌的成就。唐先生、黄先生俱出吕先生门下。我曾听武汉大学的朋友讲，唐先生案头有一部吕先生著《两晋南北朝史》（开明书店精装本），被唐先生翻阅得很破旧了。我也曾读到过黄先生致唐先生的一封信札，是唐先生公子唐刚卯兄提供的，信的内容除感谢唐先生惠赠《魏晋南北朝史论拾遗》一书外，主要探讨了门阀士族自南北朝至隋唐的盛衰，就唐代士族真实的历史地位发表了自己的看法。这封信也可视作一次高层次的学术对话，可为陆扬先生前面的论述作一个注脚。

黄先生是陈氏功臣。黄先生同陈先生的对话，既有商榷，也有认同。中华书局2000年版黄先生《文史探微》所收《论北齐的文化》不仅支持陈寅恪先生之说，而且得到近年考古发现的证实。有一次我在书店无意中读到谢稚柳先生的《鉴余杂稿》，收了一篇讨论北齐娄睿墓壁画的文章——《北齐娄睿墓壁画与莫高窟隋唐之际画风》（原载《文物》1985年第7期）指出，敦煌莫高窟的北魏、东魏壁画，过去认为代表整个北朝的水平。北齐娄睿墓壁画出土，却揭示了魏与北齐之间画派出人意料的不同，魏与北齐时期是衔接的，北齐的水平一下子就高出了一大截子。敦煌莫高窟盛唐壁画，显然来源于北齐。为黄先生之说补充了有力的考古新证据。

前面陆扬先生还指出："此外他说话也很有勇气，让我印象深刻的是他在讲古文献时提到中华书局《大唐西域记》的校注本，认为序写得不好。我想这大概在国内没有任何其他学者敢提出这种批评。我很想了解他的这种批评的具体依据，因为我也有类似的看法。"黄先生认为中华书局《大唐西域记校注》前言写作枝蔓，其中第 50 页论唐均田制，注释未引原始文献，而是转引范文澜《中国通史简编》。我本人也发现其第 39 页："李唐统治者的血统也不是没有问题的。李唐统治者从父系来讲，实际上是李初古拔的后裔，并不是汉族。从母系来看，什么独孤氏，什么窦氏，什么长孙氏，都不是汉族，所以李唐的血统，在当时看来并不高贵。"并注引自陈寅恪《唐代政治史述论稿》。其实，陈先生的结论在《唐代政治史述论稿》中本已讲得很清楚："据可信之材料，依常识之判断，李唐先世若非赵郡李氏之'破落户'，即是赵郡李氏之'假冒牌'。""李唐血统其初本是华夏，其与胡夷混杂，乃一较晚之事实也。"中华书局版《仰望陈寅恪》中同此说，认为李唐父系、母系均为胡人而非汉族，恐袭自此说。此外，序言中没有写清楚寺院经济为宗教马尔克公社性质，而是照搬唐代贵族地主与中小地主斗争说，也未说清均田制的真实含义及作用，对于《大唐西域记》的版本校勘也语焉不详。

当然，黄先生也不排除、不反对而且很赞同学术研究中按常理推论解决问题。这里所举黄先生《古籍版本学》"书册制度"有关"旋风装"的论述，便是一个显著例子。2012 年 11 月 9 日我在中山大学"中文古籍整理与版本目录学"国际研讨会上得闻国家图书馆程友庆先生宣读《古书旋风装形制赘言》一文，程先生列举了五种异说：①旋风装即蝴蝶装。②旋风装即龙鳞装。③旋风装即经折装。④旋风装即类龙鳞装。⑤旋风装即包背式经折装。程主第五说，并以黄先生《古籍版本学》中的论点为出发点，认为黄先生旋风装即包背式经折装的解释比较符合实际。因为黄先生反对旋风装即龙鳞装，提出据常理认为龙鳞式最多只能节省点卷子的长度，怎么能旋得起风呢？这句话也正是许多人心中的疑问。这个常理上的推断在此次会议上得到印证。会议上根据顾廷龙女弟子，曾供职于上海图书馆的装裱师周美娣女士发言："1964 年在北京讲习班学习，师傅说，龙鳞装与经折装完全不同，经折装、旋风装亦有区别，如经折装前后包一张书皮，念经时，用木鱼棒倒着翻，可以无限翻，故称旋风装。"周女士并做了现场旋风演示，让大家大开眼界。就这样确定了旋风装即包背式经折装，旋风装真义始得大白于天下。

《唐代史事考释》中有不少篇章如《读陈寅恪先生〈狐臭与胡臭〉——兼论狐与胡的关系》《〈纂异记〉和卢仝的生卒年》《〈浣花集〉和〈秦妇吟〉》都充分利用了《太平广记》中的材料。我听黄永年先生讲授这门《太平广记》课是研究生第一学年上学期，时间是 1985 年 9 月至 1986 年 1 月。黄先生为北京大学中文系古典文献专业讲授此课大概也在此前后。这门课让同学们领略了清代朴学的札记功夫，懂得了什么才是真正读书以及"做学问，除了读书、作札记，别无他途"的道理。黄先生 2005 年 2 月在周晓薇同学《四游记丛考》序中就说："25 年前我重登大学讲坛指导唐史研究生，就曾指出如今通行的哲学史思想史，只是讲彼时高级知识分子的哲学的思想，这并不能代表一般人——从平民百姓乃至帝王统治者的思想。一般人的思想正史里固也涉及，看先师吕诚之（思勉）先生的《吕著中国通史》和《先秦史》等 4 部详博的断代史可知道，但更多的还在史书所不及备采的杂记小说之中。我在 1985 年应北京大学中文系之邀，除讲授版本学和《旧唐书》研究外，还开了一门《太平广记》研究，即是在这方面作了试探。"黄先生晚年在他八十寿辰庆祝会上所散发《对指导研究生的自我评估》中就提到此门课程的创新性。后来学术界流传着这样的一段佳话——凡是喜好在自己的论著中征引《太平广记》的，都可能是黄先生的学生。后来，黄先生不仅让研究生撰写《〈孟子节文〉研究》，自己还撰写《读〈全明文〉看朱元璋》《从三峰钟板的恢复说清高宗对世宗时事的翻案》探讨了朱元璋、乾隆帝等统治者的思想及阴暗面，也颇为引人注目。

黄先生首次研读的《太平广记》是从吕思勉先生处借来的三让睦记本，他那时还是一个二十岁出头、风华正茂的年轻人。我们注意到，吕思勉先生的另一位大弟子唐长孺先生，也熟读《太平广记》，对其中的材料信手拈来，堪称以小见大的典型。如《三至六世纪江南大土地所有制的发展》"后论"中说明庄园土地效率不高，引《太平广记》卷一二七"还冤记"中刘宋永康人吕庆祖在别墅督促奴婢耕种时，被奴教子杀死之事；再如论述夏国赫连勃勃使用俘虏补充工匠，引《太平广记》卷一百十"南宫子敖"条说子敖在新平城被破时被"狒狒虏儿（勃勃）长乐公"所俘，全城数千人尽被屠杀，他却因自称能做马鞍而免于一死。这段故事如果与蒙古入侵时的情况相比较，可以说明落后部落对手工业者的需要。因此，陈寅恪先生指出："《太平广记》为小说体裁，小说亦可作参考，因其虽无个性的真实，却有通性的真实。"

最后再谈一谈《唐代史事考释》与中国文史传统中"老年结集"的故事。过去老一辈的学人大都相信老年结集的说法，以显示治学之谨慎。黄先生也不例外，这本于学术上的认真态度。从撰述时间上看，这部论文集结集的时间跨度从 20 世纪 40 年代后期至 90 年代，前后接近 50 年。偶读余英时先生怀念钱穆的《犹记风吹水上鳞》一文，余先生曾这样归纳先师钱穆先生的学术："他是开放型的学人。他相信，各种观点都可以用之于中国史的研究。然而，学术价值的高下仍有客观标准，也不完全是时人的评价即能决定，时间老人最终还是公平的。他总是强调学者不能急于自售，致为时代风气卷去，变成了吸尘器中的灰尘。……"这段话对于黄先生及《唐代史事考释》也是适用的，因为 30 年代的中国学术界酝酿出的客观标准，正是吸收清代学术菁华与域外新知而来，而黄先生本人探微发覆的学术历程正是由这个路数迤逦而来。至于钱穆先生所说"学者不能急于自售，致为时代风气卷去"，有一位学术前辈素来为我景仰，他有一本论文集，我在 30 年前阅读时，篇篇佩服！30 年后的今天，却只认为集子的最末一篇可以传世，堪称压轴之作。以我浅陋的学力，尚有此等眼光，更何况在历史的激流中，更是要大浪淘沙呢！

至于本文的篇题"只今耆旧贞元尽"，本是黄先生的诗句。先生旧诗有云："寒柳高文日月光，韦郎卷子亦评量。只今耆旧贞元尽，还拈遗篇说李唐。"如今老宿凋零，学术衰微，撰写此文，不觉有前尘梦影之感！

（原刊《书品》2015 年第 4 期）

史念海先生与《河山集》

　　几年前，《史念海教授纪念文集》出版，陕西师大西北环发中心的朋友张萍女士送了我一本。最近，张世林先生又推出了《想念史念海》一书，大概由于有字数限制，篇幅不是很大。展卷之余，不免有一些联想。

　　1985年我考入陕西师范大学读研究生时，全校只有两位博士研究生导师，一位是从事蝗虫分类研究的生物学家郑哲民先生，另一位是从事历史地理研究的史念海先生。当时读书热方兴未艾，年轻人总有点崇拜名人的心理，所谓"生不用封万户侯，但愿一识韩荆州"是也。由于专业接近，我有机会听过史先生的两次讲演：一次是讲历代都城与自然环境的关系，一次是讲历代都城与粮食的关系。史先生讲演的口才，平心而论，不是黄河长江滔滔不绝一路。但史先生《河山集》中的文字却娓娓道来，颇能引人入胜。

　　给我印象最深的是史先生写于抗战末期的《论诸葛亮的攻守策略》一文，对诸葛亮名闻千古的《隆中对》一文作了实事求是的评论，否定了益州天府之国的旧说，又说诸葛亮迁回祁山，实际上是因为军粮的关系。后来周一良、田余庆先生的相关论述都无法超越。大概是史先生这一时期流寓川中，有实地踏访之感的缘故吧。

　　至于历史时期镇江、扬州之间长江的南北摆动，以及历史上陕西森林的破坏，拓荒者在大树上凿洞燃火，使其化为木炭以为肥料，可获高产，都是从史先生《河山集》上看来的。还有，史先生行文，文字之美也是值得称道的。如他对黄河壶口瀑布的刻画："浩淼的河水在这里紧束如带，直向悬崖冲下。水势之猛，宛如由壶中倒出来一样。白浪沸腾，波涛翻滚，激起的水珠飘荡空际，仿佛一片云雾，远在数里外已可望见。而峡窄槽深，巨流砰磅訇磕，声如雷鸣，更是震耳欲聋。"1986年我于役延安，有壶口之游，信哉不虚！

　　1990年8月间，我曾与周宏伟兄到史念海先生府上拜谒。宏伟兄那年刚考取史先生的博士研究生。客厅不大，墙上挂着一对条幅，书架上尽是书。

那天史先生的兴致很高，谈话幽默风趣，与他讲演时的木讷及不善言辞截然不同。那天他说的一句话给我留下了很深的印象——搞历史地理就是要坚持实地调查，不搞实地调查，自己都不敢写文章。杨守敬的《历代舆地图》有很多错，就是他当时不可能骑着小毛驴到陕北来。原来，史先生在70年代为陕西军区撰写《陕西军事地理》时曾走遍三秦大地，故有此感慨！

史先生还谈起电影特技镜头的厉害之处：拍的是两人在谈恋爱，说不定两人是在吵架；有人从山上摔下来，实际上是在平地上打滚仰拍的；因为北京农业制片厂拍黄土高原被侵蚀（这是史先生研究黄土高原水土流失的一个主要贡献所在），实际上是用水龙头在一盆黄泥巴上冲出来的，然后用摄影机对着拍，可效果比在野外观察到的还要逼真。

史先生还说，现在南北差别大了，南方来的学生总不愿意留在西安，有的学生不好自己出面，就叫老丈母娘出来理论，说我自己只有一个女儿，女婿是要养老的。大概当时电视台正在播映古都的系列节目，史先生还谈起历史上开封的斗鸡风俗……

我后来在广州还买到一册史念海与曹尔琴先生合撰的宋代张礼《游城南记校注》，卷首有一张二位先生踏访西安南郊樊川的照片，两位先生兴致勃勃，指点江山，史先生的女儿在一旁做记录。

史先生出自顾颉刚先生门下，为顾门高弟，与同出顾门的谭其骧、侯仁之并为治历史地理学巨擘。史先生又是业师黄永年先生的恩公。黄先生的岳父童书业先生亦出自顾门，与史先生是《禹贡》时代的老朋友，黄先生尊称史先生为世叔。2001年史先生去世后，黄先生撰写了一幅情真意切的挽联："上庠追随，曾蒙推毂；梁木折坏，痛失赏音。"另外，史先生《河山集》封面上所钤一方"史念海"篆文小印，从刀法上来看，好像亦为黄先生所镌刻。

2002年长沙吴简会上，我还听到辛德勇学长亲口讲述的一件逸事，1982年他随史先生前往河南浚县考察黄河故道，自己没有发现任何问题，也提不出一点看法；史先生回来后不仅很快写出了万字长文《河南浚县大伾山西部古河道考》发表在《历史研究》1984年第2期上，而且赴河南之前在陕西省人民政府开公函时，省政府的工作人员刚开始盖的是办公厅的公章，史先生坚持盖省人民政府的公章。果真到河南后，河南省人民政府派了专车，提供了非常大的帮助。这说明史先生不仅精于学问，而且也长于人事。若在科举时代，他定是一位治事之能臣也。

（原刊武汉大学简帛网，2015 年 1 月 19 日）

我从山中来，采得兰花草

——我所认识的田余庆先生

2008 年 5 月 23 日至 26 日，我应山西大同大学殷宪先生之邀，由广州前往大同出席北朝都城历史文化讨论会。2007 年 10 月出席西安碑林 920 周年学术会议时，我曾与殷宪先生同居一室，长安夜话，极为投缘。殷宪先生的经历与钱大昕相仿佛，早年从政，酷爱金石书法，擅长吟诗填词。其在平城历史研究中，以研究新出墓志石刻为中心，别开生面。这次受邀出席讨论会，得以考察平城最新考古成果及拓跋古城遗址，又得以参拜善化寺、华严寺及云冈石窟，收获不可谓不大。

特别值得表述的是，《拓跋史探》的作者、北京大学历史系田余庆先生也应邀出席。田先生高龄八十有五，已多年不参加学术会议。田先生此次前往大同，主要是想考察鲜卑拓跋早期史迹，并感谢殷宪先生在资料及信息上对他的帮助。我是平生第一次见到田先生，虽然早就读过他的大作《秦汉魏晋史探微》《东晋门阀政治》及《拓跋史探》，也读过高敏先生、祝总斌先生撰写的相关书评，对其钩沉索隐、探微发覆的笔法倾倒不已。但作为后生小子，除了表示敬意之外，自然也不敢贸然请教。

田先生长相威严，剑眉虎目，更兼奇思妙想，雅善议论，大会致辞中谈及地域研究的重要性，随口吟诵陈寅恪先生的见解原文；谈及学术创获不易，又诵读胡适“我从山中来，采得兰花草”的小诗。其间曾有幸同车考察鲜卑拓跋遗迹，我坐在先生后排，也有交谈，但大都是一些闲言琐语。在考察现场，田先生指出，早期鲜卑拓跋的文明程度是比较低下的，给人印象深刻。在车上，罗新先生与吴玉贵先生的对话，如木兰诗的地望是由北向南，明驼之“明”即突厥语“千里”的音译，诗中辨别兔子雌雄的比喻亦是胡人的习语，也使人耳目一新。但此次会议上最值得一记的，倒是田先生离开大同前用早餐时的一席谈话，可作为学术史上的资料存世。

2008 年 5 月 26 日 7 时许，我在大同晨光国际酒店用自助早餐。由于到得早，餐厅里人不多。田余庆先生由首都师大历史系顾江龙博士陪同前来用早餐。因前几日与先生同席用餐数次，先生曾询问中大故旧近况，彼此亦较熟悉。同桌早餐间除谈及湖南益阳旧事，如沿资江的大街，益阳开往长沙的客船被称为益阳班，中途在湘阴的搭乘点为临芝口（田先生籍贯湘阴，我籍贯益阳，但都出生在北方）。又同桌谈及金应熙、胡守为先生及胡的学生叶妙娜，自然也谈及陈寅恪先生。

我说：我的老师黄永年先生生前曾说，陈先生晚年应写些魏晋南北朝的东西，写《柳如是别传》是心里有气。田先生说：你是黄先生的学生啊！《柳如是别传》意义深远。又说：黄先生已经过世，黄先生与陈先生立异同，没必要，这话我当面也对黄先生说过，跳不出如来佛的手掌心，动摇不了陈先生的系统。

其实，黄先生生前在自己学术自述的最末一段，针对北京某大学研究生们的议论亦有相应答复："并非寅恪先生有什么文章我必写相同文章与之立异，而且有的文章还很支持寅恪先生之说，如《论北齐的文化》。但认为建立整个文化体系就不必拘泥于细处，则仍可商榷。因为我所立异并非细处而多关涉大局，如这些地方成问题，则所建立的体系岂不有连带动摇的危险。"现在看来，北京某大学就是北大。

我说：黄与陈立异同，完全是为了发扬、完善陈先生的学说，没有丝毫对陈先生不尊敬的地方，黄先生 70 年代曾发愿要为陈先生编辑文集，三联书店新版《陈寅恪文集》中的《讲义与剩稿》就是黄先生给看的稿子。我接着又说：上海最近公布了中华书局上海编辑所的一些业务档案，涉及陈先生著作出版事，其中《金明馆丛稿初编》1963 年清稿本中《魏书司马睿传江东民族条释证及推论》并未删去史语所集刊本那段涉及周一良先生的前记。80 年印本中删去前记是出版社及蒋天枢先生决定的，原因在于周先生当时是颇有争议的人物。同时出版的《元白诗》一书中也将周一良先生改为周□□先生，但未能改尽。

田先生很表诧异，说：周先生临终前曾写了《向陈先生请罪》，对在自己一本笔记中有一篇批陈提纲而上章请过。我说：周先生的《魏晋南北朝论集》出版于 1963 年，1964 年周在广州晋谒陈先生，可能奉上此书。周先生在中大出席柳如是讨论会时，据接待人员云，在下楼梯时曾不幸跌倒，口中喃喃自语："咎由自取，咎由自取。"

我又说：《历史研究》1958年第12期《关于隋唐史研究中的一个理论问题——评陈寅恪先生的"种族—文化论"观点》，署名"北京大学历史系三年级三班研究小组"，中大有人推测该文对陈先生的观点十分熟悉，一定有旧营垒出身者居中指导，不知是否与周先生有关。我还念了其中一段出自《李唐氏族之推测后记》的引文："李唐一族之所以崛兴，盖取塞外野蛮精悍之血，注入中原文化颓废之躯，旧染既除，新机重启，扩大恢张，遂能别创空前之世局。"

田先生说，该文与周无关，但与他自己有一点关系，是由一位学生才子某君执笔。稿子交到《历史研究》，刘大年与他商议，为了加强分量，想让几个人署名，但当时谁也不敢负责，至于刘是否想让他署名，不得而知。后来，田先生又问：辛德勇和你，哪个更早？我说：辛德勇当时是博士生，我是硕士生。

田先生用完早餐，起身离席。我则继续吃完盘中剩下的食物，同时对田先生的坦率钦敬不已，对自己的鲁莽，则汗愧之至。古人云"知人论世"，信哉不虚！

（未刊稿，2008年）

我所认识的谢桂华先生

　　我最后一次见到谢桂华先生，是在 2005 年 8 月 1—5 日内蒙古呼和浩特召开的秦汉史年会上。当时他因肝硬化治疗好转，刚出院不久，精神很好，只是人瘦得厉害。

　　谢先生治秦汉史，又是简牍专家，曾参加居延新简、尹湾汉简、额济纳汉简的整理。他治学刻苦认真，乐于扶植年轻人，为简牍学科的建设发展不遗余力。谢先生的著作不多，属于厚积薄发一路，流传最广的当是《居延汉简释文合校》，其他的论文我读过的有《汉简与汉代西北屯戍盐政考述》《元康四年赐给民爵名籍残册再释》《尹湾汉墓简牍和西汉地方行政制度》《初读额济纳汉简》。其中盐政一篇虽然自谦是对台湾卢瑞琴女士论文的补充，但对当地食盐的用途，戍卒食盐的禀给及相应的文书制度，候官的食盐来源均有所论述，其资料之娴熟、功力之深，无须置评。元康一文是在日本宣读的，致力于册书缀合复原，这是谢先生最引以为豪的拿手本领，考据颇有乾嘉遗风，文末所引钱大昕《潜研堂文集》论赐爵的信札，还有对张政烺先生审读的谢词给人印象深刻。而且我还看过谢先生一篇记张政烺先生学行的文章，两人在学术上的来往是相当密切的。

　　我虽然在秦汉史年会上多次见过先生，但真正面对面打交道还是在2001 年长沙的吴简会上，他带我去见张家山汉简的发掘整理人彭浩先生，口口声声"彭大将军"，真是幽默得出奇。到了晚上主持书法笔会时，更是谈笑风生。我自己的学位论文出版，送给同行前辈指教，谢先生自然也收到了一本。所以内蒙古年会后组织的旅游中，我遇到谢先生，谈论的话题自然由此开始，他鼓励我说：你写的东西还是蛮有思想的，意思是有些深度。他的话很诚恳，不像是时下无原则的好话。由于我祖籍湖南益阳，谢先生是湖南新化人，具有湖南人的爽朗与犟劲，因此，谈起话来十分亲切。八九月是蒙古高原最好的季节，天湛蓝湛蓝的，当地人形容他们的好心情时，常用这时的天空打比方。在蓝天的衬映下，在鄂尔多斯成吉思汗陵旁的绿草地上，我、邬文玲、张小峰与谢先生拍照留念。

会后回到广州，我还接到过谢先生打来的电话，是为了邮寄发表有我文章的《简帛研究》而打听我的详细住址。不久，我收到了谢先生亲手包扎并挂号寄来的样书及稿费。谢先生办事的认真由此可见一斑。我将信封上谢先生北京新住所的地址仔细抄在通讯录上，准备有机会到北京再拜访先生，不想却再也无法实现了！

2006 年 6 月谢先生去世后，我所遇到的同行师友，都对他的早逝表示惋惜，对他治学的专注表示钦佩，对他生活条件的不尽如人意、积劳成疾表示同情。一个这样热爱生活，热爱学术的人，而且经过多年积累，正在要出成果的时候，却因病离开了我们，这不能不说是一件极其痛心的事。但值得欣慰的是他留下的学术论著即将由中华书局结集出版，将成为从事秦汉简牍研究的必读书，将在我国文化史上留下不可磨灭的痕迹；而他对年轻人的提携扶助，他勤恳治学的精神，也将会永远留在我们这些后学的记忆中。

（原刊《简帛研究——二〇〇六年》，广西师范大学出版社 2008 年版）

关于杨成凯先生的两封信札

　　今年学林凋零了好些才人，学者、藏书家杨成凯先生就是其中一位。中国有句古话"天妒其才"，大概指的就是这种情景。

　　杨先生我从未谋面，只是因为编撰《黄永年先生编年事辑》一书，得知因新世纪万有文库编辑事，杨先生与黄先生有过往还，就贸然打电话问他有无黄先生书信。杨先生很温和地答复：跟黄先生主要是电话交谈，手头没有信札。后来我在书店买到《闲闲书室读书记》，中间收有杨先生为台湾"中央研究院"文哲所出版张寿平编《近代词人手札墨迹》《近代词人手札墨迹别编——树新义室所藏忍寒庐词人手札》审稿意见，我便再次打电话给他，后杨先生发来《树新义室所藏忍寒庐词人手札》张寿平跋文，我得以收入《黄永年先生编年事辑》一书中，为此还写了一篇读《闲闲书室读书记》的文章发表在《读书》杂志上。

　　后来由于中华书局希望重版《黄永年先生编年事辑》，黄寿成世兄提供了几封旧信，其中有一封杨成凯先生 1997 年 5 月 26 日就新世纪万有文库《封氏闻见记》校点事写给黄先生的信札：

黄先生：

　　《封氏闻见记》校样我已处理过，不再寄上。卷八"霹雳石"条，我加了几条按语，并改动了正文。原书引玄中记一段不可通。……因手中无《封氏闻见记》赵校，故迟迟未能处理。每见前人说到无借瓻之苦，深感美慕。《文库》工作之中经常苦于无书可用，过去仅注意集部诗词之属，如今涉猎四部，动辄掣肘。

　　《封氏闻见记校证》图本未见，必大有可观。我所卡片上有，却未见书。历史、文学两所中也未找到，据说中华也没有。秦黉刻本极佳，若非底本原美，即为秦氏理校。不知先生有此书否，此书除叶德辉外，几乎无人提起。其佳胜处表明抄本亦有所不及。此书后秦恩复好（像）也曾重印，见《中国丛书综录》之

《石研斋四种》。但《四种》罕见收藏，也很难看到。初印单行之本，更少见著录。看来清刻尽有佳本，可惜时人只注重套印、写刻，以皮相取之，埋没多少真正的善本。

此次校点因初印一批出现一些问题，故又加印一张校点说明，请先生传示各位老师。在我以为，校点整理旧书是自得其乐的工作，现在却少有人能体会其中的乐趣。而目前报酬过低，也令人惋惜。现在做文化工作，只好凭各人的良心做去，奈何！

《连筠簃丛书》精整可爱，友人愿以此书换我旧藏之《西湖志纂》（开花纸精印，有西湖图景），踌躇再三，婉言谢绝。天下好书甚多，鼹鼠饮河，知可而止。还是留着《西湖志纂》开花纸自怡悦吧！——我所有之书，仅有此一书为典型开花纸，其他偶有一两部不及此书。

拉杂写来，聊供先生一笑。

顺颂

夏祺！

成凯拜上

97.5.26

杨成凯先生为吕叔湘先生弟子，曾任职于中国社会科学院语言研究所。他喜藏书，与黄先生为同道，著有广西师范大学出版社2011年印行的《闲闲书室读书记》。函中由校印《封氏闻见记》底本事，谈到清人秦恩复之《石研斋四种》，感叹"清刻尽有佳本，可惜时人只注重套印、写刻，以皮相取之，埋没多少真正的善本"。并谈及友人愿以《连筠簃丛书》交换自己所藏《西湖志纂》（开花纸精印，有西湖图景），自己依依不舍之情。80年代初，北京中国书店之版刻书交易即采以书易书之法。至于藏书者之间彼此交换藏品，则为藏书界久已通行之办法。

今年杨先生逝世后，先后读到范景中先生所写《我所知道的杨成凯先生》、辛德勇学长《与我一起买古书的老杨》两篇纪念文字。德勇学长称赞杨先生为"收藏古籍的精英"。范景中先生则回顾了从少年时代至今与杨先生的交往。其中有一段文字引起了我的注意：

外界看，成凯先生最负盛名的也许是他的词籍收藏了。有一次我们拜访黄裳先生，出来他告诉我，他的词籍总体质量逊于黄裳，但数量绝对过之，清词有六百多种。我听了心中一惊，印象中好像施蛰存先生有三百多种，他竟倍之，真是花了巨大的心血。

由此我联想起《闲闲书室读书记》所收杨先生为《近代词人手札墨迹》《近代词人手札墨迹别编——树新义室所藏忍寒庐词人手札》所撰审稿意见，理解到正因为杨先生在词籍研究领域的极高学术地位，才会被邀请撰写这两篇重要的审稿意见。

日前友人谭树正先生寄赠广东崇正拍卖公司 2015 年冬季拍卖图录，我从中意外地读到黄裳先生一封 1994 年 6 月 28 日致杨成凯先生信札的照片。信札的内容如下（标点悉照照片原式，不识者以□标出）：

成凯先生：

手示拜悉，上海太热，得读来书，如一剂清凉散，谢谢！

田涛的书，大言而夸，且多谬误。此亦书林大腕也，不可写此人，点缀寂寥之书市也。冬心二种，如系乾隆原刻，定为粗黄宋纸所印，我疑系取自宋刻佛经扉叶者。以此二书易得一列仙酒牌，大失算矣，以此可见田君赏析眼光，不过如此，所谓五百明斋亦不知究竟如何，看被他视为珍宝之元刻二种，可概其余矣。

梅村家藏稿，价昂至此，诚不及料，我有一极阔大之罗纹纸印本。

严宝善旧日相识，过去常拿书来卖，近来久不通讯，他那本经眼录尚未出版，当有不少好书，书贾气当然不免。此人尚可一谈。我曾到杭州其书店一看，架上只有嘉业堂写本，未见一好书也，不知其尚有别藏也。听人说，淡生堂书初出时，曾有一皮箱售与医学书局，即无下落，此书必有惊人秘笈也。

近来久不作文，谈旧书也不容易，要有点分量，要有可读性，非可漫然下笔耳。近出一小集《河里子集》，天津百花版，我所买的书尚未到，到时当奉上一册也。

笠泽丛书我曾有一碧筠草堂极初印之宽纸印本，有中吴万张建小印，抄去未还，又曾得一极阔大之皮纸印本，为郑西谛索去，赠浙江图书馆，因该馆得一同版刻之本，作元刻本收入之也。

先生所得佳本有关曹家故实，然不知何名？

魏氏书系河南开封三□所出，尚书，墨版，亦不知何时所出也。

明怀王校《东山词》，系五十年代初得之修绠堂许，系张葱玉之书，久已易书，遂未著录于梦影录中。

小绿天所藏《中兴以来绝妙词选》，我有此书，确是卷尾牌记，我有此书，牌记亦□□。别有"唐宋诸贤……"一本，系嘉业堂藏之天一阁本，两本恰能配全，亦好事也。

藏词曾写过一单目，亦未全，清集中附词遗漏尤多，一时不及检出，如发现，当寄奉一阅。郑西谛藏词不少，然顺康只寥寥数种，似未可言富。李一氓不知如何？我曾以清初闺秀精写之词赠之，不忆其名矣。我国朝后别立新朝一目。是清初写本，皆闺秀词。

《记红集》我有两本，一本抄后不还，选声则未见也。

徐积余书目不知藏于何处？我欲一读，以家藏徐氏书不少也。此公诚一大家，眼光甚大，佳品不少。

小宛堂刻《玉台新咏》，我本有一本，此书不稀见也。

天热如焚，奉恕草草。

即问

刻安

黄裳

六月廿八日

信札的内容不外两个方面，一个是对若干藏书家的评说，另一个是缕述自己藏书的精华，中间涉及许多藏书掌故。实在算得上是一篇趣味盎然的前尘梦影录了。确实，小绿天孙毓修、积学斋徐积余藏书，20 世纪 50 年代初在上海散出，黄永年先生、黄裳先生均得其精华不少。

为了便于普通读者理解这封信札的时代背景，我特意找出杨成凯先生
2012 年 10 月 30 日纪念黄裳先生的一篇文章《我与黄裳先生抢过书》：

　　我跟黄裳先生相识是在二十年前。那时我正跟古书重续前
缘，时不时地跑跑书店，买几本版本书。扬之水道兄在《读书》
编辑部，约我给《读书》写稿。看到黄裳先生撰写的关于古书收
藏和鉴赏的文章，读起来丰腴隽永，趣味横生，信手写了几篇书
评。一次过沪，抽空拜望先生，就这样熟悉起来。

　　我很少出门远行，偶然过沪也是匆匆来去，难得有机会到府
上拜望。先生年高，不忍打扰，偶然相见，对坐谈书而已，从不
曾请阅先生的秘箧珍藏。只记得一件事。我编"新世纪万有文
库"期间，拟出版清初奇女子李因的《竹笑轩吟草》。此集极其
罕见，范景中兄从上海图书馆觅得初集和二集，三集久久未得。
因托陆灏兄叩之先生，慨然出来燕榭藏本复印见寄，此秘籍得以
圆满面世，不能不拜谢先生之赐予。

　　先生酷爱古书，乐于谈论古书的消息，所以我看到或买到什
么书，不时报告一番，供先生点评。书信往来，以为笑乐。那时
书店已经没有多少好书可买。先生关注明末清初史事，记得见到
一部明末刻《云间三子新诗合稿》，极罕见，赶紧报与先生，还
是引起了先生的注意。我得清康熙徐乾学初刻不分卷本《秋笳
集》，先生叹为从未见也；以拍卖底价得清刻《乐府小令》，也曾
为先生赞赏。

　　先生藏词甚夥，所藏清初三代刻词选集和词别集富可敌国，
尽有世无二帙的秘本。谈起词集历数家珍，令人神往。凑巧我也
喜欢词集，书市有所见闻，可以相互评说。先生虽已历尽沧桑，
偶然见猎心喜，也会买一点。有一件趣事。前几年上海拍卖会出
现一部清人词集，恰巧是我收藏的目标，委托朋友在现场参拍。
底价不过三千元，心想顶天也就是几千元的事情。不料电话中听
到一直有人加价争买，一册不起眼的小书竟至一万六千元才落
槌。不禁愕然！事后先生来信念叨，说上世纪五十年代有词集让
给了施蛰存，现在想买回来，不料拿不回来了。看了信，不禁哑

然失笑，原来赶上"路窄"，撞在枪口上了。

先生有时也感寂寞，希望有人多谈谈书市动态，喜欢听我说词集的事情。可惜近年书价暴涨，加上我旁骛分心，离书市越来越远，没有什么可说的，有负先生的期望。先生经常赠书，苦于无以还报。今年初《读书记》出版，曾寄奉特装本，并告以近年所见所得各书。先生很高兴，赐示谈论自己收藏各本，兴致正复不浅。正准备把近年所得的书复印几张书影，给先生看看，开开心，我就进了医院。养病期间还在盘算哪些书可以制作书影，还没有来得及动手，突闻先生已归道山。回思往事，不禁黯然伤心。

先生平生喜爱古书。上世纪四五十年代先生买书时正值社会变革，江南地区是历来的刻书和藏书的圣地，当其时世代藏书蜂拥而出涌上市场。先生眼光如炬，抢救了许多濒危的珍贵文献，俨然蔚为藏书名家。近年以生花妙笔撰写书话，每有述作，脍炙人口，对八十年代以来兴起的读书和藏书热有倡导之功。

斯人归去，又弱一个，惜哉书林也！

如今杨成凯先生自己也成为古人了。他据以写成这篇文字的信札也已公布，成为真正的史料了。他与范景中先生合译的贡布里希名著《艺术的故事》、绝笔之作《人间词话门外谈》我都先后拜读，诚是一代学贯中西、信达雅的才人。杨先生作为国家文物鉴定委员会委员，他关于版本古籍的文章我也读过若干，以我听过黄永年先生相关课程的经历来说，真正打动我的，并不在于他的渊博而在于他的精密。杨先生的凋零，诚所谓"天妒其才"！斯人归去，又弱一个，惜哉学林也！

（原刊《南方都市报》，2015 年 12 月 31 日）

张金光先生与《秦制研究》

我于日前在成都召开的第 14 届中国秦汉史年会上，遇到了国家图书馆的汪桂海兄，谈起他的导师山东大学张金光先生，汪兄说，去年已经因病心肺衰竭不治去世了。闻讯后心中为之不怡良久。

我最早读到张先生的论文是《文史哲》1984 年第 1 期上的《论秦汉的学吏制度》，该文揭示出秦汉时期国家培养统治爪牙的全过程，对《史记》《汉书》相关纪事进行了很好的诠释。我想，这篇文章大概是张先生论文中被征引次数最多的一篇。张先生第二篇给我留下深刻印象的论文是发表在《文史哲》1990 年第 1 期上的《论秦自商鞅变法后的农村公社残余问题》。这大概是张先生后来官社理论的雏形。我 1998 年至 2001 年间在中山大学历史系攻读博士学位时，选定秦律为研究对象，曾在中山大学法律系中国法律思想史刘星教授的讨论课上，谈起张先生的观点，没想到令刘教授倍感新鲜，课后我还提供了该文复印件给刘教授。而引起我震惊的是 2005 年购读的张先生大著《秦制研究》。我在 2002 年出版的拙著《秦律新探》中曾指出商鞅移植法经至秦之说不可信，甚至法经六篇本身都是可疑的，是伪造的。我的主张竟然与张先生的主张不谋而合。此外，在对秦律、汉律的理解上，张先生在书中也有不少独到的见解。荆州博物馆的彭浩先生曾主持张家山 247 号汉墓法律简牍的整理工作，也曾在与我的电话交谈中赞扬过《秦制研究》这部书。

此后，我从毕业于山东大学历史系、任教于烟台鲁东大学的同门学长李炳泉兄处得到张先生的地址及电话，准备有机会到济南拜会访学。诚所谓"生不用封万户侯，但愿一识韩荆州"是也！但遗憾的是因为种种原因始终未能成行，只是打过两次电话。第一次通话我谈了对《秦制研究》的观感，甚至包括一些误读之处。张先生诚恳建议我写出，后来因为种种原因没能完成，只写了一篇札记《江陵高台 18 号墓木牍与〈汉孟孝琚碑〉》发表在武大简帛网上。大概张先生年事已高，平时不太接触网络，对出土新材料如里耶秦简比较陌生，我谈了里耶秦简中关于徒隶制度的新材料，证明徒隶的终身服役性质，张先生都很感兴趣。第二次，我记得谈起过秦简《编年记》的性质问题。因为根据荆州博物馆后来发掘的多本类似《编年记》的竹书，《编年记》只是当时一种官方发布的历史读物，其上面的私家记事只是临时标注而已，后来我这篇《睡虎地秦简〈编年记〉性质探测》论文发表在《北大史学》第 14 辑。张先生当时在电话中说，他也有类似看法，后来还寄赠给我一本 2008 年第 3 期《文史哲》杂志，上面有张先生用钢笔写上的"内有拙文一篇　曹理宁教授惠存并指正　张金光二○○九年三月二十四日"。所谓"内有拙文一篇"指的就是《释张家山汉简〈历谱〉错简——兼说"新降为汉"》一文。由于我们一直未通过书信，故张先生根据我的自报家门，误写"旅"为"理"字了。

人总是要离开这个世界的，学术界谈起张先生，总为他一生的坎坷以及艰苦生活唏嘘不已。其实按照古人的"三不朽"论，张先生将以"立言"而不朽，将在人类思想文化宝库中留下不可磨灭的痕迹，这应该也是令张先生本人及后学感到欣慰的地方。就在此次成都秦汉史会议结束之前，主办方组织参观抗战时迁至宜宾李庄板栗坳的前中央研究院史语所旧址，在董作宾先生破败不堪的故居面前，导游说了一句——这里就是完成《殷历谱》的地方。我突然又想起了张金光先生以及他的《秦制研究》。

（原刊武汉大学简帛网，2014 年 9 月 15 日）

高敏先生二三事

2014 年 1 月 8 日，郑州大学高敏先生因病与世长辞了。我第一次见到高敏先生，还是在 1999 年 8 月昆明召开的秦汉史年会上。记得是秦汉史研究会的前辈彭年教授带我前去晋谒的，当时印象深刻的是老先生面色红润健康，一口浓厚的湖南益阳乡音，用中国人传统的家乡观念来说，是我的一位乡先贤。虽然此前已读过先生的《秦汉史论集》以及《云梦秦简初探》，但毕竟学力浅薄，也提不出具体的学术问题来请教。

我第二次见到高敏先生，是 2000 年岁末的一个晚上，在郑州大学南门外高先生的寓所翘楚斋。这次是专程为了撰写博士论文《秦律考辨》来向高先生访学请益的。寓所客厅不大，悬挂着一副红色的对联，大概是先生七十大寿时学生奉上的寿联。高先生当时正在吃晚饭，老先生胃口真好，正餐外还要吃一包方便面做点心。高先生吃完晚饭回到客厅，坐在沙发上，燃起一支烟。我将自己研究秦律简牍的构想一一向先生作了汇报，大概所研究的问题大都是订补前贤研究不足及读秦简过程中发现的一些具体问题，高先生笑着说："你的题目不如叫'秦律杂考'。"记得当时我还就秦简中"隶臣妾"口粮这一问题请教先生。高先生结合自己 60 年代下放劳动时的口粮作了回答。我向先生问起 50 年代他在武汉大学读书期间，曾有三年不下珞珈山的传闻，是否属实。先生笑着说："这个不假。"老先生还批评日本学者研究简牍只注意简册缀合，而忽略与文献互证以解决重大历史问题。老先生还谈起 1984 年在中山大学召开的陈寅恪国际学术研讨会上的一些见闻。

当时长沙吴简刚好公布，高先生正在夜以继日地赶写札记，并赠送了两本刊载札记的《郑州大学学报》给我，文中有的注释还有先生的红色圆珠笔校语。我还好奇地到先生的书房中看了先生的藏书，先生不是藏书家，一面墙的书架都是些实用书。我对先生讲，第二天上午想到郑大历史研究所看看书，先生也爽快地答应了。后来，先生还通过彭年教授转送过一本他的七十寿辰纪念论文集给我。

　　我第三次见到高敏先生，是在2001年6月间我的博士论文《秦律考辨》答辩会上，高敏先生被业师张荣芳先生从郑州大学请到中山大学担任我论文的答辩委员会主席。

　　答辩期间我到高敏先生下榻的中大招待所晋谒，高敏先生那一天兴致很高，谈兴很浓。谈起青年时代在湖南大学求学期间，曾是杨树达先生古文字学的课代表，颇得杨先生赏识。后来院系调整，湖大文科一部分并入武汉大学，一部分并入湖南师院。当时杨先生本来是要到武大去的，但杨先生自己不愿去，说"珞珈山太高，爬不上去，长沙的猪肉好吃……"婉言拒绝前往武大。当时高先生与张泽咸先生都在湖大读书，还是勤工俭学时挑泥的伙伴。在武大读书期间，唐先生让研究生自己读书，一周叫到家中谈读书心得一次，唐先生很严格，同去问学的同学有人紧张不已，出的汗竟然湿透了棉袄。唐先生1949年前在武大升教授时的著作《唐书兵志笺证》是当时教育部委托陈寅恪先生评审的，唐先生为此很有知遇之感。高先生还谈起我就读硕士学位时的导师黄永年教授，说："你的老师有些骄傲。"我回答说："有学问的人都如此。"高先生闻后爽朗地大笑不已。

　　那天答辩，因只有我一个学生，从9点到12点半，汗流浃背，回答答辩委员会委员提出的问题。答辩结束后，高先生在广州举行了一些学术活动。活动结束后我们送高先生坐软卧回郑州，当大家在软卧候车室等车时，高先生显得有些焦虑不安，直到我们将他老人家送上火车。准备告辞时，他却挽留我们留下陪他聊一会天。原来某次高先生外出开会，在候车室与送行者聊天，竟然误了火车。

　　2002年，我的博士论文经修改后，改名为"秦律新探"准备出版，出版社想把林甘泉、姜伯勤、高敏先生的评语各摘要一段印在封底以作宣传，我去信征求高敏先生的同意，老人家2002年6月4日亲笔回信表示同意：

　　　曹旅宁同志：

　　　　您好！

　　　　来信收到，对信中所提出的要求，我简单回答如下：

　　　　第一，关于给中国社会科学出版社写推荐信一事。我的博士生庞天佑，2001年毕业，他的论文在中国社会科学出版社出版。

出版前，中国社会科学出版社并没有要求我写什么推荐信，不知道为什么您的要求有推荐信？再说，写推荐信写些什么？怎么推荐法？能否说明一下写的大致内容？

第二，出版社想从我的论文评语摘几句话放在封底，问我是否同意。我的回答是：同意，出版社想怎么做就可以怎么做，我都无意见。

第三，《张家山汉墓竹简》已出来，我已写了几篇文章，《文物》杂志将发《从〈二年律令〉看西汉的赐爵制度》一文；《中国经济史研究》将发《从〈二年律令〉看西汉前期的土地制度》；《郑州大学学报》将发《从〈二年律令〉看西汉前期的反刍、菑税制度的变化发展》。这些情况请您留意！

盼速回信，以便我能如期写推荐信。

余不一一，顺致

敬礼！

高敏

2002 年 6 月 4 日

其实，中国社会科学出版社并不要求写推荐信，而只是希望从高先生的论文评语中摘几句话放在封底。2002 年中国社会科学出版社出版了我的《秦律新探》。后来，我于 2005 年在中华书局出版了《张家山汉律研究》一书。

而我最后一次见到高敏先生，是 2005 年 8 月在内蒙古呼和浩特召开的秦汉史研究年会上。香港中文大学的黎明钊先生因高先生前往台湾开会途经香港时开车迎来送往，接待过高先生，高先生请黎先生前往下榻的客房谈话致谢。由于高先生一口湖南益阳话，黎先生一口香港国语，交谈不畅，黎先生只好找到我居中翻译，把高先生的乡音翻译成普通话，把黎先生的香港国语翻译成湖南话，两人皆大欢喜，谈话大约一小时，内容除了客套话外，高先生说，如果不是"文革"耽误，他要多出五本著作。这一年，高先生已年近八十，从事学问的愿望仍然如此强烈，让我们这些后学感佩不已。

此后，高先生因年高体衰，就很少参加秦汉史年会了。但是老先生仍然笔耕不辍，我曾买到2008年5月广西师范大学出版社出版的他的《长沙简牍研究》，十五万言，共包括十六篇札记。后来，在某次会议上遇到高敏先生的公子高凯先生，得知高敏先生因糖尿病眼睛不好，但身体还好。没想到今年年初传来高先生溘然长逝的消息，终年八十八岁。我望着书架上放着的《云梦秦简初探》以及《长沙走马楼简牍研究》，脑海中不禁又浮现出高先生的音容笑貌：手指总是夹着香烟，一口浓厚的湖南乡音中透出对后学的殷切期望……

（原刊武汉大学简帛网，2015年1月9日）

我所认识的殷宪先生

　　著名书法家、学者殷宪先生于 2015 年 10 月 26 日因病溘然长逝！噩耗传来，我怎么也不敢相信，印象中一位那么生龙活虎，那么酷爱文史，那么热爱生活的道友殷宪先生竟然会离我们而去了！

　　我结识殷宪先生是在 2007 年 10 月出席"西安碑林 920 周年"学术会议时，与殷宪先生同居一室。长安夜话，极为投缘。殷宪先生是位真正的读书人，其经历与清代大学者钱大昕相仿佛，早年从政，晚年治学，酷爱金石书法，擅长吟诗填词，其在北魏平城历史研究中以研究新出墓志石刻为中心，别开生面，在海内外学术界声誉鹊起。

　　我曾复制罗振玉《石交录》寄给殷宪先生，他在八行笺纸上以墨笔回复："《石交录》复印本收到，捧读再三矣。此次西安之行得识先生，亦今生之幸耳。"并回赠日本《金石学》杂志一册，上面刊载他的大作《北魏前期的铭刻书迹》日译本。一般说来，中国学者常将日本学人的著作翻译为中文，日本学者将中国学人的著作翻译为日文则不多见，足可见殷宪先生在此领域的学术地位之高了。

　　殷宪先生曾为我提供其访得的《拓跋猗卢之碑拓片》照片，后来我据此写成《拓跋猗卢之碑残石性质的一种推测》，认为猗卢之碑可能是会搬家的淫祀神祠碑，对田余庆先生《拓跋史探》中的一处观点有所补充。田先生本人也看到过这篇短文。

　　2008 年 5 月 23 日至 26 日我又应殷宪先生之邀，由广州前往大同出席"北朝都城历史文化"讨论会，认识了著名学者北京大学教授田余庆先生；并得以考察平城最新考古成果、方山永固陵以及拓跋古城遗址；又得以参拜云冈石窟以及大同辽金古建筑善化寺、华严寺，三生有幸，收获不可不谓大。

　　会议期间，殷宪先生曾邀我至府上参观他的藏书以及碑刻拓片、稿本、字画册页、瓦当、胡人陶俑等藏品。殷宪先生为研究北朝史，曾花大价钱从北京孟宪钧先生处买了一部赵万里先生的《汉魏南北朝墓志集释》。

殷宪先生收藏有几十方志石，就放在阳台后的花园里。其中有一方唐代昭武九姓的石善达墓志，北京大学荣新江先生为此专程拜访过殷宪先生。我本来也想到院子里一探究竟，但因夜黑风高而作罢。殷宪先生还让我看了田余庆先生与他探讨学术的信札。还记得有一册溥心畬的山水册页真迹很是精致，我当时正在撰写《溥心畬别传》一书，曾看到过若干溥氏真迹。此次殷宪先生还赠我大著《北魏平城书迹二十品》《持志斋吟草》。

2009 年 10 月间，在西安召开的国际书法史研讨会上，我又一次与殷宪先生重逢并同居一室。彻夜聊天，殷宪先生孩子气地拿出小小的数码相机，给我看他所经眼的石刻、文物。有一件大同新出萨珊波斯风格的小巧银器引起了我的注意，据说是温酒器，三条腿竟然雕琢成狮形，造型很是生动。我随身带了几本版刻旧书，想请与会书法家写几行题跋以便赏玩。殷宪先生所写法显《佛国记》有云："旅宁曹君，江阴黄永年先生高弟也。尤喜善本古籍。今以所购晋僧法显《佛国记》示我。余感吾乡有此大志大贤之人。年逾花甲，投西土而图远。又以郦氏《水经》所引此书为注文，更证其书历来为道俗所重。因记此数语以为留念。旅次之间，有笔而无砚，匆匆书此，徒博曹君一哂耳。"殷宪先生还送我草书一条，写的是唐刘长卿的《弹琴》："泠泠七弦上，静听松风寒。古调虽自爱，今人多不弹。"书法意境俱佳！此次会议又组织参观汉中博物馆陈列石门颂以及诸葛亮祠。殷宪先生与故宫博物院的王连起研究员在石门颂面前谈论书法史，影像也颇为动人。

2013 年岁末，我听说殷宪先生身体欠安，致力于自己著作的整理出版事宜，曾致信问候。殷宪先生寄赠《大同新出唐辽金元志石新解》《云朔骋怀六辑》与我。我也回赠拙撰《秦汉魏晋法制探微》《黄永年先生编年事辑》。2014 年岁末，北京大学田余庆先生病逝，殷宪先生在微信私信中发来两幅精心结撰书写的挽联照片："无中生有拓跋史探，何以为怀楷模先师"；"无中生有拓跋史探，悲里致怀云朔文思"。第二幅后来悬挂于田先生灵堂之上。

2015 年元月我曾恳请殷宪先生为我书写一幅堂号"海云精舍"，殷宪先生爽快地答应了，不久竟以快件寄来了墨宝，并在笺纸上以墨笔写道："旅宁道兄：遵嘱写成四字，若是完全之隶书，只能照搬礼器。还是写了东晋至北魏平城时期之铭刻体，非隶非楷，亦隶亦楷，自家意味多些，不知可意否？即颂冬祺！甲午十一月廿七日殷宪顿首拜"，并钤"殷宪"白文印。札中礼器即曲阜孔庙汉礼器碑，一般认为是隶书之最完美者。我将此堂号照片发给友人西安碑林王其祎学长共同观赏。学长有云："其实很好，不趋步，不古板，更苍劲，更古拙，茫茫气象大矣，胜过南书之柔媚甜俗。"学长深得业师黄永年先生碑刻学真传，更兼雅擅书法，所言信哉不虚！

　　2015 年后殷宪先生健康开始逆转。元月一日就曾因病住院，在元月十一日微信中回复我的问候时说："确实如此。从一号起住院，明日方可出院，吃的不合适，急性胃炎，体验了孙猴子折腾铁扇公主的滋味。"4 月间，友人赴山西祁县访古，见到一些小巷子写"许圪道""何圪道"，不解其意，向我询问。我请教殷宪先生后答复有云："匈奴鲜卑遗痕：圪，是小、短暂之义。圪瘩、圪拉、圪垯、圪截，意为小包、小缝隙、小坑、小段。圪等、圪（目毛）、圪券（藏），少等一会，少看一下，少藏一阵等。圪道可能是短路或小巷，也可能是一处低洼的所在，如炉坑叫圪窦，或与此义同。"真堪称一字之师。

　　如今贤人已萎，请益无门！我不由想起了杜甫《赠卫八处士》中的诗句："明日隔山岳，世事两茫茫。"殷宪先生，请您一路走好！

（《中国社会科学报》，2015 年 11 月 23 日）

姜伯勤先生二三事

　　每当我读到姜伯勤先生收入《当代中国游记一百篇》中的散文《敦煌寻梦》里开篇的句子——"在蜃楼消失的地方"，心中总有一种莫名的激动。我最早读到姜伯勤先生的文章是《唐敦煌"书仪"写本中所见的沙洲玉关驿户起义》，发表于《中华文史论丛》1981 年第 1 辑，以新史料来研究农民起义，虽然具有史学研究的新气象，但毕竟又遗留有旧时代的爪痕，这篇论文显然是新旧研究风气过渡时期的产物。1988 年初在陕西师范大学遇到日本北海道教育大学的妹尾达彦先生，对姜伯勤先生的学问赞誉有加，可谓是"墙内开花墙外香"。1993 年底我曾有机会到广州中山大学康乐园姜先生家中晋谒。他给我冲了咖啡，并谈起他在澳门发表的岭南禅宗史中石镰大汕的文章，还问起我对学界动态的看法，并说中山大学虽然僻在天南，但总会出几个出类拔萃的学者，并举出林悟殊先生的大名。1994 年 10 月以后我有机缘到广州工作，便有了向姜伯勤先生直接请教的机会。以下便是记忆中的点滴回忆。

一、一封旧信

　　近来清理书籍，无意中翻出一封旧信，是姜伯勤先生的弟子王承文兄 1994 年 2 月 24 日写给我的。信中说：

　　　　我是王承文。虽上次来学校听姜先生的报告才有一面之缘，但是数年前即开始注意和拜读您的大作。几年前在《中国社会科学》发表的书评，即是我向姜先生转告的。书评写得很有见地，看得出您在这个领域也是个专家。其后有关南方佛教史多篇，也都曾专门查找阅读过，很受启发，很有新意。
　　　　此次受姜先生之托，有一事相告：您近来所写的书评即姜先生《敦煌吐鲁番文书与丝绸之路》的书评中似有该书是"继《寺户制度》和《敦煌社会文书概论》之后的又一部新作"等语。其中略有一点出入,《敦煌社会文书概论》应为《敦煌社会文书导论》。由于该撰出版在台湾,大陆未有发行,我辈等亦未尝读过,故此小误也在情理之中。姜先生的意思则还是希望能在大作刊出之前改正过来。

信中所说《中国社会科学》上的书评是我在《中国社会科学》1989年第4期上刊布的拙文《剖析封建社会经济结构变迁的钥匙》。当时我已读过考茨基《基督教之基础》、陶希圣主编的《食货》、何兹全主编的《五十年来汉唐佛教寺院经济研究》、法国谢和耐《中国五—十世纪的寺院经济》中译本,对佛教寺院经济研究颇有兴趣。至于信中所说近来所写的书评则是《丝绸之路与中亚文明——〈敦煌吐鲁番文书与丝绸之路〉读后》,后来发表于《中国史研究动态》1995年第8期。1994年10月我到广州工作后赴中山大学拜谒姜先生,姜先生赠送文物出版社新版《敦煌吐鲁番文书与丝绸之路》,书后附录西文目录中有姜先生亲笔校字。姜先生又请我到康乐园餐厅吃晚饭。路上谈起季羡林先生说过,真正的学者都是上帝的选民。进餐过程中,又谈起张承志发表在《读书》上的有关"心史"的文章,以及彭卫所写一部史学理论中关于"心灵史"的论述,后来我才知道,姜先生正在全力以赴地从事敦煌心史的研究。至于书评初稿在我此后到中大听姜先生贡布里希的学术报告时,曾呈请姜先生过目,因此才有王承文兄写信给我改正不够准确的书名之事。

二、雨夜听讲

至于1994年12月2日雨夜,中大姜先生《敦煌艺术史研究与贡布里希图像学》讲座,我不仅保留了当时姜先生所发两页油印的讲演大纲,还记下了讲演的要点:

《学人》,中国近代以来第六代学人所办的杂志,范景中、陈平原。《原道》,1994年,第七代学者,对学术的论述。共同之处,北大校园九十年代读书潮的诉求,纯学术,提倡学术的规范。1994年，中国社科院《原道》，标志着第六代第七代在学术界应有的角色。80年代，杭州，西子湖畔，1985年完全出现这种情景，追溯学术源流，最出色的，范景中，十年，推出艺术学译文，给国内学术界注入新的生机，贡布里希的学术开始传入中国。第六代最具有震撼力的学者，按捺不住自己的激情，两度请教，一度请他来中大，"贡迷"，不仅涉及艺术史，也涉及史学，其他人文学科。

《图像与观念》：①严谨的学术规范；②美术史是人文学科。牛津、哈佛、香港艺术史系，反对华而不实的空疏学风。美术史的史学史，做学问的……二十年为期，建立中国美术史的规范，运气好能做到，我不满意那些不规范的著作，一部著作，没有索引不行，没有准确翔实的注释更麻烦更糟糕，没有注，没有学术的发明专利推进，否则无资格在学术主流中活跃。

我个人认为，规范：

（1）推溯学术史与研究史。

（2）以新材料研究新问题。

（3）追求专业性，懂得一定时期学术共同体中有共识的权威性评价标准，力图懂得该学科的前沿，难题，革命性变更的契机，领会本专业的发展，使用规范性的术语。

（4）使用符合国际规范的注释。

贡布里希的时代，1909年，维也纳，律师、钢琴家，人文中学，两次大战，好莱坞塑造的黄金时代，《音乐之声》，艺术史，维也纳学派，伦敦大学瓦尔堡学院艺术史家（德国洪堡学派，瓦尔堡学派）。著作《艺术与鉴赏》，以心理学阐释艺术史。《艺术的故事》《艺术与错觉》，图画再现的心理学研究。《秩序感》《装饰……》。

图像学，研究图像的意义，是视觉的解释学，对于意义的理解和解释的理论的哲学，具体，我注六经。

贡布里希对图像学贡献。人类文明发展推向高尚、优雅、心平气和、至于至善，不偏不惑。

（1）反对主观主义解释的随意性。text一定有依据，一定程度上导致不负责任的主观主义，阻碍我们与历史的真实联系。

（2）界定了作者的意图意义。理解者事后对作品的理解的意义。

（3）中间艺术家的艺术方案，考据，依据原典，上下文，来龙去脉。圣经学，为什么？

（4）图像学家首先确定作品所属类型，考察体裁，注重个案，环境，习俗，传统。精读文本，把无所不包的概括视作本性的所谓科学。

（5）基础研究惯例，为所释作基础，对历史背景，考辨源流，辨别类此。

（6）艺术和美有不可分割性，对意义探讨具有审美功能。

（7）建立在广泛文化、科学的解释之上。

①文化、艺术、政治、伦理、宗教社会的等等社会一般观念在艺术作品中的象征。

②科学，以哲学、生理学、心理学、神学、神话学、占星学乃至科学史辅导探求，力求论证的清晰性。（车王府曲子词，满语子弟书，皇宫说唱）

（8）任何解释本身都不是无限的，都是可以反对的，不应固受，而应在……纸本。白画，饶先生。赛神，再现，象征，意义，表现，求雨，吉田丰教授。经验时代，四百年里，形而上学，贵族，古典传统，最新文明。

三、秋日闻道

1995 年 10 月的一个下午，我与时供职于中山图书馆古籍部的段晓春兄一同到永芳堂晋谒姜先生，姜先生那天兴致很高，谈话很多，晚上还请我们两人到康乐园餐厅便饭。谈话过程中，我在姜先生当时所赠予的发表在台湾《新史学》第 6 卷第 2 期上的《陈寅恪先生与心史研究——读〈柳如是别传〉》抽印本空白处随手笔录以下要点：

中山图书馆林子雄先生，整理廖燕《二十七松堂集》在台湾

"中央研究院"出版。王贵忱，版本鉴别。《辛亥以来藏书纪事诗》《广东藏书纪事诗》，中大古籍部，台湾《近代中国史料丛刊》。近代广东刻书藏书，行商，皇家子，《海山仙馆丛书》，西关药材商。十三洋行后代，梁方仲，天宝行的后代。吴道镕《广东文征》。

西域南海，十八、十九世纪，边疆危机，当时学术主流，地理学是显学。《海国图志》，开眼看世界，沈曾植、梁廷枏、李光庭。张穆《蒙古游牧记》，李文田，顺德人，《和林金石录》，西北史地学余音。智商高，语言能力，方以智的儿子与汤若望是朋友，钱大昕懂蒙古文，康熙学过拉丁文，文廷式懂得拜火教。

《敦煌〈本际经〉中的道性论》，《道家文化》第七辑。卢国荣《沙漠宝窟》。岭南禅学史七篇，《岭南禅学与明清文学》，《文化中国理论与实践》。刘承干嘉业堂，明遗民诗文集很多，5角一部卖给复旦。唐长孺先生是刘家的外甥，看得很熟，还手写了几页目录给我，唐先生晚年病中，我去看他，谈天，明清禅宗，唐先生说，老姜真博学，老张（张泽咸）要让你一马，武大只有我能谈。唐先生主编《敦煌吐鲁番文书初探》出版后，书评很多，唐先生说，不要写了，老姜写得还不错。

在北京参加整理吐鲁番文书。中华书局见启功，握手，手很软。唐先生背诵《晋书》。还有唐兰、罗福颐。当时北京供应比上海好，杨廷福先生，买2元一斤的肥肉煎猪油带回上海，还买了一箱腊肠，我帮他扛到前门火车站，送上火车，杨先生拍着我的肩膀说：在家靠父母，出门靠朋友。

4岁上幼儿园，小学五年级学俄文，读了三年日文。饶先生要我学梵文，我说，过气老倌。意思是粤剧里倒了嗓子的老生，不能再唱了。东莞劳动，干、吃、睡在田头，蚂蟥咬，受不了。

四、再沐春风

《规范与创新》——姜伯勤教授1998年10月15日，为中大新入校博士生讲授，我当时是听众之一，有笔记存留：

张大千的艺术

我有一个不理解。最近电视上有徐悲鸿的节目，徐说（抗战时）张是五百年来绘画第一人。请教饶宗颐："张与齐孰高？"饶回答："齐能画的，张则能画；张能画的，齐则不能画。"为什么大陆缺乏对张的研究，中文系、美术系的才子无视于此呢？张早年师承曾农髯、李瑞清（清道人）苦学。石涛是五百年来最有魅力的，张以石涛为中心，兼学八大山人；"临摹四僧"，对绘画传统规范登堂入室。"凡一益之承，无论其师古，师造化，必有其渊源，如长江大河，若思源头，则秋浍尔。"1941 年去敦煌三年，北朝—唐宋，人物画，青绿山水。张大千的艺术：①继承古典；②范式的不断改变。

关于贡布里希的艺术史理论与图像学方法（为 1992 年 12 月 2 日雨夜讲演的节本，此处从略）。

五、当头棒喝

姜伯勤先生的弟子万毅兄尝说：姜先生精研佛法，对弟子后学教导时，往往会当头棒喝。我于 1998—2001 年间在中大历史系从张荣芳先生以"秦律考辨"为题攻读博士学位，就曾在开题报告会上领教了姜先生、胡守为先生的"当头棒喝"。我偶然保留的当时笔记中有如下记录：

姜伯勤老师：

佛家有"方便"一词，同学同道行方便，通达，宽松，七天休假，行边缘。国情、党情、校情。年轻化：出大师，三代人，经学家，少年经学家。心气放低，煽起……

但是，极少数的极好，李学勤，邢文《马王堆"易"》，经济、英文四会，禅学，帛书，哈佛，"出力"，文本，不敢。高国藩《门神研究》，傩礼。蒙古，德力扎布，满文老档，研究明代漠南的蒙古。时代进步，客观，绝大多数都是讲义，好讲义。时代的局限。1956 年本科一年级，《秦汉的方士与儒生》，"纳钱一日"，《张衡的反图谶思想》。不客气：最真的尖端上作，侯外庐定的调子，很大，时间，但是，只是一个讲义，迅速淘汰，同一题材在同时期出大量。

事物的发展有规律，杨向奎，杨向奎死了没有？李学勤、项楚、裘锡圭。人才低谷，支撑我们的生源没有了。有个屁用，搞规律搞不了，我怎能做到饶、刘，没有经学的训练，没有前四史的训练。除了博士论文，其他文章也不行了。只是说了。但是，杨向奎还活着，台湾人，三代，几代人研究文本，电脑没用的。在职，回到……一代不如一代，胡（守为）老师，汤（明檖）老师！

风气，抄袭。①精力浪费在其他方面，错过机会。各位抓住机会，历史系不容乐观。读历史都是落伍者，堂上无所谓，这个行里求出，行行出状元。②攻击别人，揭文化名人中的老底。③揭博士生抄袭的"专业户"，陷阱，国内人不大明白，严格的引证，唐先生，夜班、白班（按：大概是唐长孺先生吐鲁番文书整理小组的故事，历时久远，具体细节已回忆不起来了）。异动情况。学术伦理。对别人苛求很多，缺乏上一辈人的教训。

不断粗制滥造，社会就是如此。有一部书，龙华寺湛如，全部对一遍，对出一大堆错误。

较真，陈磬、顾颉刚、李学勤、杨向奎、张政烺、李零、陈永正，很难懂。

秦简。我看到高敏在文物局想看材料。高敏，前四史滚瓜烂熟，三年研究生，未下珞珈山一趟。池田温，吐鲁番文书阅读班，一下午，3点开始，3点至5点，日本律，7点至9点，秦律。很大差距，不懂文本，不做文本，怎么深入？

建设性意见：①查原材料。②工作一学期，汇报工作情况，帮助收紧。心得，谈何容易？③大先生把关。《张衡周易反图谶》，1959年中大青年史学第一编，《郑堂读书记》，澳门禅史，十几年时间、血汗，陈寅恪、周连宽、饶宗颐先生。④两三个学期后，找李学勤、高敏先生。

由于导师的机缘，博士生特权，国内外都如此，不告诉你，良心过不去。博士生机缘，去找李学勤先生、高敏先生。一、

二、三，一是新材料，二是新问题，三是新材料解决新问题。优秀论文，选题关键，一步一步向前推。

2000年我外出访学归来，在永芳堂现刊阅览室又一次遇到姜先生，当时他正在临摹《文物》杂志上刊登的西安所出安伽石棺墓发掘报告上的线刻画。我向姜先生汇报了访问高敏先生的经过。姜先生则突然谈起正在做的袄教艺术史，有一位旅居国外的学者视他为假想敌，其实这位先生是俄训班出身，四十岁才开始读《通典》。又谈起中大当局想请他主持拟办中的艺术系，姜先生说，"艺术系是培养亚视艺员的地方，粉男绿女的，我受了一辈子穷，总不能老来失节"。我想，这大概是学校当局不了解艺术史研究与艺术系是风马牛不相及的两回事所致。

六、陈垣纪念会上的讲演

2001年从中大毕业后有一次在永芳堂遇到姜先生，坐在大堂的硬木方椅上交谈过一番，姜先生讲起自己的《鸣沙山房存稿》结集事，中华书局准备出版。我不由想起唐长孺先生晚年曾居住在麻城龟山，编订《山居存稿》往事。姜先生又讲起周作人与鲁迅在学术、学风上的区别，讲鲁迅是"出师未捷身先死"，表达了对扬周作人抑鲁迅之风的不满。

2010年11月21日在中山大学历史系永芳堂举办"纪念陈垣先生诞生130周年学术研讨会"上，已经跌伤腰椎、不能行走的姜先生提交了《陈垣先生与王国维先生》的论文，亲自坐着轮椅出席会议并做主题发言，我当时亦应邀与会，并在印发的会议论文集所收姜先生论文的空白处记录大意：

　　本来要写陈垣与宗教史的，蔡老师写了，陈垣与王国维没人写。王国维有疑难请教陈垣。伯希和在北京学术界欢迎宴会上说：中国之世界学者，只有王国维与陈垣先生。现场有各语种的人，梁宗岱翻译出来，胡适气死了。陈寅恪先生当时在国外。
　　我不报课题，免得牵着不自由。我七十岁了，《论语》"七十纵心所欲，不逾矩"，说话不怕得罪人。人类学只有费孝通、潘光旦一流的头脑才能玩，普通人拿着录音机访问，那不变成新闻记者了？学术在少数大先生手中。

澳门普济禅院去了八次。四次，新华社外围组织给的钱；四次，香港给的。葡萄牙人管，还跟康熙时一样，现在去，全变了。澳门禅史，王世襄说，必能传世之作。严耕望根本读不懂柳如是。魏晋南北朝界没人读，清史界有人读。

搞火祆教，法国远东研究院都知道我。美国汉学不是第一流的，社会学的观点。荷兰、法国才是第一流的，高罗佩，琴道。

跟饶先生学，十论，以甲骨文证三星堆，不懂就要学。陈垣研究天主教，跟英千里学；研究佛教，从嘉兴藏学；以新材料研究新问题。我研究南学。戴逸说，研究历史最重要的是思想，做两届学位评议委员，推出来的。评议委员，有人拿着东西上门行贿。后来不干，为自尊。现在做澳门禅史第二本。电脑中又没有《禹峡山志》……

七、桑榆晚景

2010 年 11 月 21 日陈垣学术研讨会后再未在公众场合见到姜先生，2014 年秋听万毅兄谈起姜先生的身体欠安，失忆症加重，已经不再进行学术研究工作了，岭南禅宗史二编只完成了六篇稿子，未最终杀青。家中藏书七千余册及其手稿业已捐赠广州图书馆，并被辟为特藏。

往昔全身心投入学术研究，常常以自己学术研究爆发力而自豪的姜先生，不再笔耕后常常通宵达旦地观看电视节目，白天则睡觉休息，这是姜先生多年通宵达旦地从事学术研究生活作息的遗痕，也是姜先生过早丧失身体健康的诱因。一代学人，晚景如此苍凉，真是令人扼腕叹息！

2014 年冬日的一天，我在广州图书馆见到了姜先生捐赠的藏书，整齐地放在一排排的玻璃书橱里，一边悬挂着姜先生的彩色照片及生平贡献，眼睛里闪着睿智的光芒！一边是"中山大学姜伯勤教授藏书"墨书题字，中间是一片曲尺形的地方，摆放着一张宽敞的雕花书桌及一张太师椅，好像正等待着书的主人伏案展卷……

（未刊稿，2015 年）

白文固先生二三事

　　白文固先生 1963 年以甘肃高考文科第三名的成绩考入陕西财经学院（现已并入西安交通大学），是当时的高材生。他的同窗好友后来都是西北地区银行界、商界的要角；他却因酷爱文史，放弃经济学这一行当而走上研究学问之路。白先生是朴实治学的楷模，高等数学的造诣使其著述逻辑极其严密。现在退休在家，颐养天年。除了偶发不平之鸣外，也别无其他雅好了。其实，白先生还精于厨艺，做得一手好川菜。在白先生七十岁寿辰的时候，以此短文回忆与白先生的交往，祝愿白先生健康长寿！

一、毕业答辩上崭露头角

　　赵先生本来安排，霍君第一个参加答辩，想放个"卫星"。金宝祥先生看过霍的论文《论唐代均田制》，让儿子查了其中的数学公式，认为不甚妥当，金的儿子是学数学的。金看白先生的论文《唐代寺院经济》一直看到晚上两点，第二天六点起来又看，很欣赏，认为超过副教授的水平，就把白的论文排在第一位答辩。白文探讨了唐代寺院大土地占有方式的形成过程、来源及其占有方式的马尔克公社性质，同时还解决了唐代僧尼道士授田所依据法令为武德令这一学界难题（已成为学界定论，主要依据《法苑珠林》及石刻材料，后来还被张弓先生几乎全文照搬在同一论题的文章里。此前日本学者森庆来认为是开元令，但仅有孤证；日本学者仁井田认为是武德令，但未举出证据；国内学者如胡如雷认为不可考也）。金还向答辩组请病假，只参加白的答辩。

　　这次答辩的 5 人，霍君、杨君未能获得学位。均田制的论文已发表过千篇左右，高层次的不少，如唐长孺先生等所著，归纳一下都很难，田昌五说："经济现象，千差万别，你高明得很，用数学公式就能概括。"杨善群的论文题目是朱元璋，朱元璋还能写出什么？吴晗《朱元璋传》左一版，右一版的。

二、一份国家社科基金项目申请书

白先生 1989 年 3 月 15 日申报国家社科基金项目"封建时代僧侣社会研究"，后来获得立项。当时下拨的经费不多，只有几千元。我手头还保留着这份申请书的一份复印件，年代久远，纸质已经泛黄。

展卷细读，在用正楷手填的"研究学术史回顾及计划"中有这样的话头："课题研究人准备分别研究以下问题：1. 寺院组织与寺院经济史；2. 政教关系与寺院关系史；3. 教团与民间的联系及僧侣的社会救济等。通过自己的研究活动冀填补宗教社会史研究中的一点空白。"并将谢重光与我添列为研究成员，计划由我撰写晋唐时期的道官制度，由他撰写明清时期的道官制度，并负责统稿。后来由于种种原因，我并未完成这一任务，但这对我后来从事学术研究活动却是一次莫大的鼓舞。

白先生与谢重光先生合撰的《中国僧官制度史》出版时曾由我与白先生一同校对稿子，"一人持本，一人读书，若怨家相对"是也。还有二事说明学术贵在切磋，独学无侣极为有害。

一是书中引《宋刑统》禁度僧尼的条文，其实，《宋刑统》承袭自《唐律疏议》，应引《唐律疏议》。白先生择善而从。

二是书中讲到藏传佛教僧官制度论述活佛转世制度有这样的话头，菩萨灵魂而言只有一个，十三世达赖才会把前世达赖的著作说成"我"写的，后世班禅讲到六世班禅觐见乾隆帝时也说成"我"拜见了大清皇帝云云。这是我读英国人著《十三世达赖喇嘛传》后告诉白先生的。白先生不以为浅陋，写入书中以为纪念。后来，我还撰写了相关书评在《中国史研究动态》1994 年第 4 期上发表。

三、几封往来书信的点滴

我手头还保留了几封白先生给我的信札，主要是商讨学术的。

第一封是我 1990 年 10 月到长沙工作后，曾为他到岳麓书社联系出版他的寺院经济史。当时的出版社因学术著作读者太少、要赔本而不愿出，此稿岳麓书社出版也要资助才能开印。白先生在信中说："我自己觉得寺院经济史比僧官史写得扎实，资料宏富（以我的宗教马尔克论点为主线）。岳麓愿出，极好。若能以 4 000 元资助拍板，最佳。若不行，我即使不要稿费，也要出书，以偿多年夙愿。"遗憾的是，出版社后来也无下文了。

还有一封是我 1994 年 10 月到广州工作后写的。此信中，白先生意志已有些消沉，说："近年写的东西不多，寺院经济的稿子又改了一遍，迄今尘封于书架之上，昂贵的出版资助无力负担，似出版无日了。"此后，我还知道他与吕建福兄曾应台湾佛教界的邀请到台湾讲学。我在网上还读到他关于台湾的游记，盛赞当地民风的淳朴。

后来我还想为白先生做点小事，很想重版他的《中国僧官制度史》一次。这本书很受德国学者重视，中山大学哲学系宗教研究所的朋友也慕名找我借书复制，口碑很好，为此我希望佛教界的朋友帮忙重版，但也是机缘不够而未能成功。为此，2002 年他的《中国古代僧尼名籍制度》出版后，我曾寄款去购买了十几本，送给佛教界的朋友以便结缘。近来，我听说台湾一位出版商愿意出版大陆学术著作，并赠样书若干本，就打电话给白先生问他的书稿，他说，没人读，书稿也不知放哪了，不出了。我想，也许他这部稿子的精华部分已经作为论文发表，愿意看的读者自可按图索骥，因此也就不愿再多事出版这部旧稿。我本人也因此事尚无十成把握而未再启口。

四、重逢与倾谈

2013 年 8 月底，我利用到甘肃酒泉金塔县出席居延汉简学术会议的机会，回程中自张掖经扁都口翻越祁连山，重回阔别 23 年的西宁，探望了白先生及其他师友。

这期间与白先生两次长谈，印象尤为深刻。白先生批评现在的大学校长水平太低，连读一副对联都错字连篇。福建有人讲朱熹，说他在出任祠禄官时在武夷山大兴土木，修葺当地的道观。这完全是胡说八道，不懂宋时的祠禄官只是一种荣誉及领薪水的虚职。还有，白先生提及，20 世纪 70 年代发现的居亚新简，曾被当地驻军当柴烧。

白先生对于陇右掌故及名门显宦事迹了如指掌。水梓一门三代，人才辈出，各个时代表现不凡。大伯是才子，姑母是甘肃民革主委，一代好媳妇，三代好儿女。张维人品高尚，子孙凋零。左宗棠平定西北的过程及功过；青海马家军与彭德怀鏖战陇东的烽火硝烟；李得贤与马继援的传奇交往等，白先生皆能娓娓道来。人名、地名、时间之清晰，若合符节，很难想象白先生已届古稀之年。

白先生还谈起兰大师门往事，谈起他的老师赵先生年届九十时，思维仍然清晰，后来因前列腺肿瘤而一病不起。还谈起一些学界人物，白先生的月旦评皆持之有据，让人心服口服。

白先生说，我这个人眼界高，可交的人有两种，一个人学问差一点不要紧，品德要好；要么人品虽然差一点，学问还不错。又说，他们那一代人治学起步太晚，虽然有所表现，但后劲却明显不足。

我初见白先生时他只有 38 岁，此次重逢，32 年弹指一挥间，白先生已是七十高龄。三本著作，几十篇文章传世，更为称幸的是子女有成，家庭美满，夫人对其照顾无微不至！人生一世，如白驹过隙，所能长存的唯有立德、立言、立行所谓三不朽了！

（原刊武汉大学简帛网，2015 年 9 月 9 日）

永芳堂读书记

美国诗人爱默生说过一句意味深长的话："一所学校就像一个变长的人影。"广州中山大学原址，在今天华南理工大学的五山校区。校区中的琉璃瓦仿古建筑、上山时所见自左至右镌刻着"国立中山大学"的汉白玉牌坊，便是当年的遗存。今天的中山大学康乐校区则是私立岭南大学的旧址，1955 年院系调整，私立及教会大学取消，中山大学便搬到了此地。校内一泻千里的大草坪、琉璃瓦的办公大楼、黑石屋招待所、怀士堂小礼堂、广寒宫女生宿舍，还大体保持原样。康乐园西边的公墓依旧保留着，传教士手植的竹园依旧青翠幽深。

1998 年至 2001 年间，我跟随张荣芳先生就读三年秦汉史博士研究生的历史系，所在地永芳堂却是全新的一座建筑，是由香港著名实业家姚美良先生捐建的，并以他最著名化妆产品"永芳 F 真珠膏"中的"永芳"命名，堪称全国最具贵族气派的历史系。沿着陡峭的楼梯向上攀爬，才能到达"永芳堂"匾额下的正门，有着纪念堂般的庄严肃穆。门前广场上，近代史上的十八先贤分列两边，象征着历史系研究的重点学科中国近代史，也就是通常所说的从洪秀全到孙中山一段的近代革命史。

人们常说，历史系是中山大学的沙龙，没有这样一个系，中山大学便少了贵族气派。其实，真正完全的贵族气派，要算中文系搞古文字的先生们。考古专业毕业的李龙章学长说，商承祚先生从不上课，一个月与同学喝一次茶，他带的学生，除了改行的都成了才。商先生每周末都穿着背带裤、棕色皮鞋，出中大西门，到南园酒家喝茶，因为这里的匾额都是请他题写的。余生也晚！只在图书馆期刊室看到过《中国史研究》1979 年合订本上商承祚先生的亲笔借书签名。曾宪通先生的府上则因送答辩论文《秦律考辨》去过一次。家具考究，墙上悬挂着容庚先生的钟鼎文立轴，客厅里一个偌大的水族缸，几尾金鱼，悠闲地游弋着，高几上一只白色的波斯猫打着盹。曾先生浑厚的男中音，说话温文尔雅、不紧不慢："搞我们这门学问，是很花钱的，书都是很贵的！"我请教曾先生 70 年代参与整理睡虎地秦简时的情景。曾先生说："墨迹如新，就像昨天写上去的一样！"

永芳堂里，除了陈寅恪先生这样一座丰碑外，最吸引人之处在于它有整整一层的藏书室，分为图书及杂志两部分，还有一间现刊阅览室，一间近代中国史研究中心资料室。由于历史系名家辈出，身后藏书及与他们治学相关的书籍杂志多半集中于此，确有蔚为大观之感。

随便举几个例子吧。前中央研究院史语所专刊便是岑仲勉先生的旧藏，有的还有岑先生用铅笔写的题记。据说，图书馆大馆岑先生的手稿放满了一口大木箱，里面还有一套俄国拉施德《突厥方言字典》抄本，是岑先生一笔一画手抄的。我借过一部《释名疏证》，上面便钤着刘节先生的藏书印。30 年代由叶公绰发起影印的宋碛砂藏《大唐西域记》，竟然是周连宽先生撰写《大唐西域记史地研究丛稿》时依据的底本，书后卡片上有周连宽先生连续的借书签名。当年北京中华书局搞《大唐西域记校注》，邀请周先生参加，周先生说："他们搞他们的，我们搞我们的！"姜伯勤先生以研究敦煌学擅名，但文物出版社 1981 年版《睡虎地秦墓竹简》、高敏先生《云梦秦简初探》的借书卡片确有姜先生长期借读的签名。有一次在阅览室，见到姜先生独自一人，正在临摹《文物》杂志所载安伽墓葬石刻插图，当时姜先生还与我谈了一会闲天。至于图书馆深处杂乱的书架上，傅斯年申请中研院院士的《性命古训》上海商务线装本、《辅仁学志》所载陈垣《清初僧诤记》抽印本、江绍原《中国古代旅行之研究》朴社初印本、范长江《中国的西北角》大公报社初印本，随处可见。我还借过一部史语所前辈劳干《居延汉简考释》石印本，居然编了该书印制的序号。陈寅恪先生手编的高等教育部交流讲义《两晋南北朝史》油印本竟然摆放在阅览室的书柜里。只有蒋天枢先生赠予陈寅恪先生的明嘉靖袁褧刻本《世说新语》有目无书，阅览室的老师说，这是善本，不能随便借阅。毕业后不几年，中大机构改革，院系资料室一律取消，藏书归大库，我才有幸在图书馆古籍部借阅并写了一篇题跋发表在北京大学主办的《中国典籍与文化》杂志上。

外文书中最著名的，要算是荷兰莱顿大学所编的《通报》、日本《东方学报》，佛教史的日文书也相当多，有许多在姜先生撰写《唐五代敦煌寺户制度》一书时已经引用。日本法制史学者中田薰全集、仁井田陞《中国法制史》的分册，后来我在法学院及大库找全了《中国法制史》其他各册及仁井田陞获得日本最高学术奖日本学士院赏的《唐令拾遗》。姜先生曾说："中大就好比一个大的破落户，仔细搜寻，还是能找出一些宝贝来的。"如敦煌研究院来此随姜先生读书的王惠民学长，就在大库找到了斯坦因西域考古的报告集，还是朱家骅就任中山大学地质系主任时从欧洲买回来的。此外，历史系资料室还保留了研究性大学的一个传统，师生借书不设时限，这对读书人来说是颇为惬意的一件事。

　　研究生的本质是要自修、自学、自己读书。我在中大读了三年书，除了英语、日语、讲座课以及中大法学院选听的几门课外，主业课只听过张先生为本科生开设的"史记研究"一门课的头几节，绝大多数时间是围绕着自己的选题秦汉法制史若干问题研究读书。历史系的先生，虽然一般不大喜欢上课，但领略其风采、领教其学问的机会不少。博士研究生开题报告便是绝佳的场合。诸位先生尽显其书生本色，学问底蕴，嬉笑怒骂，当头棒喝，不一而足。其中姜伯勤先生、蔡鸿生先生、林悟殊先生、胡守为先生的耳提面命，令后学小子受益匪浅。这也就是中大能与北大、武大、复旦比肩而立的秘诀所在。三年下来，十几场这样的训练，给人的印象至深。学问是怎样炼成的？是现在报端新闻中常发的疑问。但真正如何炼成的？不在永芳堂聆听过这些报告，恐怕永远无法真正体会学术是怎样炼成的！

　　历史系的先生，潜心学术，不问外务，长寿者便大有人在。最著名的便是以研究孙中山著称的陈锡祺先生，九十七岁高龄仙逝。我刚入校时系里召开迎新会，邱捷主任说自己到系里读研究生时去拜会陈先生，陈先生还以糖果招待他，由此可见陈先生辈分之高。九十三岁高龄去世的蒋相泽先生，小个子，我常常看到他到历史系看书，自己爬上二层楼，走到办公室看书。蒋先生在西雅图华盛顿大学的博士学位论文，是关于义和团研究的，后来从事中美关系史研究。蔡鸿生先生则是中大旁各家书店的常客。就连北京路银座书店一开张，便见到了蔡先生的身影。文津阁书店停业之前，蔡先生也是常客，有一次见到他老人家买了一本商务印书馆版欧洲哲学流派的精装书，颇为吃惊。近年以来，则不时在学而优书店见到蔡先生的身影，满头白发……蔡先生的书房，当年答辩送论文时曾到蔡府得以参观。当时蔡先生不在家，蔡夫人蒋老师，曾任职历史系资料室，当时已退休。刚装修一新的书房，书柜内整齐地排列着法国年鉴学派布罗代尔著的

《地中海与腓力二世时期的地中海世界》。只是未见到著名的拉施德《突厥方言字典》，60年代苏联科学院重印本。蒋先生说，此书蔡先生以廉值在"文革"中所得。

　　我在永芳堂读书期间，中大已改革了博士生政治课教学模式，改由学校各学科有代表性的学者开讲座。姜伯勤、张海山、林家有等先生都开过讲座。记得姜先生在《范式与创新——贡布里希图像学理论》讲座的课上说："我来康乐园五十年了，颇有故园之感！年轻时在康乐园的风雨操场，聆听少女俞丽拿演奏小提琴协奏曲《梁祝》，三十年后在全国政协会上重逢，已是白发老妇了。"言下不胜唏嘘！学校一位60年代留学莫斯科大学的李先生主讲苏共理论与实践演进的讲座，当时给人印象深刻。还有关于亚洲金融危机的起因等实事评述，也都给学生留下了较深刻的印象。此外，当时中山大学有些年轻老师访学牛津、剑桥归来，有感于中大校园的古木参天，对研究生说："实在写不出论文的时候，可以在半夜起来，点起蜡烛，到校园里走一走，灵感就会来了！"

　　前几年在永芳堂召开陈垣先生诞辰纪念学术研讨会，我有幸受邀参加，回到阔别多年的永芳堂。一进门，便见到一尊陈寅恪先生半身铜像，是历史系七七、七八级学长捐建的，颇有一点北京顾炎武祠的气氛。由于机构改革，永芳堂内昔日那整整一层的藏书及期刊，都归了图书馆大库，一排排房间变得空荡荡的，有些书现在要找来用，恐怕不那么方便了。昔日的老师，与会的姜伯勤先生坐着轮椅，蔡鸿生先生、胡守为先生、张荣芳先生须发更白了。永芳堂内有许多年轻人，面容已经不认识了……

（原刊《南方都市报》，2015年12月18日）

城南读书记

　　唐代长安城南有两座城门，分别是启夏门、明德门。三十年前我就读研究生时的学校，就坐落在这里。学校东面可以望见大雁塔，旁边便是南郊的陕西省植物园。西面是长延堡生产队，有一座偌大的农贸集市及放映一片一角钱露天电影的打谷场。北面是西安外语学院以及小寨市镇。南面通过我们所住宿舍楼的玻璃窗，可以看见远方逶迤翠绿的终南山。学校四周被大片的麦田环绕着，到了傍晚，外出散步，不时有野兔蹿出来。生产队召集农民王菜花等开会的喇叭声不绝于耳。

　　学校里最气派的建筑，要数一入校门便可望见的那栋琉璃瓦飞檐翘立的四层大屋顶楼房，正面挂着一块匾，写着镏金的"图书馆"三个大字。图书馆前有水池、松柏，都颇有年头及历史。冬天大雪，很可以领略到松柏愈冷愈青翠的风骨，"岁寒然后知松柏之后凋也"。学校建设之初，主持其事的大概都是懂行的专家老大学生们，所购置的图书颇为完备齐全。特别是二楼的文科阅览室，沿着墙排列着整齐的玻璃书柜。阅览室里面还有个小书库，一排排书架，1949 年前后出版的书籍应有尽有。现在还记得商务印书馆所出红色布面精装的《胡适论学近著》大册、亚东图书馆所印道林纸本《神会和尚遗集》小本，据说还是胡适从巴黎搜集照相回来的。冯友兰完成于抗战胜利时贞元之际所著八书《新理学》《新原道》《新世训》等商务印书馆原印本。北新书局版道林纸本《曼珠全集》以及徐志摩《爱眉小札》的早期影印本，只是陆小曼的照片不够清晰。"文革"前出版的书籍也颇为完备。中华书局所出刘成禺的《世载堂杂忆》纸质泛黄，显然是三年自然灾害时期的出版物，但读起来却津津有味！特别是我发现业师黄永年先生在课堂上所讲清末徐桐、李盛铎的掌故出处就在这里，心里更是得意，仿佛发现了新大陆。至于古典文学出版社所印元辛文房的《唐才子传》也是一本相当有趣的书，大概学校里师生中搞唐史及唐代文学的人太多，图书馆里老是借不到，就连阅览室里这本书也总是不翼而飞。后来只好以一本复印本代替。记得阅览室的管理员是当时王校长的夫人，精明热心。不过有几天，代替她的却是一位戴着绒线帽子的女孩子，东张西望的。多年后回想起来，大概是正在研究生中物色乘龙快婿吧。

除每日读业师黄先生指定的《旧唐书》《新唐书》《资治通鉴》（隋唐部分）、《太平广记》以及《四库全书总目》（史部）外，还要每两周交一次读书笔记。后来老先生太忙，也没有坚持收看。在阅览室里读书，三年下来，倒是读了不少杂书。如《胡适文存》《陈寅恪先生编年事辑》《三松堂自序》《历史科学战线上两条路线的斗争》《汪精卫集》等。还以九分一页的高价复制了汪精卫诗存，觉得写得不错。要知道，当时食堂一份鸡肉或小酥肉的价钱也不过四角钱。文科阅览室对面是港台海外中文书阅览室，台湾沈云龙主编的《近代中国史料丛刊》有许多谈掌故的书，汪荣祖所写的最早由香港波文书局印行的《史家陈寅恪传》就是在这里读的。后来我还介绍了日本访问学者妹尾达彦到此以护照借阅，直到汪荣祖来校讲学时赠送了一本台湾联经新版《史家陈寅恪传》给我就读的古籍整理研究所。我还据此写了一篇《前贤已逝，典型犹在》的短文，发表在《读书》杂志1988年第1期上，后来被北大周一良看到，剪寄给汪先生，并说不知作者为何许人也。

图书馆后面有两座大书库。其中一座可以借看1949年前中央研究院史语所集刊。黄先生在课堂上讲到傅斯年、张政烺先生及其著述，我就来此翻看史语所集刊中的《论所谓"五等爵"》《六书古义》等文章，并且还抄录了一份1949年前史语所集刊的目录。当时读书热方兴未艾，大家每晚都会到阅览室抢座位。

位于办公楼白宫的古籍整理研究所则从香港购置了史语所迁台后的各年集刊，还购置了大陆所影印的《燕京学报》《食货》等刊物。二十几年后我在广州一家旧书店看到一大摞《食货》原刊本，每本标价仅5元，可见当年印数之多，几十年后还卖不起价钱。当时古籍所将商务印书馆所印百衲本二十四史连书柜一起购置了一部，甚至还有《文选》等明刻善本若干种。同门学长庄剑兄专攻《宋史》，每早起来，吃过早饭，便沏茶一壶，读起百衲本《宋史》，逐卷校勘。史念海先生的高足韩茂莉女士撰写《宋代农业地理》要参考所里的百衲本，发现所里头册找不到，还专门来问庄兄，其实庄兄用的是1949年后商务印书馆影印的百衲本《宋史》精装四大册。我自己则从图书馆借了一部古典文学出版社刊行的三册精装本《史记索隐》放在床头，大字疏朗，读了三年。这个南宋刻的本子原是傅增湘的珍藏，新中国成立前夕卖给前中央研究院史语所了，比南宋黄善夫建阳刻本《史记》优胜得多。

黄先生富于藏书，但老先生颇为威严，同学一般不敢向他借阅。先生的宝贝藏在家里一排盖着油布的大木柜子里。待客沙发旁的小书架上只是整齐地放着《旧唐书》《新唐书》，还是精装的。有次上课黄先生讲到早年著述由岳父童书业先生代为结集事。我出于好奇，就提出向先生借看。没想到先生第二天就带来借给我阅读，并说："弄丢了我要与你拼命的，里面有童先生的手稿。"还有一次先生讲王梵志诗引用日本冈野诚所赠《敦煌吐鲁番法制文书》，我也好奇地向黄先生提出一观，黄先生叫我第二天到办公室去看，而且强调要洗干净手，并只能以铅笔抄录以免弄脏书。后来我恳请在所里复印几页，老先生也答应了。当时见到秦燕师姐正在复印先生所藏的白绵纸洪武本《孟子节文》，后来其学位论文便以此为题目。更没想到的是，我们上版本学、碑刻学时，老先生竟然把所藏宝贝带来给大家欣赏，有一次从公文包中很是珍重地拿出一卷书，原来是纸质泛黄的宋版碛砂藏零种。有一次竟然带来了十几种样本，还有一次带来了几十张拓片摆在教室的桌子上，琳琅满目，如入宝山。辛德勇学长是当时学校小有名气的人物，他虽然有些平装藏书但还没有开始收藏线装版刻书。我记得曾到其寓所听雨楼借过一次书，是大日本佛教全书《入唐求法巡礼行记》的复印本，在当时也是孤本秘籍，据说这部还是从陕西师范大学专治中日关系史、日本木宫泰彦《中日文化交流史》译者胡锡年先生处弄来的。

除了自学读书，研究生照例要上课。当时专业基础课由黄先生一手包办。授课情形我别有叙述，兹不赘。记得黄先生上课很是认真，按时上下课。除了外出开会、讲学外很少缺课，只有一次因出席仿唐菜鉴定下午请假，后来上课时还笑着说唐菜中熊掌烧得不透，意思是不够烂。三十年后先生助手陆三强兄公布当时的菜单，确有"分装蒸腊熊"一味。菜单上又有"枸杞牛鞭""大枣栗子羹"，大概不够雅训，被先生改为"枸杞牛冲羹""百益羹"。据说先生当时还写有"咏唐菜"四绝句并写成条幅，后为李心纯学姐持去云云。还记得清楚的是先生爱护公物，对当时学生大手大脚浪费公家水电颇有微词，尝在课堂上讲："你家里装了小火表，要自己出钱，你就不会这样了。"下课后，必命我们关灯，有时路过没有关灯的教室，就亲自进去关掉，并写了一篇《节电与关灯》发表于校报，以示劝告。黄先生的考试也别具一格，因为他讲的不少内容都是教科书上没有的，要参加他的考试，要么堂堂必到，要么能借到别人的听课笔记。而且一门课考了多年，重点基本上很清楚。因此，有些同学辛苦复习半月，不如若干同学开一次讨论会讨论重点来得分数高。但老先生打分实在宽容，因为知道大家找工作，人家要看成绩。一般八十分以上居多，打满分的也有。

政治课为研究生必修课，与大学时所学大同小异，不过指定了几篇经典作家的原著来读。有一次上政治课，地点在老教学楼的阶梯教室。窗外树木花草繁茂，树间一对黄鹂上下翻飞，引得我一直用心观赏。事后想起台湾那首《童年》，"榕树下知了在声声叫着夏天"，确是实录。上英语课的王世民老师，自言曾与负责香港事务的外交部周南是同学。他住在学校的一个小院子里，是位早起要舞剑的长者。他上课用的是自选课本，用打字机打出后油印的讲义，尽是莎士比亚剧本如刺杀恺撒、狄更斯《双城记》里的选段，古老得掉渣。因为英语是大课，同届研究生，男男女女都要在一起上课。最有趣的是男女生之间的评头论足。当时男生们公认最漂亮的女生有两位，一位是中文系学古文字的女孩子，修长白皙，风度绝佳；另一位是教育系学心理学的女孩子，肤色艳丽，貌美如花。夏天，在学校游泳池里，总见到有一群男孩围绕着她。三十年后，听当年的同学说已"胖若两人"。研究生中有一位"披头士"（那时烫发的男孩子绝少见），每日下午，在路边支起一张球网，手里拿着两只球拍，邀请过路的女生一起打球，构成校园里的一道风景线。研究生里的老大哥大都已成家，因此，隔一段时间便要请假回家，不回家的也喜欢找异性同伴散散步，老先生为此专门告诫弟子："苦就苦三年，三年以后，同你们的夫人公子小姐同享荣华富贵。千万不能做陈世美！"老先生此话一点不假，那时全国每年所招研究生不过两三万人，"文革"期间大学又停招近十年，物以稀为贵，研究生不仅找工作容易，还可以解决家属的工作调动问题。有一位同门，研究生毕业后，全家解决了三个农村户口进城，夫人也解决了工作，确实做到了"同享荣华富贵"！

校园里海内外学者的学术讲座，三年下来领略了不少，印象深刻者有如下几家。裘锡圭先生的《古文字学》、严绍璗先生的《日本中国学》系列讲座。当时均做有详细的笔记，裘先生对学术界的洗礼批评给人震撼颇大。汪荣祖先生《海外中国学概况》、刘健明先生《港台研究唐史的概况》。汪荣祖先生见到听讲者众多，颇为讶异大陆学习文史风气之盛。黄寿祺先生《周易源流及研究方法》、章培恒先生《古典文学中的个性问题》。黄寿祺先生是学者前辈，尚秉和先生的弟子，当时年事已高，讲得极为精彩！此外，周绍良、徐无闻、白化文诸先生来校均有讲演，详细内容由于年代久远，已不复记忆。

由于长安是秦汉隋唐古都，名胜古迹众多，博物馆之多，在三十年前的中国也是数一数二的。至于碑林、陕博就不必说了，连唐太宗昭陵、唐高宗及武则天乾陵、汉武帝茂陵与霍去病墓、秦始皇兵马俑都是由学校组织大家前往参观的。大家在乾陵那些被斩去头颅的唐代石雕后面留影纪念，被永泰公主、章怀太子的壁画、石刻之美所惊艳。后来就连半坡博物馆这样比较偏僻的地方都踏访到了。长安古佛寺众多，青龙寺、大兴善寺、荐福寺、大慈恩寺等大都是日本、韩国某些佛寺宗派的祖庭所在，往往被修葺一新，遍植芳草花木，环境清幽，更兼晨钟暮鼓，令人十分向往。大雁塔、小雁塔也在夏日登临绝顶，举目望去，确是"清晖满长安"。只是小雁塔塔顶苍蝇之多，令人咋舌。

学校东门外植物园里的巴西睡莲静谧异常。北门龙首原上大明宫遗址，仍是瓦砾满地，盛唐气象犹在。夏日远足，至骊山华清池，访五间厅、复兴亭。更曾乘火车游西岳华山，松涛、云海、蝉鸣、日出，令人神往。学校八六年初组织社会调查，曾到过陕北延安，考察延河、宝塔山、杨家岭、枣园、鲁艺以及南泥湾、壶口瀑布。八六年十月外出访学北上，历山西太原，游迎泽、晋祠、文庙。至北京，游故宫、北海、天坛、香山、朗润园、颐和园，登至景山向远处眺望，一片金黄色的琉璃瓦令人目眩。八七年十月则南下南京，游紫金山、中山陵、明孝陵、灵谷寺、夫子庙、秦淮河、玄武湖；更有黄山之游，历天都峰、莲花峰，观迎客松、梦笔生花。古人云："上有天堂，下有苏杭。"再赴杭州，游西湖、灵隐寺、六和塔，观钱塘潮，满城桂花香。在上海，则游外滩。更访苏州，游拙政园、玄妙观、虎丘剑池。又停无锡，观太湖、鼋头渚。以上所到之处，无一不是流连忘返，思古之情油然而生。

三载长安，负笈求学，通古今之变，究天人之际。读万卷书，行万里路。而神州大地，士女风物，景色饮食之美，领略无尽。诚为三生有幸！故撰《城南读书记》记幸！

（未刊稿，2015 年）

海湖读书记

　　真应了小学作文课上的那句套话，什么光阴似箭，日月如梭，不知不觉三十年就过去了，五十知天命了。突然接到同窗发来的通知，夏季时要举行大学同学毕业三十年聚会，并征集往昔合影照片、逸闻趣事。闻讯后不免有些感叹，真可谓忆往昔峥嵘岁月稠。由于当年读书的学校青海师范大学位于城西，现在则美其名曰海湖新区，因此将本文命名为"海湖读书记"。只怕笔力疲弱，难以传神，尚请同窗见谅。

　　我们这一班是1981年考入大学的，如果从1977年恢复高考制度后算起，是全国第五届大学生，当时不仅学校不收学费、书费、住宿费，每月还有几十元的生活费，毕业后国家还包分配工作。因此，当时的专业差别远没有今天这么大，我就按自己的爱好选择了历史系，放弃了中文系。由于历史、政治系轮着来，两年才招一次生，我们算是历史系的"黄埔"三期生。全班四十三人，其中女生十七人，其余都是"葫芦头"。有的同学入校前工作过，但大部分还是应届生。

　　历史系的教师阵容相当优胜，赵盛世老师，复旦史地系1951年毕业生。王德鑑老师，前中央大学毕业、北京大学1957年研究生。张广志、纵瑞华老师，山东大学。林钧海老师则是辽大的。潘大钧老师，曾是川大历史系的系花。杨成竹老师、陈维新老师毕业自北大。何瑞春、杨世彝来自北师大。罗景光老师毕业于人民大学。罗嗣忠老师毕业于华东师大。白文固老师则是兰大新科研究生。师资力量是相当强的。赵盛世老师曾为我们讲授佛罗伦萨专题，三十年后我有机会到此一游，印象十分深刻。林钧海老师讲的拿破仑神采飞扬。潘大钧老师曾为我们诵读赫鲁晓夫秘密报告，当时闻之，震撼不已。

　　当时大学生读书，除了读教科书，就是上课记笔记，考试时背笔记，进一步的自修是不多的。好在王德鑑老师的历史文选，宋俊华、宋金兰老师的古汉语，汪毅志老师的英语为我今后的提高打下了基础。记得当年图书馆、阅览室要占座位，里面也有不少可读的书，如《古史辨》《西方史学名著提要》、美国生活杂志丛书《人类的伟大时代》等，毕竟是当地最老的最高学府。当时我自己也开始买一些专业书，《史记》《汉书》《资治通鉴》《吕氏春秋》《山海经》《洛阳伽蓝记》《王国维遗书》、王仲荦《魏晋南北朝史》，后来还买了《十三经注疏》。毕业前夕，学校保送研究生，初次选拔我也参加了。后来我报考陕西师大黄永年先生的研究生，侥幸被录取。毕业分配时，还顶替了一个去黄南的名额，算是为班里做的小小贡献。

当时学校的食堂在老校长仓石的督办下，办得很有声色。十年前我在广东韶关偶遇当年教我们的纵瑞华老师，他还对当年食堂的酱肘子念念不忘，认为真是好吃。近期，我与在陕西师大进修的李少波同学闲聊，谈起西安的美食贾三包子、小六羊肉灌汤包。少波兄说，前者调料口味太重，后者分量太少，都赶不上当年师大的包子。确实，大葱猪肉馅，一咬一冒油，如今的狗不理包子也赶不上，一毛钱一个，想起来真是天方夜谭，老校长仓石真是功不可没。其实，师大的香肠、卤牛肉也是极其美味的。当时物价不高，清真饭馆里，一份牛肉干拌面，不过一元。食堂一份饭菜，不过四角钱上下。

历史系的教学实习活动，印象深刻的有几次。一次是入校不久组织参观正在湟水台地上开挖的卡约文化遗址，墓葬时代约在殷商之际，有独木棺，有青铜饰物陪葬，可见当时当地的富有程度。还有一次是去互助参观佑宁寺、曲昙寺，前者早已在"文革"中被拆毁，只余石头宅基。不过风光秀美，远方雪山衬映下，松涛阵阵，小溪潺潺，别有一番意境。这里的活佛章嘉、土观、松巴，都是藏传佛教中著作等身的著名人物，康熙年间这里僧众达万人之多。我们还捡拾到一些黏土制圆形小佛像，藏传佛教称为"擦擦"者。曲昙寺里则有明妃壁画，用帐幕遮盖着，一般不许人随便观看。一次是在青海宾馆参加一次文物捐献大会，那是乐都一位马步芳时代旧官员，在印度买回来的一件敦煌长卷，有五米多长，只可惜内容是所谓《羯摩经》，讲佛教戒律的，展开在桌子上，颇为壮观！政府将老者安排在县政协，其孙女也安排了工作。说起青海的彩陶文化，世界有名。何瑞春老师，北师大60年代分来的，独自住在学校一套两居室的房子里，书架上摆放着一个个彩陶罐，何老师除了收藏彩陶罐外，还喜欢喝酒，有陶渊明之风，听说已经辞世，思之不禁泫然！此外，同学们的春游活动，记得有一次大通老爷山的野炊。大家乘坐短途火车前往，野餐做饭，兴致盎然。

班上男同学中的名人要算是二中来的三人组。申志新兄，擅长踢足球前锋，绰号"野人"。入校后还有一个二中的女生常来看他，眉眼秀气，送苹果给大家吃。王志强兄，亦擅长足球，后来更雅好围棋，外形俊朗，应该是很招女孩子青睐的类型。季秀青兄，是班上分数最高的学生，字写得漂亮，落拓不羁，有六朝之流风余韵，只可惜英年早逝。同宿舍的邢海昆兄，来自冷湖，从来没有见过在院子以外生长的树，也未见过大江大河，喜欢写小说，记得有"四川的女子像辣子，表面光，心里毒""湟水在黄昏中慢慢地踱着步"之类的句子，没想到一语成谶，最终失落在湟水的波涛里。同宿舍的王健林兄，祖籍山西，睡上铺，竟然铺着一张整熊皮，黄灿灿、毛茸茸的，后来与外语系的女孩子谈恋爱，约会的地点有时就在教室的讲桌下面。毕业后一度从军，与杨忠民兄同入西安陆军学院，后来均退伍从商。魏新和兄，海南考来的。前年夏天，我从甘肃河西走廊的张掖，乘长途大巴，经过扁都口，翻越祁连山回到阔别多年的西宁，与同学高念红、刘庭县、王志强、杨忠民、符松涛、纪宁、李少波、魏新和诸君一起餐叙话旧，没想到一年不到的时间，新和兄就因心脏病突发离世，闻讯凄然，只好托少波兄略表心意。

班上的女同学当中，谈话爽朗有趣的要算在北京长大的赵锋同学，胖嘟嘟的，自称满洲老姓伊尔根，外憨内精。王丽娟同学在班上沉默寡言，后来与刘宁刚兄结为连理，同去海口打拼。后来宁刚兄律师有成。2004年底我有机会去海口开会，承他们夫妇热情接待，一个晚上吃了三顿饭。飞机上一顿，下榻的宾馆一顿，他们夫妇又请我吃了一顿。谈天说地，一整晚，这才发现她竟是我们班最温文尔雅的女同学。后来我听到她去世的消息，心中久久不能平静。

三十年转瞬即逝，大家如今天各一方，事业有成，思之甚喜！又相见非遥，畅叙有期，更是人生幸事！只怕大家容颜上不免要染上岁月行迹，想起来又不免伤悲！这里祝愿大家多多保重，早日重逢在海湖之上！

（原刊《西宁市城中区文史资料》，2016年）

海东访学记

　　2006 年 11 月，我在北京出席中国社会科学院简帛论坛，结识了韩国翰林大学金秉骏教授、成均馆大学金庆浩教授、忠北大学林炳德教授。这三位与已相识的庆北大学尹在硕教授，可称为韩国治中国秦汉史的"四剑客"。晚上茶叙交流，大家都读过拙撰《秦律新探》，谈话间有些投缘。2007 年 8 月，中国秦汉史年会在长春举行，又与金秉骏教授、林炳德教授会面。在中国博士后基金资助下，我遂有韩国之行。出访的目的有三个：一是到韩国交流自己研究秦汉律的心得，了解律令法系的影响；二是了解韩国古代印刷术的发展，具体来说，想了解《高丽藏》本、《大唐大慈恩寺三藏法师传》、唐代入中国的崔致远《桂苑笔耕集》的版刻情况，更想到韩国迦耶山海印寺瞻仰高丽大藏经藏经板；三是想了解韩国现行法律及法院审判制度。其实，想要在短短几天里了解这么多信息是很困难的。但是百闻不如一见，雪泥鸿爪，毕竟有了第一手的感性认识，熟悉了韩国学术界的若干动态。这可说是我短短几天的最大收获，值得记下来供师友同观。由于前人雅称韩国为海东，韩国亦自称为东国，因此本文取名为"海东访学记"。

11 月 12 日

　　乘南航早上班机离开广州，下午抵韩国仁川机场。乘机场大巴至汉城大学，在韩国做访问学者的友人于振波兄来接。至其公寓，晚上与同来此做访问学者的南开大学刘松林兄一起晚餐，吃韩式烤肉，但对同时喝凉开水不适应。

11 月 13 日

　　于振波、刘松林兄及我三人同游韩国景德宫，宫殿门口排列着古装仪仗队伍，即所谓"阶下弓刀"是也。建筑物大都为重建，以青绿色为基调，与中国的宫殿在色彩上有差异。远处青山，在蓝天映衬下很有些气势，看来韩国宫殿也讲究风水。参观其中的韩国民俗博物馆。出景德宫，参观韩国古宫博物馆，陈列品丰富，韩国近代国王乘坐的老爷车颇为吸引人。中午吃韩式面条，一客 5 000 韩元，折合人民币 40 元，首尔物价之高可见一斑。饭后，陪刘松林兄买高丽纸，刘爱好书法。遇上语言问题，韩语学习不易，周日于振波兄在住所附近的基督教堂学韩语，又在邀访韩国财团举办的语言班学习，但要进行一般的交流，还尚未得法。询问路人，无一知晓高丽纸为何物，还是到文具店，才知韩文中"高丽纸"写作"汉纸"，并告知地点。我们按地铁里的汉字路牌，至松仁洞专门店购得，我亦购一卷以便赠送友人。晚上，翰林大学金秉骏教授来接，至旅馆，安排行程。

11 月 14 日

早上乘大巴去清州忠北大学，中午林炳德教授开车携中国留学生小赵来接。至忠北大学，参观校园及手工制品展览。在教授餐厅吃自助餐，谈北京会议上的讨论情景，以年轻时政府不许学汉语而遗憾，并说现在韩国是阴盛阳衰，女孩子在各方面表现优秀，尤其擅长考试，特别是公务员考试。至招待所休息，客房布置纯为韩式。午休后在校园散步，韩国正值大选，候选人的彩色照片在广告栏里贴成一排。晚上在食堂吃自助餐，由菜肴样式可看出，营养、简朴，有不少中国留学生。

11 月 15 日上午

九时，北大出身的黄老师陪同去清州古印刷博物馆，博物馆面积不大，布置颇有特色。有电影介绍，有造纸、印刷流程，人物造型生动，颇能说明史事，并应邀亲自在铜活字版上用汉纸刷印一页佛经，以留作纪念。女工作人员很热情，交谈了以下内容：《高丽藏》首雕已毁于蒙古兵之手，现存为续雕本。买纪念品，购小铜牌书签三枚，上镌刻被认为是世界上现存最早的金属活字本《白云和尚抄录佛祖直指心体要节》末叶，上有宣光七年（1377）的纪年，每枚韩币 2 500 元，合人民币 20 元。购木雕面具钥匙链三个，每个韩币 1 000 元，合人民币 8 元。女工作人员问我来自哪里，我说来自中国广东，正好这时窗外飘起了雪花，我就说广东一年四季无雪，我的女儿生来就未见过雪，她听后很惊奇，邀我留言，我写了看雪的感受："非常清凉，非常兴奋！"她看后非常高兴，并亲自为我们讲解一圆锥形石柱上镌刻的世界上各种文字，自豪地说：韩语字母最优秀，世界上没有它不能表达的意思。显然受爱国主义教育影响。就我在韩国短短几天中所知，韩语中"左""右"两词便以汉字拟音表示。出馆看复原兴德寺佛堂为往昔存贮活字的场所。随后又入馆看电影，介绍口气颇为自豪，《白云和尚抄录佛祖直指心体要节》为法国驻韩公使携带回国，现存巴黎国家图书馆。工作人员知道我的身份，都颇为客气。一上午参观者只有我和黄老师二人。黄老师在北京大学专攻明代政治体系，在韩国，研究中韩交流史等领域较敏感。

11 月 15 日下午

林教授携小赵驾车去参观清州民俗村，由于山谷中修了水库，村子遂迁移到半山腰。现在已无村民居住，纯为观光景点。有平民居住的茅舍和两班（two upers）居住的瓦房，林教授说 60 年代农村都住这种房，他也不例外。房屋下层架空，上覆盖稻草，据说易于保暖，有灶台，可烧炕。有一处房舍在手工打制农具，以作纪念品之用。两班住宅甚独特，大门上贴有老虎图案的贴纸，院内男主人居一上房，妻妾另居一室，妻妾居室旁人不许入内，另有一侧门供货郎与妻妾交易日用品。院内上方为一小屋，为神龛祭祀祖先之所，两班上午通常到此祭祀，为其日课。墓地在住宅旁，左右各有石柱一，上镌刻向上及向下爬松鼠各一只，据说松鼠勤劳异常，象征子孙如松鼠一样勤于侍奉左右。旁有草庐一所，中有一衣衫褴褛之男子蜡像，为守孝之所，时间为三年，可见中国儒教在韩国影响之深。林教授又驾车游清州市及武川工业区，有德国投资的大型企业，谓该市人口有 65 万；又谓韩国民主化的进程持续了二十多年，现在大学是教授会治校，教授每三年便可带薪赴国外访问；他有两个女儿，大女儿在加拿大读高中，小女儿在身边读小学，太太是家庭主妇。至山城公园，又至自购以备盖别墅地皮处，旁边已建别墅均为意大利式样。林教授一人工作，养活妻女三人，要负担女儿留学费用，且能买房置地，其收入应是较高的。林教授还邀请我赴家中茶叙，这在韩国人来说，是对客人很客气的表示了。林宅位于公寓十一楼，颇宽敞，装修舒适，豢有一棕色小犬，颇为生猛；女主人以红茶、甜点、水果饷客，并赠以新年挂历，告辞出。林教授携小赵驾车送至招待所，相约明年秦汉史年会再见。

11 月 16 日

由清州至春川，司机、乘客均乐于助人。但第一站就下空了，仅剩我一人，沿途上车者不多，至春川共三四人。沿途风景，多为丘陵，覆有小雪，旅行共三小时，所经皆小市镇。原来韩国人口多集中于首尔、釜山等地。春川是江原道首府，离朝鲜不算远，人口 25 万，是首尔的饮用水源所在。北汉江由朝鲜流经春川注入汉江。这里也是著名的旅游胜地及影视剧外景地。我要访问的翰林大学也在此地。金真英、金爱罗两位同学来接。食午餐，为韩式水饺，中有年糕。饭后去旅馆，在江原日报社对面，汉字的报社招牌格外醒目。房间舒适，能上网。随后去国立春川博物馆，从石器时代始，说明朝鲜半岛文明的古老，从陈列品书画、墓志等也可看出中韩两国来往的密切。博物馆广场上所奏音乐为曾在中国上映电视剧《冬季恋歌》主题音乐。金真英同学听我讲参观首尔博物馆的经过，听说我有一个女儿，希望到大长今住过的宫殿照相，便悄悄买了一对古朝鲜国王及王后的泥塑偶像送给我的女儿，并送中文印春川旅游地图。驾车前往太白山上的南原寺，初逢刘英雅同学。远处山峦起伏，松涛白雪，景致动人，但因盘山公路积雪打滑，折回。请吃烤鸡，以菜叶裹食，味道独特。饭后茶叙交流，观看春川夜景。得知韩国工业化后人口出生率为负增长，劳动力缺乏，传统家庭解体，离婚率也大大提高。女研究生对韩剧中的传统伦理并不认同。

11 月 17 日

旅馆所送《江原日报》除报头为汉字外，内容皆为窗形字母。出旅馆附近走走，见到汉字名牌"昌宁成氏春川宗亲会""朔宁崔氏春川宗亲会""春川高等学校同窗会"，可见汉字在从前是普遍使用的。"宗亲"这个词是以男系为中心展开的，而家族制度是其存在的前提。进入一乐器店，陈列的钢琴有德国及韩国制造的，德国造为韩币 3 000 万，合人民币 24 000 元。金真英同学来，同往翰林大学饭堂早餐，往图书馆看崔致远全集，了解《桂苑笔耕集》版本，得知崔致远的著作在辽、金时都曾刊刻。随后前往亚细亚研究所，了解该所编制汉墓数据库详情，翻阅《高丽墓志集成》及高丽墓志图录，其中以朱砂写就但未镌刻就入土的墓志引起了我的注意，这在近年出土的北魏平城墓志中也有类似者。该所金龙善教授著有《高丽贵族荫叙制度》（1991 年）、《高丽墓志集成》（1993 年、1997 年、2001 年三刷，共收墓志 306 通，补遗 9 通，体例与《唐墓志汇编》相近，包括释文、年代考证、资料出处，这一点比《唐墓志汇编》优胜；有图版 16 幅，分为高丽前期、高丽武人政权时代、高丽后期上、高丽后期下、年代不详、增补六部分，墓志中多用辽、金、南宋、元年号，有索引一册以备检索），可惜其正在日本访问，未得请教。金真英同学为我在电脑中查找《桂苑笔耕集》版本在韩国的收藏情况并打印咨询信息。金秉骏教授来，赴豆腐宴，饭后在北汉江边一咖啡馆交流，主人为一雕塑家，作品便摆放在咖啡馆内外。金教授介绍，朝鲜出土考古资料多未公布，韩国付出相当一大笔金钱才得到几张照片。其中平壤出土的汉代木牍有助于了解当时的行政管治、编户及对土著人的征讨；并对广州南越王宫署遗址中的园林感兴趣。下午至研究所，见李贤惠所长，此次出访便缘于她的邀请，承蒙赠书，选《高丽墓志集成》《韩客诗存》及《崔致远研究》三种。为研究生讲座：张家山汉律研究现状；黄永年先生及其《古文献学四种》。听讲者人手一册拙撰《张家山汉律研究》并请签名留念。在山东餐馆晚餐。

11 月 18 日

参观金秉骏教授研究室，藏书不少。随后金教授驾车返首尔，我和刘英雅、金真英、金爱罗三位同学同行，下午我将在成均馆大学讲座。午餐，吃韩式寿司及肉汤，参观孔庙，成均馆大学前身为韩国孔庙，大殿飞檐斗拱，庭园银杏参天。赴成均馆大学图书馆，查韩国汉籍总目。下午讲座，《汉律篇目及其传承》，听众有高丽大学金敏铎教授、蔚山大学李成九教授、成均馆大学河元洙博士、庆熙大学赵永来博士及研究生二十余人，金秉骏教授为翻译，讲解持续三小时；其间讨论，气氛热烈。晚餐由河元洙博士做东，进御膳式火锅。赵永来博士风度翩翩，仪表堂堂，不论按中国还是韩国的标准，都算得上美男子，很受女研究生的青睐，曾在北大留学十年，出自阎步克先生门下，汉语娴熟。他说，本想在讲座时向我提问，但见到我舌战群儒，喉咙嘶哑便作罢。他问我去了韩国哪些地方，是否访问了海印寺，我回答说只有等待下次了。我问起韩国版刻书籍的保存情形，他说极其昂贵，不是他的经济能力所能玩得起的，并谈起以收藏鉴别版刻闻名北大的辛德勇学长；由于他是田余庆先生的再传弟子，因此很认同我的观点，认为治政治史必须有很强的参政意识才能做得好。韩国教授谈起中国的火车有卧铺，韩国却没有，中国是一个大国，所以看待世界事务的观点有些像美国人。很羡慕中国教授退休后仍能从事研究。金秉骏教授、李成九教授送至旅馆，辞行。

11 月 19 日

刘英雅同学来，送至机场大巴，告辞。因今天是韩国大选投票日，她要赶回户籍所在地春川投票。至仁川机场，买高丽参切片三小盒，每盒 20余美元；乘南航中午班机回国，邻座为一在澳大利亚墨尔本大学习土木工程的广东佛山的英俊男孩，他是那种少年留学生，高中时就去澳洲留学，寄住在英国人家里，养就一股绅士味道。自言此次赴韩，是为了挽回一段失败的异国恋情。男孩和一个高丽大学来澳洲交换学习的女学生有些情意；手机中的女孩照片，虽不靓丽，但颇聪慧。也许是文化差异、种族差异在作祟。下午抵广州。

（未刊稿，2007 年）

台北买书记

　　2008 年元月，我应台湾彰化师范大学陈文豪先生之邀，到台湾访学。文豪先生陪同我访问了鹿港、台中等地。回程时我一人在台北南港"中央研究院"学术中心住了几日。一般历史教科书上说，早在三国时，吴国孙权就派将军卫温到过台湾，元代时曾在澎湖设置巡检司。但实际上跑一跑，才发现除了台南郑成功的遗迹外，各地古迹多是清代前期才兴建的。而台北自清末刘铭传建城以来，不过百余年历史，所遗古迹并不太多。龙山寺诸神齐备，多是病急乱烧香、临时抱佛脚一路。倒由于 1949 年的南渡迁徙，民国史迹随处可见，地铁上的男男女女，眉目间也不乏秦淮遗韵。"中央研究院"大门外小山边的蒋介石铜像，大概与台北中正纪念堂蒋介石座像一样是全台湾所剩不多孑遗之一。小山周遭围着栅栏，有台北市政府所立胡适公园的铜牌，安葬着胡适等若干学人。"中央研究院"中也有胡适纪念馆一座，为胡适旧日自己出钱修建的一座平房住宅。在台北数日，参观了台北"故宫博物院"，这里陈列的古代紫檀家具、文房四宝及版刻古籍使人流连忘返；此外，主要的收获是跑了几家书店，买了十几本大陆难得一见的书籍。

　　"中央研究院"所在南港并非旧台北的文化中心地区，距离岛上历史最悠久的台湾大学就相当的遥远，据说当年朱家骅选此地的目的在于远离闹市，便于读书。承历史语言研究所研究员廖伯源先生好意，带我参观傅斯年图书馆。图书资料真是应有尽有。研究院周围并无什么旧书店可逛，好在学术中心的地下室便有一家书店，气氛雅致，有低柔的音乐，书籍全部开架。这里陈列着的书大都是学术书，"中央研究院"历年出版的学术书刊，历史语言研究所、民族研究所集刊及专刊都可以买到。由此可看出台湾人文科学界五十年来的学术成绩。

　　我买了历史语言研究所专刊之四十一周法高辑注《颜氏家训汇注》、之四十二徐高阮重刊文注并校勘的《重刊洛阳伽蓝记》，前者定价新台币350 元，折合人民币 87 元；后者定价台币 190 元，折合人民币 47 元，实付八折，书价虽然高过大陆，但所用纸张更胜大陆一筹。购买前者我主要想比较一下与大陆学者王利器注本的异同，因为我在读张家山汉简《二年律令·史律》时，发现有些占卜的术语《颜氏家训》中提及，但历代注家均未得确解。遗憾的是，后经翻检，周氏也未对此注释。至于《重刊洛阳伽蓝记》，我久闻大名，第一次是二十几年前在陈寅恪先生《寒柳堂集》序言中看到的；后来又在其清华同窗赵俪生先生《离槿堂自述》中得知徐氏为"一二·九"学运领袖、中共北平市委大员，后脱党；加上到台北的这一天下午，正值台湾立委选举开票，国民党大获全胜，电视上闹哄哄的。我便独自一人到胡适公园走走，细雨蒙蒙，竟在山顶上见到胡适、董作宾、吴大猷、徐高阮等学人墓。其中徐高阮墓前有由其妻廖水妹，女念华、惜华所立一方尖墓碑。据徐氏清华同学赵俪生先生回忆，徐在清华念书时本有就读经济系的女友许留芬，其后两人虽先后渡台，且许执教台北商专，但劳燕分飞，情意不再；廖水妹为徐氏在基隆杨梅乡间所娶的乡间女子，徐氏去世时年纪尚在盛年，遗下少妻稚女，从墓碑上看念华、惜华命名皆寓徐氏不忘故乡之意，不免有些发思古之幽情。旅美学人陆扬曾以"云中君"笔名在网上论述徐氏生平。是书除收陈寅恪序文外，在附录中又收陈氏、徐氏关于《洛阳伽蓝记》体例论文各一篇。徐氏前记忆及1938—1939年间曾从陈寅恪先生受学往事并述刊书缘起，云"逮大战既止，寅恪先生归自英伦，返居北平，已病目，而三十七年春犹为撰序言，口授余同学汪君述彭录之。……余则幸赖故傅孟真先生之援，乃飞渡台湾，仍重依历史语言研究所"。"同学汪君述彭"当系陈氏另一高足汪篯。后记中徐氏亦提及周祖谟《洛阳伽蓝记校注》一书出版事。根据版权页的说明，初版乃1960年，陈寅恪先生是文出处，上海古籍及三联版《寒柳堂集》皆误作"原刊1948年中央研究院历史语言研究所专刊之四十二重刊洛阳伽蓝记书首"。陈寅恪先生对徐氏青眼有加，可证徐氏天资之高及才情之富。然回客房翻阅是书，虽然在欧洲汉学权威杂志上有过书评，亦不逮周祖谟之书功力之深矣！徐氏别有《山涛论》一篇，号为名著，述曹魏及西晋党争事；山涛巨源，《晋书》本传谓其为吏部尚书，甄拔人物，各为题目，时称山公启事，多年前在黄永年先生吴梅村诗课上之《鸳湖曲》中首闻此典；周一良先生虽然不尽同意其观点，但对其驾驭史料的娴熟则推崇备至；承历史语言研究所邢义田先生复印见赠，细阅一过，大概为身后所刊，文中有两个注释竟标注为原缺。徐氏最早主修哲学、政治学，精通洋文，翻译过若干中亚探险家的著作，但这大概都是为稻粱谋而已。

　　这家书店中陈列的台湾史书籍相当多，但大多出于编撰，学术价值不高。但由台湾研究所出版的《台湾史研究集刊》中，"台湾大学"曹永和先生利用荷属东印度公司档案撰写的荷兰殖民者剿灭台湾属岛土著居民的论文给人印象极深，因为这项研究需要精通古荷兰文。据说曹先生曾于日据时代进入台北帝国大学图书馆做工，当时他只有中学文化，由于勤奋好学，一位日本学者便教他学习古荷兰文，这是研究台湾史必需的语言工具，现在会运用的人已寥若晨星。台湾原住民，高山族，他们本是台湾宝岛上最早的主人。在山区狩猎、平原放牧，明末大陆汉族移民涌入台湾，逐步占据了平原地带垦殖，原住民则逐渐退守山区。我对于 56 个民族之一的高山族了解独少。在彰化参观一台湾民俗博物馆，所陈列的高山族服饰穿在细腰丰乳的塑料模特身上，殊失原貌。又在台北电视节目中看到高山族狩猎、饲养野猪的专访，其以菜叶裹食生野猪肉及猪肝，据说风味独特。其人种略同太平洋岛民，深目阔鼻，体态肥硕。民族研究所专刊之二《马太安阿美族的物质文化》对台湾原住民之一阿美族的历史文化有极其生动的描述，高山族的历史由此可以找到鲜活的事例；另有《番族习惯调查书》亦是极有价值的史料，我买了其中的第四册《排湾族》，定价台币 450 元，折合人民币 112 元，实付八折。其中的继承法部分对我了解秦汉律继承制度起源有参照意义。日本在扩张时代，每占据一地，便进行详细的社会调查，以便制定适宜当地的统治策略，以逞其长期窃取的狼子野心；在台湾如此，在东北、华北莫不如是。

　　承陈文豪先生介绍，我特意乘台北捷运来到台湾师范大学对面的金山大厦。书店位于十楼，店堂为一五居室的住宅单位，女店主姓黄，据说许多研究中国学问的外国学人都与她相熟，接待读者颇为热心，入室不久即奉上清茶一杯，颇有北京厂甸旧书店之遗风。这里学术书籍更为丰富。民国间党政大员的日记回忆录比比皆是。其中丁治磐曾任青岛特别市市长、江苏省主席，是国民党名人录中的要角，手书日记多册已影印出版。我在此买了联经 1979 年版戴炎辉所著的《清代台湾之乡治》，定价台币 600 元，已是 2005 年 11 月初版第五刷。这在学术书中是不多见的。该书系戴

氏有关台湾乡庄也就是汉族早期垦殖据点论文的结集，共分八编，读此书
可了解汉族经营台湾的全过程，其中特色之一在于利用丰富的档案研究台
湾番社的组织及其运用。戴氏日治时代留学日本，是法制史大家中田薰的
入室弟子，继承日本学者治中国法制史的传统，专治民法及中国法制史，
其《唐律通论》《唐律各论》都是传诵一时的名著。戴氏曾在台湾做过律
师、大法官、"司法院"院长。几年前台湾大学社会学系的林端先生有专
文论述其学行。另外，1998年财团法人戴炎辉文教基金会编印有《传统中
华社会的民刑法制——戴炎辉教授论文集》，共收论文十三篇，卷首有戴
炎辉教授简介及台湾当局的褒扬令，文辞雅致："戴炎辉，智虑忠纯，胸
襟宏远。困学纪闻，法理广征于东土；渊谟深运，教泽广施予台员。娴六
法之精神，入九朝之堂奥。稽古钩宏，阐中国法制之幽光；融经铸史，树
书生论证之典范。敭历法曹，敷教上庠，士林推重，中外蜚声。"台湾另
一位著名学者，"中央研究院"院士严耕望先生去世后，生平事迹则付
"国史馆"立传。褒扬令及付"国史馆"立传二事及所用骈体文显然都是
承自中华传统。我曾在"中央研究院"学术活动中心书店看到此书，但财
团法人出版物未标定价，店员无法售出。承历史语言研究所以研究宋代法
制史擅名的柳立言研究员好意，将他手头一本相赠，并说自己再去基金会
索赠一本就是。由此，戴氏的全部学术成果尽收囊中。文津版大陆学者刘
俊文著《唐代法制研究》，定价台币300元。刘氏曾执教北京大学，治唐
律有年，所撰《唐律疏议笺注》《敦煌吐鲁番唐代法制文书考释》深为学
界推重。此书为其论文结集，购置可省翻检论文之劳。

　　在金山书店，我买到了找寻很久的台北"故宫博物院"印行的《溥心
畬书画文物图录》，定价台币2 000元，是我在台北所买价格最为昂贵的书
籍。溥氏为道光皇帝的曾孙、清末恭亲王奕訢之孙，是与张大千齐名的书
画家，1949年自上海经舟山去台湾，鬻卖字画直到老死。此图录收录溥氏
留存在家中不欲出售的字画精品，后归"故宫"托管，是研究溥氏后半生
书画艺术及行迹的第一手史料。图录中所见溥氏收藏文物寥寥，这哪里是
曾收藏陆机《平复帖》、唐韩幹《照夜白图》、无款《宋人山水卷》的溥
心畬？由此不难想象出清末贵族坐吃山空的窘境。我欲为溥氏编撰年谱及
立传有年，溥氏现行的几种年谱，大多过于简略，与一般清人所作年谱无
异，并未下功夫搜集谱主的材料，更未顾及同时及稍后文人的诗文集。此

次赴台，除联系访谈了台湾地区詹前裕先生、朱静华女士等研究溥氏生平事迹的专家外，溥氏生平资料自然也是我留意收集的对象。在金山书店我还买到1982年台北"故宫博物院"印行的《溥心畬先生书画特展目录》，定价台币500元，所收为溥氏为台湾实业家刘文腾博士绘制的字画，刘文腾早岁毕业于北大工学院纺织系，这部目录的最大特色在于无赝品。此前，我已在广州买到过台北"故宫博物院"印行的溥氏诗文集及《张大千溥心畬诗书画学术讨论会论文集》。由于书店无现货，两天后专程派人送到我的客房，事先也不收定金，服务之好，令人感叹。

台北重庆南路倒是一条名副其实的文化街，街上的台湾商务印书馆是我特意前往光顾的书店之一。这座百年老店曾是台湾乃至大陆最大的出版商，但现在的店面只有十几平方米。楼下立有一尊王云五半身雕像，似在述说本店往昔的辉煌。王云五为广东中山人，久居上海，自学成才，应胡适推荐任商务编译所所长、经理，曾发明四角号码检索法，1947年出任国民政府财政部长，策划金圆券改革；被陈寅恪先生讥讽为国民政府垮台催命符的主画者，"金圆之符谁所画，临安书棚王佐才"。这里书架上的书有与大陆商务印书馆合作出版的汉译世界名著丛书；法律书籍也不少，但论学新书则不多见。有意思的是书架上陈列的陈寅恪先生的《隋唐制度渊源略论稿》《唐代政治史述论稿》，大概是商务印书馆自1945年来售书中经久不衰的名著。楼上的一层，一半已盘给一家饮食店，卖面包、火腿肠及饮料；另一半则在卖特价书。从百衲本廿四史的精装本到福开森所藏铜器图录都有，但书的标价往往为从前的若干倍。我前往商务印书馆，本来是想买一些实用的人人文库版小册子，店员告诉我，这些书都售罄而未再重印。我买了一本《溥心畬先生山水长卷》，只是两张长山水手卷"远岫浮烟""江山翠霭"的原大彩色影印本，印成古雅的册页，展观时连绵不断，极富诗情画意，有台静农等人题跋，80年代初定价台币45元，标明"特价书概不退换"字样，付款时店员则谓要在原价基础上加若干倍；一本金耀基的《剑桥语丝》，书中有不少素描插图，颇为引人注目；一本严耕望的《钱穆宾四先生与我》，吸引我的是卷首钱穆的手迹及照片，都是岫庐文库本，岫庐本是王云五的号，这套丛书是1987年为庆祝王云五九秩寿辰特地出版的，道林纸精印，分别标价新台币90元及100元。有趣的是，女店员得知我来自大陆后，竟然提出要为我办一张购书优惠卡，我说过几天就要离开台湾，不料人家回答道：您下次还会来嘛！

台北还有两家著名的书店，即诚品书店及联经出版事业公司门市部。由于时间原因，未能光顾观书。承邢义田先生好意，招宴之余，告我诚品书店的外文书极多，联经新学术书多，并告知在捷运市政府站下车即可到。联经出版事业公司门市部在著名的忠孝东路上，曾有一首在大陆颇为流行的台湾钢琴曲《忠孝东路走九遍》描述这里的街景。本来，联经80年代出版的《顾颉刚读书笔记》对我颇有吸引力。我在广州中山大学读书时，图书馆也是有目无书，但我后来在西安借读黄永年先生藏本，并悉数复制。因此这两家书店只有留待下次访问台北时再光顾了。

（未刊稿，2008 年）

跋　语

　　我这本《国史探微》收文所涉时间跨度从魏晋南北朝直至近现代。结集的文章分为三组，"片石千秋"主要收录石刻与佛教史论文，多是根据第一手史料立论；"困学书城"主要收录读书札记，包含的内容多可归入杂学一类，其中探讨学术史的几篇札记颇有引人入胜之处，本人往昔颇有撰写一部《极简中国学术史》的打算，但限于学力及精力恐怕不能如愿，这里只能做一点抛砖引玉的尝试；"问学纪历"收录回忆师友的文章以及游学杂记，也有学术史的意味存在其中。窃以为这三组文章颇可以反映自己三十五年来的读书轨迹，能够结集出版也算是一件值得欣慰的事情。至于近二十年所从事的法制史研究，除专著外的其他文章尚待另外结集问世。

曹旅宁

2016 年 6 月 2 日于广州东山赁居